国际体育传播译丛
主编：魏伟 副主编：杨珍

权力游戏

体育、媒介与大众文化（第二版）

Power Play

Sport, the Media and Popular Culture (Second Edition)

[英] 雷蒙德·博伊尔（Raymond Boyle）
[英] 理查德·海恩斯（Richard Haynes） ◉ 著

杨 珍 ◉ 译

中国传媒大学出版社
·北京·

中文版序

2008年的北京奥运会不仅是一项国际性的体育盛事，也是一个大型媒介事件。通过国际媒体的报道，北京和中国向全世界展示了自己，同时欢迎全世界的到访。这当然是一项体育赛事（中国获得51枚金牌），但它也是一项政治、文化和经济项目，凸显了政治精英们对举办奥运会和世界杯等重大国际体育赛事的重视。

过去十年中，在国际舞台上，体育与中国的相互作用在许多方面显著增加（Sullivan，2017）。北京奥运会期间，体育成为中国在世界舞台上展示国家形象的重要方式，除此以外，其他领域的多方面发展更为重要。近十年来，中国对国际体育投资的兴趣扩大，大连万达集团总裁王健林等中国公司的私人投资者成为法国、意大利（包括AC米兰和国际米兰）以及欧洲其他地方的足球俱乐部的持股人。

以英超联赛为例，不少中国公司拥有足球俱乐部的股份，如曼城队（华人文化产业投资基金持有13%的股份）、南安普顿（浙江商人高继胜持有80%的股权），而复星国际（由郭广昌领导）收购了伍尔弗汉普顿流浪者队（狼队）的大部分股份。事实上，自2016年以来，在欧洲排名前15位的联赛中，70%的俱乐部都有中国公司参股（Uefa，2018）。中国一直希望在体育产业领域内塑造国内和国际形象，目前，这项事业得到了很大的推动。

此外，这一举措也带来了显著的变化，将中国品牌和产品推广到国际市场的商业目标同体育媒体联系起来。意甲足球俱乐部以及前欧洲冠军意大利AC米兰就是这一策略的典型案例。2016年苏宁控股集团斥资2.7亿欧元收购AC米兰俱乐部约70%的股份，这是其商业开拓战略的一部分，目的是增加在欧洲和国际上的业务，提升品牌形象。2015年，苏宁体育通过购买西班牙联赛的视频网站获得西甲的赛事转播权。值得注意的是，在过去的几年里,中国公司并非只将体育收购作为其国际战略的一部分,他们也在欧洲获得了越来越高的收益。所有这些都突出了一点,体育与媒介文化之间的联系已经日益成为中国及其他地区经济、文化甚至政治目标和战略思想的重要影响因素。

当然,体育和体育文化及其与媒体的关系在中国有着悠久的历史,但近年来这种扩张具有了国际意义以及对跨界市场的兴趣。虽然这种扩张并不仅仅局限于足球产业,但足球(具有广泛的国际声誉和吸引力)是中国公司扩大国际市场的关键驱动因素。

最近几年中国国内体育媒体市场也发生了重大变化。2015年以来,中国足球超级联赛(CSL)的转播权变得更有价值,一系列传统和互联网体育媒体公司都参与了赛事转播,涉足了更广泛的赞助市场。对于中国体育学者而言,了解娱乐、体育和媒介组织之间新兴且复杂的关系已变得越来越重要。这一研究的前提涉及国际背景下学者们对媒介体育关系理解的深化。我们在整本书中称之为体育文化和媒介文化之间的权力游戏。

在中国这一变化的背景下,中国体育传播研究文化得到了更加强大的发展。由于需要更好地了解中国内外不断发展的体育媒体关系,因此它还寻求维护中国特定的国家和国际体育观的方式及其与社会和我们理解世界的方式的重要关系。在这一过程中,来自中国以外的体育媒体研究更容易为新一代的学者提供一个独特的中国体育传播研究领域和议程。这是一个将中国体育媒体置于其特定的国家政治和经济背景之下的议程,也有助于推动更广泛的国际社会的体育媒体研究。

当本书的第一版于2000年出版时,我们注意到了全球范围内的媒体公司的新投资引起的体育媒体关系十年间的变化,这些媒体公司将体育作为打入多频道电视这一前景广阔的新时代的攻城利器。这个基于订阅的电视体育市场在新千年的头十年继续扩大,当时我们在2009年出版第二版时,因为体育赛事运营商之间的竞争,特别是欧洲足球赛事运营商之间的竞争,电视转播费用呈指数级增长,而这反过来又彻底改变了世界精英体育明星的营销形象和财富。

体育作为流行文化在媒体上引起了前所未有的关注,催生了全天候的体育新闻媒体、个人和体育组织的专用电视频道,以及通过互联网传递体育新闻和内容的一些方式的真正的转变。这些经济、社会和文化变革也随着体育的政治变化而发生变化，同时反映了巴西、俄罗斯、印度、中国的全球权力轴线的变化。在过去十年左右的时间里，所有这些国家都举办过重大的大型国际体育活动，包括夏季和冬季奥运会、世界杯以及英联邦运动会等。我们可以称之为全球媒体运动的“权力游戏”的这些转变已经受到学术界越来越多的关注，这反过来又通过该领域的国际期刊（《传播与体育》和《国际体育传播杂志》）、国际媒介与传播研究学会（IAMCR）和国际传播学会（ICA）等会议工作组以及劳特利奇（Routledge）手册系列中的编辑资料创建了一个新的批判性研究领域。从所有这些发展中可以看到，我们要在本书中首先进行调查的研究主题得到了加强。这项工作特别关注电视体育和赞助的政治经济问题，媒体中的体育明星，体育中的文化身份以及性别、种族和国家的代表性，网络、社交媒体和移动技术引起的体育新闻方面的变革，加上所有这些因素是如何冲击和影响媒介体育的观众，也就是那些体育迷的。尽管该领域的大部分研究仍然存在于英国、澳大利亚和北美学者手中，或是在欧洲学者的英文期刊中，但有令人鼓舞的迹象表明，体育的媒介和传播研究正将其影响范围扩大到世界其他地方。

当代体育新的权力游戏在本质上日益全球化，对体育组织和球迷来说更具局部影响力，需要我们研究和分析媒介体育的生产、供应和消费方式正如何被新技术和新的表现模式塑造。例如，社交媒体网络的兴起，这是我们日常生活的重要组成部分，为媒介体育研究者提出了许多重要问题。全球化、数字化和通信商品化的过程，调查和探索体育、媒体和流行文化之间不断变化的关系具有了广阔的前景。例如，我们现在都通过社交媒体、共享社区和移动应用程序参与媒介体育消费和制作的传播过程。

这种参与式文化的潜在影响是深远的，不但对那些消费和分享媒介体育内容的人是这样，而且对依赖体育生活的媒体专业人士也是如此。例如，体育记者因社交媒体的兴起和体育传播中的大量信息而成为体育新闻的守门人。体育组织和运动员在这个新的交流空间中像记者一样活跃，与追随者和粉丝的网络直接相连。反过来，体育新闻可以通过算法而不是记者和编辑实现个性化和汇总，这就提出了关于体育记者的职能和作用的重要问题。关于体育新闻如何适应社交媒体环境的研究以及体育迷如何要求和参与不同形式的内容，是我们了解媒介体育行业的当代知识的核心。

同样，技术和互联网公司在体育界日益增强的影响力和力量可能成为媒介体育研究的下一个议程。在美国和欧洲,我们已经看到脸书、亚马逊和谷歌进入了体育电视领域,这已经开始动摇以前占主导地位的媒体集团,这些集团长期以来一直主导着体育转播权市场。中国的技术巨头,如微信、新浪微博和优酷,也可能会开始破坏电视体育的供应和消费。随着体育成为推动新商机的重要内容形式以及体育迷的参与,这将引起该领域研究者的兴趣。

体育与媒体之间的联系在文化和经济上是长久的,但体育传播的规模和范围及其消费的分散性和差异化性质正在改变这种关系。尽管我们在媒体和通信技术创新中看到了看似迅速的转变,但我们确实知道,体育将继续成为许多人关心的文化内容和社会联系点的关键形式。人们如何选择行为方式,个人、家庭、社区和国家之间如何联系,身份塑造如何进行……对于这些问题,体育在社会中的意义以及媒体所扮演的角色会持续为我们提供重要的启迪。这就是我们最初撰写《权力游戏》的原因,因为我们知道媒介体育对数百万人来说意味着什么。批判性地调查和解释媒体运动如何以及为什么创造和塑造这样的意义是对该主题未来的研究者的挑战。

我们很高兴这本书的中文版能够在这个过程中对中国学者有所帮助。

雷蒙德·博伊尔教授
理查德·海恩斯教授
2018 年 11 月

参考文献:

Sullivan, J. (ed.) (2017) 'China's Football Dream', *China Soccer Observatory*. Nottingham: University of Nottingham.

UEFA (2018) 'The European Club Footballing Landscape', *Benchmarking Report*. Uefa: Nyon.

目 录

体育,是电视的绝配;我认为它值得大书特书。[雷蒙德·威廉姆斯(Raymond Williams)①,《听众》②,1968 年 8 月 1 日]

高尔夫经济:世界上最有钱的体育运动。(《独立报》③,2008 年 9 月 19 日)

体育需要资金,体育吸引资金,体育必须跟金钱和权力打交道,体育的支持者总是希望用钱买到荣耀。我们如何适度把握权力和体育、经济和社会之间的界限?现代体育的生产和消费带有明确的政治性,尽管它是一个小写的“p”。[大卫·戈德布拉特(David Goldblatt),《重视体育》,《前景》④第 141 期,2007 年 12 月]

---

① 雷蒙德·威廉姆斯(1921 年 8 月 31 日—1988 年 1 月 26 日),20 世纪中叶英语世界最重要的马克思主义文化批评家,文化研究的重要奠基人之一。——译者注

② 《听众》(*The Listener*),英国广播公司(BBC)的一份周刊,创办于 1929 年 1 月 16 日,于 1991 年停止出版。——译者注

③ 《独立报》(*The Independent*),英国最具影响力的全国性日报之一。——译者注

④ 《前景》(*Prospect*),英国大众月刊,涵盖政治、经济和时事内容。——译者注

前 言

奇观背后隐含的意义：

巨型卷轴？人体风筝？鼓手大军？克利福德·科南（Clifford Coonan）解读北京奥运会开幕式的符号，向世界讲述中国故事。（《独立报》，北京奥运会开幕式评论，2008年8月9日）

变化的十年：媒介体育2000—2008

2008年8月的英国，体育在公共生活中扮演着越来越重要的角色。英国队[①]在北京奥运会上捷报频传，体育媒体的报道铺天盖地，尤其是在广播电视、报纸和网络的新闻报道中。此时，体育新闻和普通新闻之间的本已模糊的界限完全消失了。

有些体育运动，例如自行车，通常不会获得广泛的媒介关注，除非出现了体育明星，比如克里斯·霍伊（Chris Hoy）凭借三枚奥运金牌成为媒体瞩目的人物（《苏格兰奥运史上的黄金霍伊》，《先驱报》[②]，2008年8月20日头版头条）。无数的新闻将体育政治问题作为焦点，如2012年伦敦奥运会上的英国足球队中只有英格兰球员，这一现象就引起了争论。位于威斯敏斯

① 英国队（Team GB）是1999年英国奥林匹克协会（BOA）为大不列颠及北爱尔兰奥林匹克队规定的队伍名称。由于GB全称Great Britain仅指大不列颠岛，北爱尔兰对此颇为不满。——译者注

② 《先驱报》（*The Herald*），苏格兰地方性报纸。——译者注

特的英国(前)首相戈登·布朗(Gordon Brown)是苏格兰人,他考虑了很多政治因素以定义“英国性”,同意英国奥运足球队的人员构成。但布朗的主张跟爱丁堡的苏格兰民族党(Scottish National Party)[1]党魁亚历克斯·萨尔蒙德(Alex Salmond)发生了冲突,后者反对这样的安排,并进一步建议苏格兰应该在奥运会上拥有自己的足球队。另外两名苏格兰人——曼联的教练
vi 亚历克斯·弗格森爵士(Sir Alex Ferguson)和在爱丁堡图书节推销自传的肖恩·康纳利爵士(Sir Sean Connery)也被卷入了广泛的媒体和公众论争中。2008 年 8 月还有其他政治事件发生,其中就包括北京奥运会的成功可能给中国在世界经济中日益提升的地位带来的影响。北京奥运会期间,英国媒体对奥运会进行了不间断的全天候报道,人们对 2012 年伦敦奥运会产生了更高的期望,这对英国艺术和文化遗产或将产生影响,会有更多的国家彩票资金投入奥运会的筹备之中。

2008 年夏天,在瑞士和奥地利举行的欧洲足球锦标赛上,西班牙队爆冷夺冠。随之产生了不少讨论,人们开始讨论所谓的“新西班牙人”到底是谁。正如媒体所报道的,西班牙国家队团结一致,搁置传统的民族主义对抗(《西班牙足球,团结愈合分裂》,《观察家报》[2],2008 年 6 月 29 日);同时,在伦敦和北京的网球场上,西班牙的拉斐尔·纳达尔(Rafael Nadal)在温网和奥运会夺冠,展示了西班牙的国际体育形象。相比较来看,英国媒体对安迪·穆雷(Andy Murray)的温网报道就带有明显的民族倾向,会给穆雷加上固定的苏格兰以及/或英国(更准确地说是不列颠)标签。媒体评论员艾伦·鲁多克(Alan Ruddock)指出:

> 这说明英国媒体实际上是伦敦媒体,或者至少是英格兰的媒体。“不列颠”这一标签代表的是吞并,而不是赞赏。有些人认为,伦敦的编辑对中心(这里指英格兰)以外的事务既不了解,也不感兴趣。(《观察家报》,2008 年 7 月 6 日)

纵观全球体育版图的其他景观,体育的发展和成功轨迹日益反映出国

---

① 苏格兰民族党(Scottish National Party,简称 SNP),又称苏格兰国家党,是苏格兰民族主义和社会民主政治党派,以苏格兰为基地的英国中左翼政党。该党宣称以苏格兰独立为主要政治目标。——译者注

② 《观察家报》(*Observer*),英国创刊最早的报纸,星期日报纸,于 1791 年首次出版。——译者注

际经济和政治权力关系的广泛变化。印度和中国都曾成功举办过令人瞩目的板球赛和奥运会。由于信贷危机，高尔夫运动在美国受到了沉重打击，但在俄罗斯、印度和中国等新兴经济大国，高尔夫却蓬勃发展。

以上这些都说明，自2000年《权力游戏》第一版出版以来，体育已经成为主流大众文化的核心组成部分，比肩于经济、政治和公共话语。我们认为，全天候媒介系统更注重商业和需求导向，能够更好地满足体育话语那似乎永不餍足的胃口。这些趋势并不矛盾。虽然体育运动，尤其是足球，已经成为主流媒体词语，但越来越多的体育节目只在付费电视平台上播出。不过，像奥运会这样的赛事突破了这一障碍被免费播出，它们承载着媒体喜欢的“好的新闻故事”，被广泛宣传。越来越多的主流新闻致力于报道体育新闻和体育明星，体育媒介行业努力打造体育明星，媒介管理和公关行业努力维护明星形象并从中获取商业利益。 vii

尽管发生了这样的变化，但想要人们严肃地看待体育仍然不是一件容易的事情。大卫·戈德布拉特(David Goldblatt，2007)认为，如果体育运动能够得到与表演艺术同等的严肃对待，体育文化将会更健康地发展，并且能够像我们在公共生活中所期望的那样，达到“透明化、可持续性和民主化”的水平(Goldblatt，2007:37)。这话言之有理，但也有证据表明，进入21世纪以来，英国国内关于体育的文化地位和媒介影响的讨论依然没有什么进展。

文化评论家杰曼·格里尔(Germaine Greer)在一篇人文专栏文章中论证体育运动为何重要时，认为情况显然已经发生了变化：

> 体育运动也许是展示文化如何使日常生活变得生动活泼的最好方式。我们知道阿兹特克人玩球类游戏，在美索美洲人民的文化生活中每年举行的正式比赛至关重要。出于文化的原因，我们冒着破产的危险举办奥运会。但体育并不仅仅是把人们团结在一起，它也会让人们产生分歧，有时甚至更加残酷。更重要的是，如果管理得当，球场上的战斗是进攻和冲突的一种常见的宣泄方式。大量新闻报道描写这种象征性战争，它们比新闻评论文章写得好多了。(《卫报》,2008年3月24日)

这种对媒介体育的批判话语并不常见，但比十年前有所增加。从贝克

汉姆到鲁尼，从安迪·穆雷到刘易斯·汉密尔顿，关于体育与国家认同的关
viii 系、体育中的性别歧视、体育腐败、体育媒介经济和数字体育转播权的讨论都成了主流的新闻议题。

同时，体育被明确地拉上了商业和产业的轨道，显示出空前的商业化程度。尽管英国政府对“创意产业”的界定中并不包含体育，但体育以及媒介本身已经成为娱乐或文化产业不可或缺的组成部分。在过去十年中，体育、音乐和媒体等创意产业的收入来源和就业机会增长迅猛，体育、音乐和媒体等创意产业在英国经济中的地位越来越重要。

体育运动对媒介从业人员来说举足轻重，即使他们对体育本身没有什么实际兴趣。体育产业及其与媒介产业的紧密相连使得媒介经济和政策领域的从业者也都开始关注体育。

促使人们对媒介体育的兴趣高涨的另一个重要原因是身份认同。族群、种族、区域、国家和国际身份的认同问题已经成为学术和政治领域的焦点。全球化在很大程度上侵蚀了独特的民族传统和身份认同，人们试图审视体育运动及其普遍的吸引力，以寻找经济和政治进程的证据。

文化评论家马丁·雅克（Martin Jacques）以英国赛车手刘易斯·汉密尔顿为例，具体分析了种族、体育、象征、政治和全球化进程：

> 汉密尔顿颠覆了英国白人对年轻黑人的刻板印象，媒体在其中功不可没。他口齿伶俐，聪明过人，事业有成，有极大的魅力；他和父亲关系亲近，他的父亲对他影响很深。汉密尔顿代表着新的英国黑人典范，这种典范也是英国在世界上的一种新形象。（《卫报》，2007年10月22日）

在过去的十年里，越来越多的人认为，体育运动的成功可以赋予一个国家某种“软实力”，代表国家在全球媒介舞台上开展竞争。

ix 作为体育爱好者和媒介学者，我们的这两个兴趣幸运地相互碰撞，希望这一背景在本书修订版中贯穿始终。

毫无疑问，数字化传播的出现标志着体育与媒介关系发展到了新阶段。我们想要重新审视体育媒介关系的发展历程，研究它对体育、媒介组织、赞助商和消费者的影响。

对一些人来说，体育似乎是一种大规模的琐事，究其本质而言，如果孤

立地看待体育比赛,可能的确如此。然而,对于全世界成百上千万的在比赛中投入了金钱和情感的体育迷来说,体育至关重要。毫无疑问,体育也是大型企业的摇钱树,对日益商业化、全球化的媒介和娱乐产业而言,体育也至关重要。在涉及体育控制和意义的权力游戏中,媒介绝对居于核心地位。开始比赛吧……

致　谢

感谢那些在 1999 年帮助我们出版了该书第一版的人们。此后，艾琳娜·伯恩斯坦和她在国际媒介与传播研究学会（IAMCR）媒体和体育部门的工作推动了国际媒体和体育问题的讨论。感谢她的辛勤工作，这让我们获益匪浅。一路走来，许多人的研究和思想塑造了我们的成果（感谢他们）。以下这些人尤其激发了我们对这一领域的兴趣：尼尔·布莱恩、阿兰·汤姆林森、大卫·罗、加里·霍内尔、菲利普·施莱辛格、西蒙·弗里斯、约翰·苏格登和休·奥唐纳。此外，我们还要感谢格拉斯哥喀里多尼亚大学、斯特灵大学和格拉斯哥大学的所有学生。我们一起完成了许多媒介体育的课程和讲座。

第一章　体育、媒介与流行文化

摘要

围绕体育、媒介和流行文化，介绍本书主要观点。

回顾体育媒介研究的已有成果。

列举本书涉及的主要领域。

关键词：体育运动；媒介；媒介研究

> 体育运动既平凡琐碎、无足轻重，又严肃庄重、具有象征意义……在许多情况下，体育运动可以告知和补充群体记忆，为体育团队或个体的追随者们提供集体认同和社群表达的资源。(Sugden and Tomlinson，1994：3) 1

> ……尽管监狱提供《太阳报》[1]，但是包括政治犯在内的大多数囚犯还是喜欢看《米兰体育报》[2][安东尼奥·葛兰西(Antonio Gramsci)在米兰监狱的观察，引自 Forgacs，1988：376]

引　言

毋庸置疑，20 世纪人类最大的爱好之一就是体育，21 世纪的第一个十

---

① 指《24 小时太阳报》(*Il Sole 24 Ore*)，意大利影响最大、发行量最大的综合财经类报纸，于 1965 年 11 月 9 日创刊，起初叫 *IL Sole*，总部位于米兰。——译者注

② 《米兰体育报》(*La Gazzetta dello Sport*)，创刊于 1896 年 4 月 3 日，是意大利发行量和阅读率最高的日报之一、发行量最大的体育报纸，也是欧洲历史最悠久的体育报纸之一。——译者注

年里这种热情依旧不减。对于全球成千上万的运动员和体育迷来说,体育依然非常重要。与此同时,体育在国家和人民的文化生活中扮演了意义非凡的角色。当足球成为全球性运动的时候,其他的体育项目也在全球性运动中占据了重要位置,例如美国的棒球、澳大利亚的板球和澳式橄榄球、爱尔兰的盖尔式运动会[①]、加勒比文化中的板球和篮球。此外,橄榄球联盟在威尔士和新西兰的国家民族文化认同的建构中也发挥了重要作用。

体育的发展在很大程度上受到大众媒介的控制,并通过大众媒介被记录下来。报纸、电影、广播和电视都曾对20世纪流行文化和政治文化的形成产生过深远影响。虽然体育的影响向来能超越赛场的边界,但事实上体育与各类媒介(特别是电视)的关系越来越密切。

2 近年来,随着体育在商业和政治领域中的地位越来越重要,这种关系也发生了一些变化。这可以从2008年北京奥运会之后英国的体育报道中窥见一斑。

2008年的夏天,媒体报道聚焦北京奥运会,内容涵盖了奥运经济对中国的重要性、英国奥运代表队取得无与伦比的成功以及彩票收入对成功举办奥运会的重要性等。此外,对北京奥运会的关注也延伸到有关2012年伦敦奥运会筹办的一系列政治问题。

除了奥运会之外,还有很多案例能够说明体育的影响力,例如英国独立电视台(ITV)[②]在付费领域通过足球转播获得巨大成功;塞坦塔体育(Setanta Sports)[③]在同天空电视台(BskyB)[④]展开的付费电视竞争中可能遭遇财政困难;苏格兰民族党政府反对取消苏格兰国际比赛的免费电视直播,批评英国广播公司(BBC)未能取得板球测试赛的转播权。和这些事件同时成为焦点的还有奥运会三金得主克里斯·霍伊受封骑士,双冠王游泳运动员瑞贝卡·阿德灵顿(Rebecca Adlington)受封为女爵士。

---

① 盖尔式运动会由盖尔运动协会(GAA)主办,主要项目包括盖尔式足球、板棍球、盖尔式手球和跑柱式棒球。——译者注

② 英国第二大无线电视经营商,成立于1955年,是英国最早的商业电视台,也是英国最大的综合电视台之一。——译者注

③ 塞坦塔体育是一家体育电视公司,总部设在爱尔兰都柏林,成立于1990年,旨在促进爱尔兰体育赛事向国际观众的转播。该公司在英国、美国和加拿大等国运营频道。——译者注

④ 英国电视台,欧洲最大的收费电视台之一,与法国电视四台(Canal Plus)和德国的卫视一台(DF1)鼎立于欧洲。——译者注

上述这些新闻刊登在报纸的体育、商业与新闻版，并在网络、主流电台以及电视新闻上广泛传播。在 2008 年的不列颠，体育问题不可避免地同媒介捆绑在一起，体育从来没有如此重要过，它高歌猛进，开始向以前不受体育商业活动影响的社会领域延伸。

本书旨在探索上述问题是如何出现的以及为什么出现。第二、三章明确指出体育和媒介之间一直存在着联系；媒介和体育同为 20 世纪大众文化的重要力量，二者的关系从未像现在这样紧密，这也昭示着更为广泛的文化和社会变化。我们在第一章试图简要回顾关于体育、媒介和身份研究的已 3
有成果，主要从社会学和历史学视角关注"媒介体育"的学术研究。

最后，我们概括本书所涵盖的具体领域，明确各章主题以及它们之间的相互联系，同时采用较为宽泛的理论方法检视媒介和体育之间的复杂关系，并根据现实的经济、政治和文化图景提出一种跨学科的认知，希望能够让读者更多地从批判的视角对体育和媒介进行参与和思考。在体育与社会研究的探讨中，体育与媒介问题将获得越来越多的关注。

体育研究：社会学和历史学视角

贾维（Jarvie，2006）从社会理论角度提出了关于体育地位的精彩概括，探讨了主要的社会学传统理论对体育和休闲社会学产生的影响。他从社会学的角度分析体育，特别关注媒介、文化研究领域中体育的地位。

多年来，社会学研究在很大程度上忽视了体育，对现代社会中的休闲问题缺乏认真对待和持续调查。休闲被认为是微不足道的，被轻描淡写地一笔带过。体育或许是主要人类活动中未被社会学细致研究的最后一个领域了。

2000 年以来，社会学研究对体育和休闲的态度发生突变，专注于体育和社会关系的研究的数量大幅增加（Cashmore，2005；Coakley，2003；Houlihan，2007；Tomlinson，2006）。体育研究在社会学中异军突起，其归属问题却在社会学和媒介、文化研究之间引发了争议。媒介、文化研究者认为媒介文化研究能够为这一研究提供最为适合的理论范式。毫无疑问，媒介研究课程的普及以及媒介对体育的兴趣的不断增强，吸引了诸多学者的关注。正如伯恩斯坦（Bernstein）和布莱恩（Blain）所说：

> 4 关于媒介和体育的跨界研究涵盖体育社会学、体育史、性别研究、文化研究、新闻学、休闲研究以及其他各类领域。(Bernstein and Blain,2002:1)

在上述领域之外,体育研究也应包含其中,最近十年体育社会学的研究呈显著上升之势,其讨论的中心问题是体育和社会权力之间的关系。

体育和权力

有些研究者从结构范式出发,借鉴马克思主义分析方法,指出体育和休闲活动受到社会经济和政治图景的影响。在讨论个体选择问题时,他们引用阶级和资本中心论,认为体育和休闲就是一个领域(terrain),在这个领域中,统治集团和从属集团之间出现并再现资本主义社会普遍存在的权力关系。总之,体育和休闲成为社会控制的工具,这一工具既剥削工人,又在人类活动中为资本增值。

体育与权力研究远未形成一个整体的理论体系。哈格里夫斯(Hargreaves,1994)和克里登(Creedon,1994)从女性主义视角强调性别关系在休闲方式形成中的重要性;卡什莫尔(Ceehmore,2005)则一直强调种族在决定英国少数民族体育行为时的重要作用。哈格里夫斯和卡什莫尔的研究同新马克思主义者所采用的方法接近,这一方法也被文化研究采纳。霍恩(Horne)等人(1987)从三个方面总结了这种方法的优势:

> 体育和休闲活动必须被理解为权力关系;必须重视当代社会中国家和经济在建构体育和休闲活动中的作用;采用一种开放的方式进行体育和休闲研究,避免被教条束缚。(Horne et al.,1987:188)

5 霍恩的研究(2005)论述了媒介在消费方式形成和消费社会常态化中所扮演的角色。罗杰克(Rojek,1992:8)也认识到了文化研究方法的有效性,肯定休闲和体育是“根深蒂固的社会过程”,但他也抨击这种方法过于重视阶级和资本,准确地指出英国文化研究的案例和实地调查几乎都集中在英格兰和英格兰社会,忽视了其与其他地方的文化差异,比如苏格兰和英格兰之间就存在着不同。

罗杰克采用另外一种过程范式，即形态社会学方法来研究体育和休闲(Dunning and Rojek，1992)。在诺伯特·埃利亚斯(Norbert Elias)研究的基础上，形态社会学者们将社会视为一系列相互联系和相互依靠的群体，群体间的关系不断发展和变化。换句话说，他们把个体放在一系列复杂组合的中心位置，任何单一因素都不能决定个人和社会之间的关系，多元因素和社群，例如家庭、教育、住房等，共同对个体产生影响。

罗杰克认为文化研究方法和形态社会理论之间的差别被夸大了。他承认两种方法存在着根本区别，这种区别集中表现在：形态社会学者声称所有的社会学科学研究应该追求超然的状态，自觉与研究对象保持距离(Rojek，1992：28)，而他的文化研究则出于政治动机的驱动。他总结出二者的共性：

> 都尊重历史；都强调历史和社会维度中的“自然”和“显著”；都关注文化的多样性和丰富性。(Rojek，1992：28)

这一说法非常有价值。对于权力在社会运作中的地位问题，二者仍存在根本性差异——文化研究过于强调阶级是社会关系的决定性因素，而形态社会学又过于淡化阶级问题。

其实，任何领域中的研究者的主观性都难以避免，也许最重要的共识是 6
体育和休闲不同模式的发展应该被视为一个持续的过程，尽管关于过程中的决定性因素可能存在争议。这一争论已经从体育和休闲的研究转移至社会学和社会调查的边缘领域和相关问题，如全球化、权力和社会政治及体育的互动过程(Andrews and Grainger，2007；Andrews and Ritzer，2007；Giulianotti，1999；Miuer et al.，2001；Rowe，2003a)。

体育和历史学者

社会历史研究也关注体育问题。将体育置于广阔的经济和政治视角中，这一点与社会历史学观点不谋而合。社会历史学研究将体育理论提升到了新的高度，该领域的研究者认为体育应当成为研究对象，强调体育对社会文化、经济和政治的重要作用。正如琼斯(Jones)所说：

> 在工业社会,体育是一种具有特殊经济、社会和政治意义的实践行为,它能在劳动力市场、资本投资、阶级、性别甚至国际关系等诸多领域为研究者提供重要论据。(Jones,1992:2)

历史学者和社会学者在关于体育研究的交流中一直受困于理论范式的争论。简言之,历史学者认为体育社会学研究为意识形态所束缚,试图利用体育来实现某些特定理论的合法化。这些实际上是站不住脚的,因为这样就严重忽视了体育的历史背景和文化语境。

尽管如此,大多数当代媒介体育关系研究的参与者都意识到了历史视角的重要性。赫兰德(Holland,2007)加深了对现代媒介与体育商业化的分
7 析的深度,通过对历史背景的定位来分析当代电视体育转播权;戴维斯(Davies,2006)认为体育作为文化形式的角色和定位对于理解现代美国社会的构成非常关键。在英国,波利(Polley,1998,2006)把体育文化定位为英国社会和文化历史的一个核心要素。这些研究肯定了媒介在体育呈现中的话语权不断增强。

体育在国际政治中的重要作用也是研究的议题。赖尔登和克鲁格(Riordan and Kruger,1999)对20世纪体育政治的研究卓有成效;埃德尔曼等(Edelman et al.,2006)分析了体育在冷战意识形态斗争中的关键象征意义;郭晴(Guoqing,2008)对体育运动在中国国家形象塑造和国际影响力中的作用进行了论述;史密斯与波特(Smith and Porter,2004)以及汤姆林森与杨(Tomlinson and Young,2005)也关注了政治和国家认同的形成与体育的联系。

媒介对体育的研究

许多体育社会学研究都关注体育文化所蕴含的特殊动力和意识形态及其在社会中的运作方式。然而,媒介,尤其是电视和报纸,在现代社会有关体育话语的生产、再生产和强化中发挥着中心作用。媒介、文化研究领域的研究者特别感兴趣的是这一过程及其意识形态影响。约翰·B.汤普森(John B. Thompson)认为:

> 流行音乐、体育等活动在很大程度上依赖于媒介产业,这不仅

关系到现有文化形态的传播和经济支持，还涉及这些文化形态的活跃变化。(Thompson,1990:163)

这一转变过程及其含义受到许多媒介体育研究者的关注(Goldlust, 1987; Whannel, 1992, 2001, 2008; Rowe, 1995, 2004, 2005; Wenner, 1998; Brookes,2002)。人们越来越认识到分析媒介体育的政治与经济结构同分析媒介表征一样重要，例如，电视越来越能影响体育赛事的举办时间(足球比 8
赛的时间从周六挪到周日晚上)。巴尼特(Barnett,1990)关注媒介体育的政治与经济结构问题；霍内尔(Whannel,1992)不仅从政治经济视角出发，还对媒介体育的文本和意识形态同样感兴趣。换句话说，他感兴趣的是媒介体育是如何促进人们对体育和社会形成特定思维方式的，例如政治与体育无关的观念，以及黑人运动员比白人运动员"天生"更有天赋。

霍内尔是研究媒介体育的核心人物。早在20世纪80年代，他就开始从媒介体育的政治经济和意识形态维度进行研究，是英国最早一批长期对体育和媒介关系进行批判研究的学者之一。他回顾了当时体育的社会地位和学界的研究情况，肯定了媒介研究的发展对媒介体育研究的形成起到的关键作用(Whannel,2008)。他不仅考察资本、电视和体育之间日益复杂的关系(通过研究赞助、广告和国际营销)，还关注这一过程对体育表征的意识形态影响。他最初的研究目标是解释：

> 电视与体育之间是否存在文化与经济联系？这一联系是怎样产生的？如果联系存在，电视是否改变了体育？在这种特定情况下，二者在文化与经济层面上有什么关系？(Whannel,1992:4)

在他于1983年出版的《吹响哨声》(*Blew the whistle*)一书中，他对体育与媒介研究进行了整体考察，他认为：

> 我们不该把流行文化当作一种附属或边缘现象，它是政治进程中的一个核心要素，在大众常识和有组织的政治话语之间形成了一个中间地带。即使仅仅考虑这个因素，我们也应该继续对其进行分析和批判。(Whannel,2008:237)

即使在21世纪的数字化时代,这一研究议程依旧重要,因为我们一直在探寻媒介与体育二者之间关系的演变。

9 电视与体育

作为探索知识和积累知识的学术领域,对电视与体育之间的关系的研究仍然是非常新的。20世纪70年代,电视体育的媒介文化研究零星浅显;20世纪80年代之后,这一领域的研究者开始发力;20世纪90年代,该领域发现了更系统的方法。体育的比重挤压了其他的电视形式(尤其是新闻、时事以及流行剧),体育问题得到广泛关注(特别是足球流氓现象)。但令人惊讶的是,学界花了这么长时间才理解体育是流行文化中最普遍的存在。电视体育不但提供了我们与体育本身的联系,更包括了有关民族、阶层、种族、性别、年龄和残障的观念。因而,它涵盖了丰富的连接材料,从中我们可以调查和了解社会、文化、经济以及政治生活。

正如霍内尔(1992,2008)强调的那样,在不断扩大的媒介研究领域中仍缺少与电视体育相关的材料,这主要是因为学界在电视分析方面存在分歧:第一种方法来自电影理论的文本或符号批判;第二种方法运用社会经济学的分析方法关注媒介生产实践和政治组织。第一种方法被人们广泛熟知要归功于英国电影协会(BFI)出版的《电视中的足球》(*Football on Television*),该书由巴斯科姆(Buscombe,1975)编写,收录了1974年世界杯电视转播的系列文本。文本分析对后续的电视体育研究,尤其是体育转播中的意识形态研究,产生了很大影响。

从结构领域分析电视与体育的关系,为体育的媒介研究提供了一个可选择的研究路径。雷德(Rader,1984)、高尔登鲁斯特(Goldlust,1987)和巴尼特(1990)探讨了电视带来的体育转型,这种转型不仅来自电视的营利性和赞助的经济层面,而且来自国家文化政策对公共服务标准的需要。

其他研究的主要代表人物包括温纳(Wenner,1989)、霍内尔(1992,2008)、布莱恩等(1993)以及罗(Rowe,1995,2003b,2004),他们试图通过政治经济、文本阅读和审美等多个角度来弥合学术分析的差距。以上这些研
10 究与英国文化研究中的跨学科议程有着紧密联系,而文化研究的根基在伯明翰大学的当代文化研究中心(Centre for Contemporary Cultural Studies)。

越来越多的学者重视从管理学和经济学领域研究电视和体育的关系。韦斯特比克和史密斯（Westbeek and Smith，2003）、尼科尔森（Nicholson，2007）等人就非常关注体育产业中的政治经济领域，他们强调全球化产业所带来的管理和市场营销方面的挑战。在过去的十年里，围绕体育和创意产业进行的扩张意味着体育在学术界拥有了自己的学术语言。戴斯博尔德（Desbordes，2006）把电视视为一个关键角色，从国际视角研究市场和足球；比奇（Beech，2006）着眼于更广泛的体育营销；让勒诺与科森恩（Jeanrenaud and Kesenne，2006）、格拉顿与索伯格（Gratton and Solberg，2006）从经济角度分析体育与媒介产业之间不断变化的关系。

足球对电视来说越来越重要，电视在体育上投入的资金也不断增长，这些也引起了多布森与戈达德（Dobson and Goddard，2007），以及格鲁特（Groot，2008）等体育经济学家的关注。

媒介化的体育和身份认同

现有研究倾向于分析媒介化的体育同社会生产和消费之间的关系（Blain et al.，1993；Brookes，2002；Rowe，2003b；Hand and Crolley，2006）。这些研究往往侧重于特定媒介或特定体育赛事，关注不同体育媒介形式在阶级、性别、种族、文化和国家认同中所扮演的角色。

大部分人都对社会变革中过于以媒介为中心的观点保持着警惕。媒介确实可以帮助个人与集体建立联系。在某些时候，媒介的确能够为支持者团体提供合法性和某种描述，比如，媒介可以选择报道一场成功的世界杯决赛或是负面新闻，如希尔斯堡球场惨剧[①]。然而，在有些时候或是特定的社会环境下，媒介的重要性可能会降低。即使在一本研究体育媒介的书中，我
们也要对多方压力保持清醒，如政治、经济和文化压力，这些压力塑造了媒 11
介体育及其与集体认同之间的关系。我们将在后面的内容概述中继续讨论这一问题。

---

① 1989年4月15日，英国谢菲尔德市希尔斯堡体育场举行足总杯半决赛，利物浦队对阵诺丁汉森林队。由于球场结构问题和秩序混乱，比赛开始后，尚有5000名利物浦球迷未能入场，警察开启大门却没有给予必要的引导，致使5000人涌向同一看台，引发了严重的踩踏伤亡事件，其中96人丧生，200多人受伤。——译者注

在《权力游戏》第一版出版的10年之后,我们注意到其他围绕媒介与体育关系的研究领域也越来越重要,包括媒介技术对塑造体育文化的重要性,尤其是数字技术不仅能巩固体育媒介关系,如英国广播公司和天空电视台等巨头依旧支配着全英的媒介体育,也能破坏这一关系,如互联网对印刷媒介的影响。越来越多的研究关注在数字媒介背景下体育新闻的专业性、实践性及影响(Boyle,2006;Steen,2008)。随着体育产业越来越受到关注,体育与治理的争论、体育权利在数字经济中的重要性以及全球化对媒体和体育产业的影响,都是过去十年中重要的研究领域。新版《权力游戏》将对这些问题有所呈现。

本书研究领域与结构

任何关于体育和媒体之间日益明显的共生关系的研究,都应该为更广泛的辩论和关注提供一个切入点,我们认为这是媒体研究的核心。媒介体育研究为学生们提供了一个领域,他们可以在这一领域中研究媒介、权力和意识形态等更重要的问题。在这本书中,我们特别关注:

1.媒介体育中的政治经济;

2.体育、媒介、性别认同的形成,种族与国家之间的关系;

3.体育消费和受众在传播过程中的作用。

要了解这些政治、经济和文化进程,需要将体育和媒体机构置于一个更大的参照系内——体育的形态和媒介化的体育形态不断受到社会文化的影
12 响,又反过来作用于社会文化。虽然媒介在现代体育的形式和内容以及与支持者之间的关系等方面发挥着越来越重要的驱动作用,但它并不能脱离广泛的社会经济和文化转型。换句话说,我们要用更广泛的视野研究体育与媒体之间的关系,而不仅仅是关注传播中媒介化的体育话语。

尽管某些后现代理论在体育媒介文本的表征分析中很有用,但我们认为,对经济、政治和社会结构——这些结构仍然是决定我们生活的核心要素——更深层次的关注会帮助我们更好地理解媒介体育在当代社会中的作用。

历史视角

本书开头部分肯定了历史研究的关键作用，在我们试图去了解当代的情况时，从历史角度研究不同媒介和体育间的关系非常有效。历史学家马丁·波利(Martin Polley,1998)主张历史研究方法不仅帮助我们了解政治和经济因素如何塑造了过去的体育事件，还能提供现在主流学科方法无法注意到的长期或短期的趋势。从广义上来说，虽然体育和媒介机构独立演变和发展，都拥有属于自己的独特传统、实践业务和意识形态，但这些文化形式之间一直存在着契合点。最初的新闻报道、后来的新闻短片和广播以及最近的电视不仅把体育当作媒介内容，还经常助力于改变和重建体育在社会中的地位。例如，报纸有助于增加体育的商业性收益，英国足球的发展离不开赞助和媒介报道；广播也扩大了体育赛事的影响力，爱尔兰的盖尔式运动会在 20 世纪 20 年代一举成为真正的全国性体育比赛。

第二章分析了现代体育和大众传播的起源，重点关注早期体育新闻报道以及 19 世纪早期英国的无线电广播与体育之间的关系是如何建立的，这种关系又是如何在 20 世纪后期帮助体育与电视建立起联系的。体育与不同媒介之间充满张力的联系并不是最近才有的，媒介技术在每个新的发展阶 13
段都会呈现出这一特点。

政治经济学视角

第三章关注“媒介体育的三角关系”，即电视、赞助和体育之间的关系。在 20 世纪后半叶的大部分时间里，这种相互关系既是文化和意识形态形式，也是商业、企业实体，为体育的形成和不断重塑提供关键动力。在数字化的 21 世纪，不同形式的媒介正逐步成为现代体育的经济承包商，我们将分析这种关系是如何变得更加明确的。

潜在的经济结构将体育和媒介形式在国家和国际层面上联系起来，如果不考虑潜在经济结构，就不可能完全了解媒介体育和稍后在书中讨论的表现形式之间的关系。

在媒介技术和传播规制方面，更广泛的经济和文化变化在多大程度上继续推动体育和媒介形态之间的关系，这也是历史分析的一个重点。因此，尽管第二章、第三章一直强调媒介体育中的历史和经济发展，但最后一章仍会关注数字化时代中的体育。我们正处于又一个发展阶段，试图调和连续性（体育的媒介诉求之一是它的“传统”特征和历史）与变革（包括媒体监管和技术创新）之间的紧张关系。由于媒介与体育的关系深受市场化和数字化的影响，因此连续性和变革的主题也是本书的中心问题。

体育和媒介体育

第四章关注在特定运动项目中，电视在体育赛事转变成媒介事件中发挥的关键作用，分析为什么电视需要体育，电视又是如何建构体育比赛的媒
14 介形态的。换言之，上述分析也肯定了体育报道在某些时候能为特定的媒介系统提供意识形态和经济利益。

因而，尽管 BBC 自诩为英国的国家广播机构，但其传播力的增强抑或削弱，取决于它能否打造获得全英国关注的体育事件。应对这一问题正在变得越来越难，不仅是商业竞争的缘故，还在于英国政府权力下放过程中产生的新的政治现实。很多时候，广播公司甚至是研究媒介体育的学者都没有意识到，对于格拉斯哥或爱丁堡的人来说，足球协会实际上是英格兰足球协会，苏格兰、英格兰、威尔士或爱尔兰人对“全国性”体育赛事的理解也不尽相同。同时，一些商业广播机构，如天空电视台和塞坦塔广播公司可能简单地把体育视为一种关键的“媒介产品”，以此吸引观众并维持其订阅量。正如我们在第四章提到的，意识形态的中立并不是必须的。媒介机构可能会仅仅出于商业原因去刻画有关苏格兰人的典型的意识形态话语（激情、勇气和决心），目的是把苏格兰足球推销给占优势地位的英格兰观众（Haynes and Boyle，2008）。

第四章介绍电视体育如何进行媒介产品的编码和制作，包括评论、集锦和精彩回放等互动专区。重点是各种媒介将体育建构成叙事的方式，这种叙事不仅能讲述体育故事，还能加强和重建更广泛的社会价值观和态度。

第四章也关注电视体育建立编码和生产流程的方式，包括评论区、比赛精彩时刻的回放等，也谈到了体育的叙述方式被不同媒介转变为人们可接受的叙述方式，这种方式让人们理解其中特殊的体育故事，增强和重建更易接受的社会价值观和态度。

第四章还探讨了地面和卫星广播公司在电视体育的文体风格上是否存在差异。第四章和第五章都建立在历史和经济分析基础上。第五章阐述在

体育明星现象中体育和媒介在意识形态和经济上有紧密联系，解释媒介与体育关系的转变如何凸显业余体育与职业体育之间的张力。

在第三章的基础上，我们讨论体育经纪人在创造体育明星的过程中所起的关键作用，还有体育的结构和体育在社会中的地位。媒介体育明星在维系体育神话、打造英雄或恶棍方面具有重要作用，他们的吸引力远超体育运动本身。

媒介体育与种族、性别和民族性的呈现 15

正如前文提到的，我们不会以媒介为中心去看待社会的发展。但事实上，体育的媒介话语仍然发挥着重要的作用，有时甚至是决定性的作用，它们能够再造、自然化甚至重新建构价值观、态度以及固定成见。我们必须认识到，身份认同在体育亚文化中存在着特定的思想形态，例如足球等体育项目中的男性文化。媒介体育可以出于一些原因选择、忽略甚至放大这种文化的某些方面。因此，围绕凯尔特人队①和格拉斯哥流浪者队②比赛的任何宗派色彩都可能被电视报道淡化，报道热衷于在一场比赛中突出“气氛”，但不太愿意审视比赛中和比赛周围存在的令人生厌的宗派因素。

这一部分探讨了在以种族、性别和民族性为中心的各种话语建构和复制中，体育所发挥的意识形态作用。第六章研究体育和社会不平等问题、媒介体育中的刻板印象和种族话语、非裔及亚裔运动员与媒介体育以及宗派主义与体育。第七章质疑媒介体育是否只是男性领地，分析了媒介体育中与性别相关的固定成见和话语，并探讨了女性体育新闻从业者在多大程度上面临着性别偏见的挑战。

需要说明的是，媒介体育呈现的与身份认同问题的边界并不明确，因此，有关性别、种族和民族性的问题经常交织在一起。我们在认识到它们之间的复杂关系和相互作用的前提下，分别对其进行研究。

---

① 凯尔特人足球俱乐部是苏格兰足球超级联赛球队之一，为格拉斯哥市的两支苏格兰豪门球队之一，与同市宿敌流浪者队合称“老字号”，垄断苏格兰足球超过 100 年。凯尔特人队在 1967 年夺得欧冠冠军，成为首支夺冠的苏格兰球队，也是苏格兰足球史上第一支夺得欧冠冠军的球队。——译者注

② 苏格兰足球超级联赛球队之一，球队主场位于格拉斯哥西南部的埃布罗克斯球场，保持着历史上 54 次国内顶级联赛冠军，7 次国内赛事三冠王（联赛、苏格兰足总杯、苏格兰联赛杯），19 次国赛事双冠王的纪录。——译者注

第八章的研究重点为媒介体育和公民国家,探讨国际体育报道如何承载广泛的政治议程。在国家层面上,体育和相关报道经常成为表达一系列集体认同的焦点,这一过程可能会使媒介传播中有关体育的话语与其集体力量之间的复杂关系受到质疑。在群体政治和文化生活的特定时刻,体育依然是提供集体表达和认同的场域。同时,我们也必须警惕将媒介对事件
16 的表述(和解释)简单解读为政治和文化的现实论断。简而言之,是否出现这些问题往往取决于谁在讲述或重述体育故事。

对体育的社会期待往往通过媒介实现,而媒介机构对体育事件的处理方式取决于根深蒂固的历史、政治和经济因素(Blain and O' Donnell,1998;Puijk,1997)。我们从中可以看出社会、经济和政治对个体身份认同的影响,这些影响还会反作用于更广泛的集体经验模式。

媒介消费:体育迷和受众

受众并非无条件地接受媒介传达的各种观点,媒介机构也不仅是建构或生产不同的话语。正如我们在本书后半部分提到的,这些话语必然受到社会、经济和政治压力的广泛影响。例如,由于不同的政治、经济和文化原因,各个国家的国民性会呈现出不同特点。

一家英国的全国性报纸在旅游版中突出足球在意大利生活中的重要性,这样做是为了向读者推荐一趟周末赴米兰的旅行,这趟旅行主打足球与购物相结合所带来的吸引力、设计风格、激情。与此同时,一则政治报道中提到意大利右翼极端主义势力不断壮大,他们通过足球来招募成员。换句话说,特定话语吸收了体育和国家的特点,被用于不同媒体或实现不同目的。但这并不是"以媒体为中心"的社会观,媒体并不是任何时候都能够成为社会话语传播的源头。相反,我们认为媒介是一个社会群体之间复杂关系的组成部分,既通过内部群体动力来理解自己,也在一定程度上通过对"他者"的界定来理解自己。

第九章讨论新闻和赛事报道通过叙述体育赛事和宣传体育神话,在媒介生产中发挥关键作用。在英国,近来体育新闻的快速发展似乎与记录英国男性的私人世界有关,在美国,体育新闻的文学谱系性更强,更关注如何
17 利用体育来多方位界定和理解美国神话和文化身份。第十章将在前文概述的媒介体育生态变化的背景下,讨论广播与印刷媒体中的体育消费问题。

小　结

自本书第一版出版以来，有关媒介和体育的学术研究以及体育和传媒业本身都发生了重大变化。体育研究兴起，体育与社会问题成为重点关注对象，研究领域涵盖管理学、文化经济学、公共关系、公共政策、媒体和文化研究、新闻学和体育研究等不同学科，大部分围绕着体育产业展开。新兴的体育经济通过体育赞助、赛事管理、媒介权利和市场营销增加了就业机会。

与此同时，在商业化、数字技术和规制变革的推动下，媒体行业发生了巨大变化，体育在21世纪英国媒体文化里的中心地位得到增强(Boyle and Haynes，2004)。在一个以需求为主导的媒体系统中，体育的内容价值得到提升，它已经渗透到大众文化的主流领域以及更广泛的公众和政治讨论中。在过去的十年里，不论是在主流的电视新闻中，还是在不断发展的纸媒和网络报道中，体育新闻的报道量都出现了惊人的增长(Boyle，2006；Steen，2008)。

这个过程让公众认识到体育并不存在于政治真空之中，金钱对塑造体育文化的核心作用日益明显。是否该把政治排除在体育之外，也许是我们遇到的最大难题(尽管有一部分媒体并不这么认为)。体育总是陷入政治的泥潭，它既是权力关系(power rights)的一部分，更有明显的政治维度(political dimension)。英国在2008年北京奥运会中获得的金牌数打破了纪录，原因在于英国国家彩票对重点体育项目的巨额财政补贴；英国顶级俱乐部和其他俱乐部之间存在巨大的贫富差异，只有少数俱乐部能赢得英超联 18
赛冠军。金钱在体育中成为前所未有的重要因素，导致了公众对体育文化和媒体公信力的怀疑，这已成为近十年来体育新闻报道的重要议程。

最后一章与新媒体时代的体育有关，汇集了一些相关问题，也阐述了在体育与媒介关系演变中出现的新的结构性变化和影响。我们主张采用多学科方法，承认政治经济学在媒介体育中的重要性，认可意识形态和政治维度对体育报道形式的影响。在这方面，我们所说的政治是指权力在社会中的组织方式，它既由社会群体和个体维护，又面临来自他们的挑战。

媒介如何在数字化社会的政治、经济和文化领域发挥更大的作用，这是媒介研究的应有之意,我们也期望本书能够对此有所贡献。从社会科学的角度考虑,我们希望对媒介和体育之间复杂关系的分析能够有助于人们更好地认识20世纪两种最伟大的力量——在21世纪全球化的背景下,体育和媒介相互交织,给大多数人带来痛苦和欢愉,也为少数人创造源源不断的利益。

第二章 往昔：媒介体育的历史

摘要

从社会历史视角分析媒介体育关系。

剖析报纸、广播、电影和电视的发展历程。

为当前研究铺设历史情境。

关键词：报纸；广播；英国广播公司；电视；体育的历史

体育……被虚幻地描述成世上最重要的事情，它占据无数人的头脑，掏光他们的口袋。[特雷弗·韦格纳(Trevor Wignall)，体育新闻记者，《每日快报》，1936] 19

看一眼这个世界就会发现，当普通人不上班的时候，他们想做的事情就是组织一场体育比赛。[C.L.R.詹姆斯(C.L.R. James)，1963/83：153]①

引 言

媒介化的体育是重要的文化组成部分，为我们带来了生动的历史感。围绕体育展开的故事架起了现在和过去之间的桥梁，对于媒体和体育爱好者来说，体育的特殊吸引力正在于此。体育事件需要历史和时间的积淀来

① C.L.R.詹姆斯的《超越界限》(*Beyond Limits*，1963)是一本关于板球的回忆录，作者是马克思主义知识分子、后殖民主义理论学家。——译者注

使人们感受它的重要性。在澳大利亚，国际板球赛事一直由英国灰烬杯[①]系列赛主宰，这一赛事为两国间长久的竞争提供了更多的动力。我们将在第四章讨论，电视越来越有助于为新近的体育项目打造（有时甚至是捏造）深厚的历史背景。然而，有一点至关重要，在 20 世纪，主要由媒介讲述体育的历史，我们也应该用历史的眼光来看待媒介和体育之间根深蒂固的关系。

本章主要强调体育和媒介之间历史关系的转变：从大众媒体的出现到国际体育媒介关系的开始。我们将依次审视各种媒介以探讨这一关系：报
20 刊、电影和新闻片、广播以及电视。需要强调的是，每一种新的传播模式都不是独立发展的。

毫无疑问，大众传播已经把体育从霍尔特（Holt，1989：12）提出的“口头传播的流行文化”转变为拥有大量观众的流行文化。然而，口头传播的传统仍旧遍及体育领域；受到流行文化的影响，体育与不同媒介的相互作用向来是复杂的。在现代传播系统和技术驱使下，体育的变革并非直线进行的，也不是一条单行线，体育在媒介产业中扮演着重要角色。因此，体育与媒介的历史关系有许多值得借鉴的地方。

本书随后将详细阐释体育—媒介关系中的问题，如媒介如何影响体育的运作、观看和组织方式，以及体育在媒介产业的社会和经济发展历程中的重要性，为观察当前体育—媒介关系中出现的变化及张力提供一个视角。

体育和媒介的早期联系：体育印刷品

媒介体育是现代社会的产物，由于“资本、技术和人类语言多样性的相互作用”（Anderson，1991：45），现代文明也推动了欧洲的社会变革。17 世纪末到 18 世纪早期，印刷品的普及使以教堂、军队、公学和大学（Mann，1992）为代表的“印刷—资本主义”体系逐渐传播开；18 世纪末到 19 世纪中期，大众报纸的普及也帮助现代体育媒介实践得以确立（Holt，1989）。这些历史进程并非巧合。

随后，民间体育游戏在贵族的支持下开始转变并走向规范，伴随工业资本主义和城市化的扩张迎来前所未有的变化（Hargreaves，1986）。在英国，

① 英格兰和澳大利亚之间的板球比赛。——译者注

这些进程推动了现代国家的形成,中产阶级逐渐强大并占据主导地位,引领大众体育习惯。在此之前,体育已发展成为地方性仪式和娱乐活动的组成部分,这些娱乐活动往往与宗教节日息息相关。

早期工业社会在现代主义信条的推动下,形成了体育代表“进步”和“道
德提升”的理性信条(Real,1998:17)。然而,正如霍尔特所指出的,维多利 21
亚时代体育的转变,特别是在公学教育中的转变,证明现代体育的前身并不是迎合低级趣味的粗俗文化(Holt,1989:12-14)。18 世纪后期,一些地区确立了比赛规则和判定胜负的标准,新兴的体育报刊也在这个阶段开始出现。

体育报刊

很多人以为有关体育的历史记录很少,但实际上有关体育的丰富史料可以追溯至 18 世纪。约瑟夫·斯特拉特(J.Strutt)于 1810 年出版《英国人的体育和游戏》(*The Sports and Pastimes of the People of England*)一书。从斗熊到陷阱球游戏,斯特鲁特为后人记录了一幅生动的英国体育图景。斯特鲁特记录了前工业时代较为小众和原始状态的体育游戏,其他作家则关注更为规范的体育项目。

早在 17 世纪 20 年代和 30 年代的英雄史诗中就有关于乡村板球的描述。这些关于英格兰田园的浪漫景象用拉丁文写成,描写了乔治王时代之前最古老的球队比赛之一。19 世纪初,作家玛丽·拉塞尔·米特福德(Mary Russell Mitford)在《女士杂志》(*The Lady's Magazine*)上连载了关于当地板球比赛的报道。她的散文批评了这项运动日益增强的职业性,认为这是绅士艺术的对立面。她强调说:“当金钱把丑陋的鼻子插进来时,一切都会被破坏。”(引自 Martineau,1957:98)这代表一种明显的浪漫情怀,标志着早期业余主义体育意识的存在。

18 世纪末 19 世纪初,在备受尊崇的新闻机构中,体育是被边缘化的。由于审查制度和印花税(知识税)的限制,日报或者周报的生产成本造成了版面的稀缺,体育几乎没有报道空间。19 世纪 30 年代,报刊垄断经营和许可证制度被打破,体育在大众化报纸上还是没有地位,当时的新闻主要是为了吸引工人阶级读者,对时兴于农村的体育活动并不重视。19 世纪 30 年代廉价报刊兴起,挑战了之前严肃报刊享有的许可证所带来的垄断局面,也吸

引了工薪阶层的大量读者,但这并不能为都市娱乐提供空间。相反,为迎合上流社会对赛马、职业拳击和其他血腥运动的兴趣,出现了一类完全独立的体育报刊。

22 体育报刊沟通并协助体育组织实现规范化。例如,赛马一直享有贵族赞助,1751 年由社会精英建立的赛马会(the Jockey Club)依然是这项运动的管理者。赛马会的规则刊登在其官方刊物《赛马日志》(*the Racing Calendar*)中(Vamplew,1988:47),允许赛马运动的规制化和资本化。任何没有刊登在《赛马日志》中的比赛都不会被赛马会认可,这使得体育管理的严格控制成为可能。从这个例子可以看出,规则的推广对前工业时代流行文化中传统体育形式的改革至关重要,也反映出早期工业资本主义在经济和政治领域的变化。

博彩和广告

博彩活动的流行和迅速发展是体育报刊的又一个焦点,也吸引了更多资本的关注。范普鲁(Vamplew,2008)指出,体育报刊早期发布的规则和对规则的修改很多都是出于博彩活动的需要。爱好体育的贵族需要一个下赌注的平台,报纸便"充斥着战斗的召唤"(Clapson,1992:16)。创办于 1822 年的伦敦日报《贝尔生活》(*Bell's Life*)就对贵族感兴趣的职业拳击比赛大写特写。尽管在 19 世纪中期新闻自由和全国反赌博联盟(the National Auti-Gambling League)的福音运动的推动下,对非法赌博的指责和管制有所加强,但《贝尔生活》的发行量还是超过了 3 万份(Mason,1988:46)。

19 世纪 60 年代,电报的使用让赛马因场外投注而复兴,也使体育报纸能够将投注赔率的信息向全国传播,并通过"塔特萨尔环"(Tattersall's Rings,赛马场专用投注邮件)分发到工薪阶层的博彩市场。正如克莱普森(Clapson,1992:28)所说,从 19 世纪 70 年代开始,体育新闻的范围和主旨都有所扩大。在英国,曼彻斯特是体育媒体的中心,当时最大的出版商爱德华·霍尔顿(Edward Hulton)掌控着《体育生活》(*Sporting Life*,1859 年创办,取代了《贝尔生活》)和《体育纪事报》(*Sporting Chronicle*,1871 年创办)。对于那些反对赌博的人来说,这类报纸代表了"廉价和耸人听闻",它们助长了赌博和体育的商业化,无可挽回地损害了体育精神。

从 19 世纪初到 19 世纪 70 年代，博彩业为体育媒体开发了商业潜力，而 23
体育布道者们为了满足英国中产阶级迅速增长的娱乐需求，创造了另一类体育出版物。鲁瓦森（Lowerson，1993）追溯了 1870 年到 1914 年中产阶级体育消费中体育出版物的起源，这一类体育刊物将体育看成灵魂和身体价值的“提升”。中产阶级认为体育有益于健康，日益发展壮大的大众媒介则为这一福音的传播提供了必不可少的工具。

通过体育报刊的宣传，传统体育和现代体育都达到了前所未有的繁荣程度。在广告的经济利益驱动下，体育报刊采用了更为廉价的刻版印刷的版面布局。颇具声望的《猎奇》（*Field*）杂志长期为狩猎比赛提供赞助，《射击时代》（*Shooting Times*）（1882 年创刊）和《马与猎犬》（*Horse and Hound*）（1884 创刊）则更加商业化，刊登了很多捕猎和射击活动所需装备的广告。《猎奇》也及时改版，加入了球类游戏，尤其是夏季草地网球和门球，还为 1868 年全英门球俱乐部（the All England Croquet Club）举办的温布尔登网球锦标赛（the Wimbledon Championships）提供了银制奖杯（Lowerson，1993：253），这是体育媒体直接介入体育事业和管理的案例。

对那些在体育管理中拥有权力的人来说，迅速扩张的体育报刊是传播体育所具有的社会和文化影响力的一种手段。例如，霍尔顿旗下的周报《运动新闻》（*Athletic News*）（1875 年创刊）就注重非官方但是权威的“足球之音”。该报与北方足球联盟（the northern-based Football League）紧密合作，在其鼎盛时期，发行量超过 18 万份（Mason，1988：48）。足球联盟的主席 J.J.本特利（J.J.Bentley）在 1892 年到 1900 年担任《运动新闻》的主编，强烈反对任何违反足球规则和礼仪的行为，但却回避有关运动员和官员赌博的事件，也不报道任何有关赛马的小道消息。

在爱德华时代，日报中的体育报道比重有所增加。报业迅速发展成为
系列报团，内容和版面逐渐固定，出现了像诺斯克里夫（Northcliffe）[1]和比弗 24
布鲁克（Beaverbrook）[2]这样的报业大亨。报纸必须扩大发行量以满足广告商的需求来赚取利润，报纸的内容越来越广泛，体育报道也进入综合性杂志

---

① 即北岩爵士（Lord Northcliffe，1865－1922），原名阿尔弗雷德·哈姆斯沃斯（Alfred Harmsworth），英国新闻事业家，19 世纪末 20 世纪初英国现代报业奠基人之一。——译者注

② 即第一代比弗布鲁克男爵，原名威廉·马克斯韦尔·艾特肯（William Maxwell Aitken，1879－1964），英国政治家、报业大亨。——译者注

的版面之中。

体育报刊非常成功地利用了全国性的体育热潮。许多受欢迎的定期体育活动和季节性赛事为体育新闻报道积累了稳定的受众群体。小额现金折扣传单和足球彩票在19世纪80年代曾经短暂出现,然而到了1900年,地方报纸开始雇用专业的情报贩子,进行变相的足球赌博。全国性报纸争相效仿这一做法,包括《每日邮报》①、《每日镜报》②以及《每日快报》③和它的星期日版。

正如我们已经提到的,为了提升新的体育英雄所带来的宣传效果,报纸开始为体育赛事提供赞助。例如,在职业高尔夫球手因收入太低而威胁要罢工时,《世界新闻报》④为第一届职业高尔夫球员协会(PGA)举办的锦标赛赞助了200英镑(Lowerson,1989:203-204)。20世纪20年代到30年代职业高尔夫球员协会的赛事不断发展,从1936年开始,锦标赛和《每日邮报》建立了长期合作。全国性大众报纸上体育报道的增加,给许多独立日报和体育周报带来"灭顶之灾",到了20世纪30年代,这些报纸的数量锐减,报道内容主要是赛马运动。

欧洲体育报刊

英国专业体育报刊的消亡与欧洲大陆体育日报的发展形成鲜明对比。意大利的《米兰体育报》创办于1896年雅典举办首届奥运会前夕。这份报纸由《三座自行车》(*La Tripletta*)和《自行车》(*Il Ciclista*)两份报纸合并而来,《自行车》周报为早期的意大利自行车运动热潮提供过支持。

和英国同行一样,《米兰体育报》也开始赞助体育赛事,环意大利自行车

① 《每日邮报》(*Daily Mail*),英国现代新闻创始人北岩爵士在1896年创办,被认为是英国现代资产阶级报业的开端。——译者注

② 《每日镜报》(*Daily Mirror*),世界上第一份小报,以娱乐新闻、体育新闻为主,创办于1903年。——译者注

③ 《每日快报》(*Daily Express*),英国全国性通俗报纸,1900年由比弗布鲁克男爵在伦敦创办。——译者注

④ 《世界新闻报》(*The News of the World*),1843年至2011年在英国发行的一份全国性报纸,一度为世界上最畅销的英文报纸。——译者注

赛(Giro Ciclistico)①使体育与媒体之间的联系更加紧密。如今,《米兰体育报》在意大利报刊中享有盛誉,它已融入意大利读者的日常文化生活之中。电视体育报道提升了人们对意大利足球的兴趣,《米兰体育报》也随之获得 25
了国际认可。

1900 年,法国体育日报《汽车自行车》[*L' Auto-Velo*,即后来的《队报》(*L' Équipe*)]的创办得益于自行车赛和摩托车赛。《队报》的创始人亨利·德斯格朗吉(Henri Desgrange)在 1903 年发起了环法自行车赛(Wheatcroft, 2005)。法国解放后,《汽车自行车》更名为《队报》,1946 年恢复的环法自行车赛也推动了欧洲的足球、篮球和田径赛事的发展。意大利的《米兰体育报》、法国的《队报》和西班牙的《体育世界报》(*El Mundo Deportivo*,1906 年创刊)是不同国家文化中体育价值的守护者,英国同样产生了具有独特形式的体育新闻(参见本书第九章)。

体育新闻记者

体育作家最初也是新闻记者。长期以来,板球比赛一直是报道的重点。板球新闻社(the Cricket Reporting Agency,CRA)成立于 19 世纪中叶,该新闻社出版了一些关于板球的统计简编,其中最著名的是约翰·威斯登(John Wisden)的《板球者年鉴》(*Cricketers' Almanac*)。这本黄色封面、半块砖大小的年鉴于 1864 年首次出版,成为板球爱好者必不可少的读物,也证明了人们对体育运动的细节越来越感兴趣。

20 世纪 20 年代到 30 年代,《曼彻斯特卫报》(*Manchester Guardian*)②的奈维尔·卡德斯(Neville Cardus)也是板球报道的行家。卡德斯最初是一名音乐评论家,在老特拉福德球场观看板球比赛后开始写板球评论,老特拉福德球场当时是兰开夏郡板球俱乐部所在地。卡德斯自学成才,用音乐理论来评论比赛节奏以及参赛者的表现。这一时期出现的体育报道比较简单和公式化,本书将在第九章对体育新闻报道进行详细的论述。

---

① 环意大利自行车赛诞生于 1909 年,一般人们称之为“GIRO”,由《米兰体育报》发起。——译者注

② 英国的全国性综合日报,与《泰晤士报》《每日电讯报》合称为英国三大报。因总部设于曼彻斯特而被称为《曼彻斯特卫报》。——译者注

1921 年澳大利亚举行“灰烬杯”板球赛，引发了大量新的板球报道，并促使包括《观察家报》在内的全国性报纸更加重视这项运动。然而，板球报道
26 并没有产生广泛的吸引力。很多通俗报纸，比如《每日镜报》，为了吸引年轻的工薪阶层读者，在体育报道中采用更加粗鲁的语言表达方式。体育是远离“硬新闻”的娱乐。正如本章开头特雷弗·韦格纳所说：

> 足球在新闻中仅有一席之地，板球比赛也被当成不配和政治相提并论的事情。体育被虚幻地描述成世上最重要的事情，它占据无数人的头脑，掏光他们的口袋。（Wignall，1936：6）

同今天一样，20 世纪初对体育的报道具有高度的选择性。体育报道主要被男性体育成绩支配，通常将展示男子气概或勇气与强烈的爱国主义联系在一起，体育报道根据赛程划分出“自然”赛季：冬天的足球、英式橄榄球和障碍赛马，夏天的板球、网球、高尔夫、田径运动和平地赛马。通过这种方式，报纸设置体育赛事与传播的重要性参数，根据体育在社会中的地位对读者进行划分。

媒体很少质疑体育政治，只有在丑闻和腐败出现时，媒体才会向读者提及体育的神圣性，而这一神圣性来自管理层的业余体育价值观念（Inglis，1987）。在广播出现之前，报纸一直仰仗于男性观众对体育新闻的浓厚兴趣。

新闻片中的体育

体育作为一种娱乐形式受到大众欢迎的时期恰好与电影的发明、创新和商业开发时期相吻合，这是一个有趣而又重要的现象。虽然体育运动可以吸引所有的感官，但最能吸引想象力和激发情感的莫过于竞技体育中运动员们的表现。电影是否促成了观赏性体育项目的普及仍有待商榷，但体育已经成为电影探索人类情感和表达的一种手段，比如成就感、失败感、勇气、运动能力、仪式和庆典。反过来，电影也捕捉并再现了体育中迷人的英雄时刻和人类的身体活动。

电影和体育 27

19 世纪 90 年代,卢米埃尔兄弟(Lumière brothers)、托马斯·爱迪生(Thomas Edison)和罗伯特·保罗(Robert Paul)等人开始通过摄影镜头,用电影来展示现实世界,在节庆集市和音乐厅里播放系列短片。和他们所创造的图像相比,电影开创者们对设备制造更感兴趣。有一些早期的影片侧重于特定主题和体育赛事,这在上述发明家和科学家的影像作品中占据了显著位置。

罗伯特·保罗拍摄了 1896 年英国埃普瑟姆举行的德比赛马会(the 1896 Derby from Epsom Downs)。他把摄影机放在终点线后 20 码处,拍摄到了威尔士王子爱德华(Edward)拥有的一匹名为“柿子”(Persimmon)的获胜马,这段影片后来在伦敦的阿罕布拉剧院(the Alhambra Theatre)放映(Fielding,1972:18)。1895 年,托马斯·爱迪生在工作室里拍摄了比利·爱德华(Billy Edwards)的拳击比赛,并将其制作成西洋景,拳击也成为早期电影的主题。

1899 年,爱迪生和比沃格拉夫电影公司(Biograph films)拍摄了杰弗里斯(Jeffries)和夏基(Sharkey)之间的职业拳击赛,这场比赛后来被维塔格拉夫(Vitagraph)制片公司的西格蒙德·卢宾(Sigmund Lubin)改编成“虚构的”电影,用两个演员代替了真正的拳击手(Fielding,1972:16)。电影中虚构现实的尝试说明各公司都在激烈竞争中努力提高技术水平。技术比电影的主题和内容更加重要,“那些昙花一现的新奇电影不过是用来验证放映机和摄影机的品质的”(Puttnam,1997:27)。

20 世纪 90 年代早期,米切尔和凯尼恩(Mitchell & Kenyon)公司①在爱德华时代拍摄的“纪实电影”被发现和复原,提供了早期电影记录体育影像的宝贵证据(Toulmin,2006)。这些电影后来被 BBC 制成电视纪录片,展示了一系列主要拍摄于英格兰北部的体育赛事,揭示了那个时期英国体育赛事的蓬勃发展。尽管当时的体育电影主要由简短的镜头所组成,但图尔敏(Toulmin,2006:144)认为它们“特别展示了不同体育赛事的发展和新技术密

① 米切尔和凯尼恩电影公司是 20 世纪初英国早期商业电影的先驱。——译者注

切相关，也成为电影机构吸引观众的主要方式”。

28 1908年，查尔斯·百代（Charles Pathé）在巴黎开创了“百代新闻”（Pathé Journal），特别定制“新闻专题片”（Newsreel[1]），在此之前，这些专题片只用来招待旅游交易会和杂耍节目的赞助人。百代明白电影租赁可能是有史以来吸引多数观众的最经济的办法。新闻片的崛起和电影产业化的进程相一致，欧洲新建了很多电影院以满足影展播放的需要。

新闻片能丰富电影节目，得到了商业化的传播。法国公司百代和高蒙（Gaumont）掌控了市场，通过巨大的分销网络建立了规模经济。随着固定观众的积累，观众对电影内容的需求也迅速增加。同一部电影能在不同国家同时上映，只需要修改字幕来配合不同国家的语言。电影观众迅速增多，电影的每周发行制度很好地满足了观众对电影娱乐的渴求。

体育娱乐和“独家报道”

虽然第一次世界大战在摄影机操作、导演和剪辑方面刺激了新闻片制作工艺的提升，但在20世纪20年代，市场对娱乐的需求推动了新闻片的扩张。传统的新闻客观性原则被故事情节和戏剧效果的准则取代。体育迎合了娱乐的产业化需求，为电影公司提供了现成的场面，只需将之拍摄下来就能播放给广大观众。

20世纪20年代，体育赛事的摄影报道尚不成熟，技术也很落后。体育电影抓住商机，拍摄了很多大众喜闻乐见的赛事。拳击、足球、板球和赛马最受欢迎，而且有关大型体育赛事的影片，比如英国亨利皇家赛艇会（Henley Regatta）或者是考斯帆船比赛（yachting from Cowes）[2]，可以让观众了解体育世界的文化独特性，明白体育世界里也存在阶级和社会身份的区别。

在两次世界大战之间那些年，电影产业的重点转向好莱坞。1929年，美国公司凭借有声电影扩展了欧洲市场。二十世纪福克斯公司（Twentieth Century Fox）旗下的英国有声电影新闻集团（British Movietone News）在新闻片领域发起了这场视听革命，最著名的事件是对英国首相拉姆齐·麦克唐
29 纳（Ramsay MacDonald）的采访（Aldgate，1979：22）。美国公司的加入促使新

① 也被译为“时事专题片”，简称“新闻片”或“专题片”。

② 也被称为考斯周（Cowes Week），是世界上赛程最长的常规帆船比赛之一。——译者注

闻电影制片人和分销商之间展开激烈的竞争。在 20 世纪 30 年代竞争白热化之时，体育曾是这些竞争的中心。

电影公司之间的紧张对抗导致了“独家报道”的升级，各公司通过向各个体育运动管理机构支付报酬，确保对赛事进行独家拍摄。高蒙公司为英国国家障碍赛马大赛（the Grand National）支付了高达 2000 英镑的费用（Aldgate，1979：24），20 世纪 30 年代在温布利体育场举办的世界杯决赛也开出了相近的价码。

回顾新闻片的“黄金时代”时，摄影师罗尼·诺贝尔（Ronnie Nobel）回忆了在竞争激烈的环境中为了拍到体育电影片段所采用的“尖刻”做法。新闻战导致了各种各样的盗用行为，大家这么做是为了胜过对手。在围栏周围搭建脚手架，用各种狡诈的策略将摄像机偷运进体育场，搭乘飞机用长焦镜头捕捉远景，这些“尖刻”的做法是新闻摄影师的必备技能，目的就是打败竞争对手：

> 真正一流的“尖刻”做法直到新闻播出时才会被发现。令公司满意的不仅是获得了比赛的新闻影片，还在于将故事搬上银幕的同时可以宣称“合法”地拥有独家报道。（Nobel，1955：100）

摄影师们走遍全国各地，为电影观众提供最好的影像，上述侵权手段无疑为他们的工作提供了便利。

然而，体育赛事的拍摄权让新闻片的制作公司付出了高昂的成本，但这些公司迫于整合资源和参与赛事的压力，并不能确保转播权的独家所有。造成这种情况的主要原因是体育赛事管理者公开利用新闻战牟利，这引发了许多不满和愤怒。

例如，对警察来说，查禁板球对抗赛的非法拍摄是出了名的困难。比赛场地很大，偷拍者有多种方法把摄像机偷运进大门；赛场被高大建筑包围，这些建筑为清晰、不受干扰和合法安全的偷拍提供了无数有利位置。为了防止这种“尖刻”行为，多种极端措施被用于比赛，如设置气球屏障和“亮瞎眼”的聚光灯。不过，这些保护措施也干扰了观众享受比赛，甚至分散了运动员的注意力。

哈金斯（Huggins，2007：97）认为新闻片有助于增强体育的吸引力。就足 30
球而言，新闻片改变了人们对这项运动的看法，使其从工人阶级独有的消遣方式变成了“大众文化中被广泛接受的一部分”。在 20 世纪 60 年代,新闻片依然继续被用于报道体育赛事,但由于电视的流行和普及,电影观众人数减少,新闻片难以引发观众的共鸣,无法真实地讲述比赛的全部过程。广播解说为体育赛事提供即时讲解,在电视普及后,观众更是可以在家中舒适地观看比赛并随意切换频道。尽管如此,新闻片仍然是 20 世纪初到二战后这一时期重要的体育历史资料。新闻片不仅记录了体育赛事和运动员,还记录了赛场中的观众——仅就这一点而言,它们就是有价值的人类学文本。

广播里的体育

> 尽管赢得了战争,但英国依然疲惫不堪、摇摇欲坠,定量配给的票证簿①比莎士比亚的任何作品都要重要,但体育描绘了明天更美好的愿景,令人陶醉和难以抗拒。[体育广播评论员布里恩·巴特勒(Bryon Butler),1997:18]

广播的即时性

1922 年,广播的使用对地方和全国性报刊构成了直接威胁。广播能够实现即时传播,也能在体育赛场进行现场报道。在此之前,成千上万的热心读者需要等待一天,由报刊的记者、出版商和销售商转述星期六下午的比赛结果,例如足球、联合会式橄榄球、联盟式橄榄球②、板球或赛马比赛的报道。即使是最有效率的地方性报纸的星期六特刊,也只能在当天晚上 7 点前出版并分发给销售商。广播的出现实实在在地威胁到了报刊记者、出版商和销售商的生计。在 1923 年以赛克斯为首的独立委员会(Sykes Committee)对 BBC 进行调查之前,以里德尔勋爵(Lord Riddell)为代表的英国报业经营者协会(the Newspaper Proprietors' Association,NPA)强烈抵制广播,他们认为
31 广播对比赛结果的即时性播报和现场评论严重损害了报纸的销量。1922 年至 1926 年,BBC 在获得皇家特许状之前,只能在晚上 7 点之后发布体育比赛

① 二战期间,英国为应对战时物资匮乏曾实行食物和主要生活用品配给制,在战后由于经济困难也一度实行,直到 20 世纪 40 年代末 50 年代初才最终取消。——译者注

② 英式橄榄球分为两大阵营:联合会式橄榄球(rugby union)和联盟式橄榄球(rugby league),一般意义上,英式橄榄球指联合会式橄榄球,而联盟式橄榄球则是半职业性的。——译者注

结果(Briggs,1961:172;Whannel,1992:13-14)。

BBC 体育广播

1926 年,BBC 开始公司化运作,得到了英国邮政大臣颁发的实况转播许可(OBs),能够自由地进行体育报道。BBC 很快制作播出了一系列优秀的体育新闻节目,包括比赛成绩播报、现场采访、实况评论和谈话节目。关于比赛成绩的播报不仅满足了体育爱好者的需求,也使得大量家庭开始参与体育博彩,期望能够一夜暴富。

这也引发了一些伦理问题,在两次世界大战之间那些年,因为间接支持民众赌博,BBC 标榜的保守道德论调受到质疑。现场采访和实况评论为体育迷提供了新的体育参与方式,通过即时广播收听体育比赛更是空前便捷。体育节目意识形态的核心是由 BBC 首任总裁里斯勋爵(Lord Reith)所倡导的公共服务广播,即广播能够在文化上启迪受众,让他们了解重要的政治事件,并在节目的“轻松”时刻为他们提供娱乐活动。

很明显,体育节目很好地完成了为受众提供娱乐活动的任务。就像 21 世纪初产生的付费电视和数字电视这样新的传播平台一样,体育为 BBC 吸引了更多受众。听众很快就开始发声支持体育节目,以回应说其严肃性不足的批评,正如这封 1930 年写给《广播时代》(*Radio Times*)[①]的评论中所阐明的:

> 体育运动并不是需要回避的坏事,不能一听到体育广播就固执地关掉它。即便是“不加选择”的听众也明白,头脑正常的人对板球比赛比分的兴趣不亚于(比方说)对墨西哥革命的关心。事有轻重缓急,新闻还是体育对普通听众来说没有区别——我两者都 32
> 喜欢。记者们应该学会宽容;毕竟,目光短浅对我国的危害更甚于体育运动。[J.W.考克森(J.W.Coxon),《写给〈广播时代〉的一封信》,1930 年 6 月 20 日]

---

① 《广播时代》,世界上第一份广播杂志,由时任 BBC 总经理约翰·里斯于 1923 年创办,提供广播和电视节目单。——译者注

BBC 广播和赛事版权

> 20 世纪 30 年代,根据体育比赛的赛季和日程,BBC 广播的节目表里增加了很多体育栏目。(Scannell and Cardiff,1991)

广受欢迎的体育赛事——英格兰和苏格兰足总杯决赛、板球测试赛、划船比赛、英国国家障碍赛马大赛、德比赛马、五国橄榄球联盟赛事、温布尔登网球锦标赛和英国高尔夫球公开赛等成为传播国家文化的渠道。广播有助于体育赛事吸引受众和提高知名度,然而,广播对部分赛事的报道也要仰仗各类体育管理机构。

BBC 秉承体育的业余原则:商业和体育不能混为一谈。赛事报道面向全国人民,因此 BBC 有权无偿播出(即不必支付赛事转播的版权费用)。BBC 的原则背后隐藏着一个更大的意图,即媒体要在体育报道中占据主导地位,广播应该和报刊一样,不必支付赛事报道的费用(Haynes,1999)。体育赛事的管理层对此持不同意见,他们认为 BBC 试图获得大众接受和参与体育运动的做法对他们在赛事组织中的地位构成了威胁。他们和英国报业经营者协会担心体育广播和评论会影响到他们在赛事中的地位和报纸的销量。

很多赛事并不接受 BBC 的公共服务论调,英格兰足球总会(English Football Association)禁止 BBC 转播 1929 年博尔顿流浪者队与朴次茅斯队之间的足总杯决赛。为完成比赛报道,许多 BBC 记者购买门票进入温布利球场,收集了现场观众的描述,然后冲到切尔西的一间公寓里进行赛事的总结播报(Haynes,1999)。

1930 年,英格兰足球总会依旧毫不让步,BBC 只好妥协,支付了 1000 英镑的设备进场费用。当时,BBC 实况转播的总监杰拉德 · 库克(Gerald Cock)对足球协会借体育赛事牟取商业利益的做法非常不满:

33 体育运动的管理机构由业余爱好者发起、建立并完全由业余爱好者支持,但这些管理机构却只对盈利感兴趣,这真是一个令人沮丧的前景。(《广播时代》,1930 年 3 月 28 日)

从库克的观点可以看出 BBC 员工们的社会文化背景，他们中的很多人毕业于牛津大学和剑桥大学，秉持 19 世纪体育的业余主义传统。

牛津和剑桥之间的体育竞争在早期的赛事实况转播中表现突出，除了著名的年度划船比赛，还有在特威肯汉姆举行的校际橄榄球比赛、1931 年与美国普林斯顿大学和康奈尔大学的比赛，以及海布里球场（Highbury）的足球比赛。

体育广播节目的制作

1927 年，英国体育场里开始出现实况转播，技术和逻辑问题远比节目内容和质量重要。BBC 早年的营销刊物《广播时代》以及它的年度评论集《BBC 手册》中都有很多解决体育赛事转播中技术难题的参考办法。《BBC 手册》中记载了关于对德比赛马进行首次实况转播时的一些状况：

> 1926 年，广播业和报业之间有协定，不能在赛马比赛开始前进行任何报道。为了同步传递比赛气氛，实况转播做了许多努力，但那一年比赛的天气实在太糟糕了。从清晨到傍晚一直暴雨如注，比赛时马蹄踩在泥泞的赛道上，人们根本听不到任何马匹奔跑的声音。投注者、情报贩子和观众都只想着避雨，顾不上加油欢呼。（《BBC 手册》，1928：143-144）

自行车比赛的现场直播也没有成功，当自行车靠近麦克风时，人们只能听到自行车的噪音。很明显，为了传递比赛现场的氛围，需要引入一种新的播报方式。

体育广播评论 34

体育实况转播是 BBC 体育广播节目的支柱。在唇式麦克风发明之前，体育评论员的声音经常被嘈杂的人声影响和淹没，广播的实况报道不得不在靠近球场、跑马场或者赛道的小隔间里进行。很多评论员既有牛津或剑桥大学的学历，也曾是运动员，他们在大学或军队中人脉甚广，通过朋友和熟人介绍被聘为评论员。评论是他们必须学会的技巧（Booth，2008）。

优秀的评论首先要语言流畅。BBC 实况转播的第二任总监西摩·乔利·德·洛比尼埃(Seymour Joly de Lotbiniere)为此制定了指导方针。他设计出具体的考评细则,用声音测试来选拔评论员;定期与负责周末体育报道的工作人员开会,严格审查节目质量。他开始批评的口头禅是"我们上次开会后的节目"。体育实况转播造就了不少在英国家喻户晓的广播名人。两次世界大战之间那些年,乔治·阿里森(George Allison)(足球)、泰迪·韦克拉姆队长(Captain Teddy Wakelam)(英式橄榄球联盟和板球)、格雷厄姆·沃克(Graham Walker)(摩托车赛事,穆雷·沃克的爸爸)、温福德·沃恩-托马斯(Wynford Vaughan-Thomas)(英式橄榄球)和霍华德·马歇尔(Howard Marshall)(板球)都受到听众的喜爱。20 世纪 40 年代后期则有约翰·阿洛特(John Arlott)(板球)、雷克斯·阿尔斯通(Rex Alston)(板球、英式橄榄球和田径)、马克斯·罗伯逊(Max Robertson)(田径和网球)、雷蒙德·格伦德林(Raymond Glendenning)(足球、赛马和拳击)、斯图尔特·麦克弗森(Stewart Macpherson)(拳击和冰球)和 G.V.怀恩-琼斯(G.V.Wynne-Jones)(英式橄榄球联盟)。跟前辈相比,他们更加具备广播的专业素养,将自己的战争经验引入体育评论,为其广播评论增加了新的活力和艺术性。

BBC 也在战后时代推出了新的体育节目,其中最有名的要数 1948 年由苏格兰人安格斯·麦凯(Angus Mackay)制作的《体育新闻》(*Sports Report*)。它的赛事报道被誉为 BBC 娱乐类节目中的旗舰,能在 30 分钟的节目时间里覆盖至少 15 个城市的比赛,得到举国关注(Mackay,1997:13)。

在电视出现之前,广播节目中产生了新的新闻和体育明星。爱尔兰的主持人兼评论员埃蒙·安德鲁斯(Eamonn Andrews)在 20 世纪 40 年代到 50
35 年代吸引了超过 1200 万的听众(Butler,1997:18)。《体育新闻》风靡全英国,有时甚至对国外播出。麦基为比赛现场的前方记者规定了统一的播报范式和用语,以保证赛事播报的简洁和清晰。赛事一结束,新闻便要立即播出。麦基回忆说:

> 当天的体育赛事结束后,体育新闻很快就要开始,根本没有时间做完整的排练。在广播的时候,我们通常是拿稿就念。(MacKay,1997:13)

《板球报道》(*Test Match Special*)也是 BBC 的得意之作。早期的体育评论并不青睐板球比赛,认为它具有广泛报道的可行性,这不仅是因为它耗时过长,也是因为考虑到听众会对一个接一个球的评论感到厌烦。因而,在 1957 年《板球报道》开始对英格兰和西印度群岛之间的对抗赛进行常规播报之前,板球比赛的实况报道一直受到限制[参考约翰斯顿(Johnston,1968)和马丁-詹金斯(Martin-Jenkins,1990)关于广播和电视中板球评论史的综述]。

板球评论的关键在于要在比赛间歇捕捉到神奇而庄重的丰富场景,约翰·阿洛特(John Arlott)、雷克斯·阿尔斯通和布赖恩·约翰斯顿(Brian Johnston)等人都是优秀的板球评论员。1968 年,《板球报道》的制作人罗伯特·哈德森(Robert Hudson)曾说:

> 比赛间歇的解说才是评论员真正展现素质的时刻。他要像中路的击球手一样准确把握时机,又要像投手一样准确迂回到下一个击球位,继续进行报道。(Hudson,1968:35)

20 世纪 50 年代电视体育节目出现时,BBC 已经确立了体育赛事实况转播的规范和操作流程,最重要的是,获得了观众对 BBC 体育新闻的期待。

电视体育的肇始

在所有媒介形态中,电视对当代体育观念的形成影响最大。体育的历史实际上是电视体育的历史。电视对体育中所有的“黄金时刻”进行加工和 36
再加工,用新的渠道和组合方式呈现“体育世界”。

正如前面所谈到的,在电视进入千家万户之前,现代体育早已存在。在电视体育无处不在的今天,为了完整理解电视体育的现状,解读其历史意义,我们需要批判性地分析电视体育的起源,探寻它如何出现、为什么出现。

广播和电视体育的关联性

英国电视体育的发展同体育赛事的实况广播联系紧密。从技术上来看,BBC 广播的很多人也是电视体育的先行者。BBC 电视的第一任总监杰拉德·库克曾是体育实况转播的负责人。这样一来,电视就成为一种新的娱乐方式,而体育则是电视普及过程中的关键手段。

从制度上看,BBC 制片人和体育管理者的联系也很重要。广播公司和体育管理机构之间达成的协议使二者间出现了一个短暂的蜜月期,在此期间电视体育得以在实验的基础上发展。跟广播一样,有人担心电视会对体育赛事的上座率产生影响。这个问题目前依然存在,以后也不会消失并且可能会让电视付出高昂的代价。

体育和电视的关系并不是一直都很乐观。不论是通过镜头还是麦克风再现体育赛事,体育和媒介的斗争与妥协始终交织在一起。体育和电视之间常常出现矛盾,造成这些分歧和争执的主要原因是一系列相互矛盾的议程,它们反映出体育行政管理机构的历史问题和英国媒介独特的政治经济属性。英国媒介由公共服务广播和公共监管的(也被称为"独立的")商业电视构成,但二者之间的关系并不稳定。

因而,研究电视体育的历史,除了关注使体育进入千家万户的媒介技术变革,还必须考虑其中"天然"(Goldlust,1987:78)的政治经济属性。

37 BBC 电视体育

1936 年 11 月,BBC 推出电视业务,当时人们对此疑虑甚多——这玩意儿有什么用。对于体育而言,还没有任何迹象显示,电视这种新的媒介形式能够掌控体育。BBC 广播仍然占据着人们的客厅,而电视只不过是一个无聊的花招。对于杰拉德·库克而言,播放体育比赛和实况转播是吸引观众的最有效的方式。

为了推广电视这一新的媒介,《广播时代》增加了新栏目《扫描》(*the Scanner*),关注实况转播技术的新发展。1938 年 3 月,伦敦特威肯汉姆球场进行了第一场电视体育转播,内容是英格兰队和苏格兰队之间的国际英式橄榄球联赛。BBC 的技术人员克服了设施和设备方面的困难,尝试为比赛转播提供最清晰的"画面表现"。特威克纳姆体育场成为第一个配备永久性电视设施的体育场。根据《广播时代》的文章记载,有三个摄像头被安装在西看台的特制的小木屋里,一个放置在中线处,离地 30 英尺,另外两个放在两边的 22 码线[1]附近。

《广播时代》记录了观众对这场电视转播的印象:

> 由于巧妙地使用了长焦镜头,画面能够一直拍摄到球或带球前锋。如果投球的速度慢一些,电视图像的效果也许会更好。(《广播时代》,1938 年 3 月 11 日)

从这样的评论可以看出,当时电视转播的画质并不令人满意。即便使用了长焦镜头,一台摄影机最多也只能拍到三分之一的比赛场地。赛事转播所配备的技术设备体积庞大,尤其需要使用大量的电缆,这严重限制了设备的移动性。如何因地制宜且经济实惠地进行设备编组?这个问题在多年之后才得以解决。

电视转播也不可避免地受到比赛时间的制约。BBC 在 1938 年 4 月 9 日(星期六)报道了英国队和苏格兰队在温布利的足球对抗赛,此前已经在 4 月 7 日(星期四)报道了伦恩·哈维(Len Harvey)和乔克·麦克沃伊(Jock 38
McAvoy)之间的轻重量级拳王争霸赛,两次报道间隔了 29 个小时。《扫描》栏目对此评论说:"如果了解幕后情况,你就会知道,这 29 个小时的间隔背后是多么繁忙的工作"(《广播时代》,1938 年 4 月 22 日)。

当时电视发展还处于耗时的(劳动密集型)阶段,它的相对停滞是媒介技术过渡时期的象征。跟别的媒介相比(1938 年,广播的覆盖率达到英国人口的 90%),电视传播的理念还不适应福特式[2]的标准化大生产。电视传播的过程和技术没有完全实现标准化,节目内容也缺乏连贯性和辨识度。电视成为主流的传播方式还有一段路要走。

---

① 英式橄榄球比赛场地为约 100 米长、70 米宽的长方形草地。球场两长边为边线,两短边为达阵线。达阵线后方有一深 10 米—22 米的达阵区,该区底线为死球线。达阵线中央立有球门,门柱相隔 5.6 米,在高 3 米处有一横杆相连。场地正中央与两端达阵线平行处画有一条中线,两边距离中线 10 米处各画有一条虚线,距离达阵线 5 米处也各画有一条虚线,距离达阵线 22 米处各画有一条实线,有时候会标明数字"22"以利识别。——译者注

② 福特主义是现代经济和社会制度在工业化、标准化、大规模生产和大规模消费中的基础。这个概念以亨利·福特的名字命名。它被用于生产、工作条件、消费和相关现象的社会、经济和管理理论中,在 20 世纪应用得尤为普遍。——译者注

赛事转播权和竞争

二战期间,BBC 电视节目被迫停播。在战后恢复期,第一个重大赛事是 1948 年伦敦奥运会。这一契机迅速开启了战后电视技术的全面革新。更敏感的新型 CPS 光电摄像机投入使用,电视转播画面有了水平更高的景深和焦距(Whannel,1992:64)。

此外,安装在转台上的变焦镜头,让实况转播的导播能够将镜头对准某个运动员,而不是一直拍摄全场。1951 年阿斯科特(Ascot)的赛马比赛报道首先使用了这项技术,五倍变焦的长镜头和之前的两倍镜头相比,有了很大的进步。电视转播实现了一种人格化的聚焦,也为观众带来了“优先洞察”的收看体验(Clarke and Clarke,1982:72)。

20 世纪 50 年代,在一系列播放政策出台后,体育节目也开始转型。首先,赛事举办方开始在媒体转播的版权问题上进行限制。1944 年,在灰狗竞赛协会(the Greyhound Racing Association)的领导下,许多英国体育组织成立了体育版权保护协会(APCS)。体育版权保护协会担心电视体育转播会在公共场所“再传播”,便试图加强对体育赛事的版权控制,这与作家、作曲家或剧作家的合法权利非常相似(Haynes,1998:215-218)。

1952 年,英国工党政府版权委员会宣布,电视体育节目的转播权属于媒
39 体,但为了平衡双方权益,媒体要同赛事举办方订立协议并向其支付报酬。
这为 BBC 与体育界之间的一系列交易开辟了道路,1953 年,BBC 以 1000 英镑获得“马修斯决赛”(the Matthews Final)①的转播权。

播放政策的第二个重大转变是 1955 年商业电视的引入。独立电视公司(the Independent Television Authority)②考虑到战后经济困难时期英国流行文化的广泛变化,打破了 BBC 的垄断,推出了更生动、更平民化的电视节目。

霍内尔(1991)认为,最初 BBC 在制作各类节目时针对新对手独立电视台做出的反应比较迟缓,但体育节目除外。1954 年到 1958 年,BBC 推出了

① 1953 年足总杯决赛,也被称为马修斯决赛,是第二次世界大战后在温布利体育场举行的第八场比赛。——译者注

② 独立电视公司(ITA),后更名为独立电视委员会(Independent Television Commission,简称 ITC),英国主持和管理商业电视的机构。——译者注

三档体育节目——周中的综合类体育栏目《运动评论》(*Sportsview*,1954);周六晚间的体育集锦栏目《体育特别报道》(*Sports Special*,1956);周六下午的著名综合类体育节目《看台》(*Grandstand*,1958)[①]。

这三档节目特别注意培养“家庭观众”,对体育爱好者和不熟悉体育的人都有吸引力。彼得·迪莫克(Peter Dimmock)主持的《运动评论》把赛事影像素材同演播室的评论和采访结合起来,关注体育明星。《体育特别报道》是 BBC 二台足球节目《比赛日》(*Match of the Day*,1964)[②]的前身,由肯尼斯·沃斯滕霍姆(Kenneth Wolstenholme)主持,BBC 为了获得足球赛事集锦的制播权,向英国足联支付了巨额费用。最后,大卫·科尔曼(David Coleman)的《看台》以赛马为中心,把先前分散的体育赛事转播整合在一起。BBC 的体育节目打出了组合拳,让独立电视台(ITV)[③]很难在体育电视转播的市场中站稳脚跟。

ITV 的体育节目

最先投入制作体育电视节目的 ITV 运营商举步维艰:既要打消体育管理机构的疑虑,获得其信任,又要争取巨额资金购买体育赛事转播权。ITV 成功地从 BBC 挖走了一些人才,比如制片人比尔·沃德(Bill Ward)和约翰·格雷顿(John Graydon),还从体育界内部招募了一些人才,其中包括狼
队[④]和英格兰足球队队长比利·赖特(Billy Wright)。1956 年,赖特加入了中 40
部联合电视台(the Midlands-based Associated Television),担任首席体育顾问。

ITV 寻求电视体育发展的新途径:派出摄制组拍摄蒙特卡洛拉力赛(the

---

① 这档体育节目在 1958 年 10 月 11 日至 2007 年 1 月 28 日播出,是 BBC 播出时间最长的体育节目之一。——译者注

② BBC 主要的足球节目之一,1964 年 8 月 22 日开始播出,一般在英国足球赛季的周六晚上播出。2015 年,它被“吉尼斯世界纪录”评为“世界上播放时间最长的足球电视节目”。——译者注

③ 独立电视台(Independent Television,简称 ITV)是英国第二大无线电视经营商,1955 年成立,目的是同英国广播公司竞争。设立初期,独立电视台由 15 个营运商组成,有独立的台标。但是,到 2003 年,只有 4 个营运商能维持独立的台标,其他 11 个营运商已经与独立电视有限公司(ITV plc.)合并,成为独立电视第一台(ITV1)。2013 年,独立电视台推出了全新的台标和口号之后,独立电视第一台改回原来的名称。——译者注

④ 伍尔弗汉普顿流浪者队(Wolverhampton Wanderers),成立于 1877 年,是英国足球联盟创始成员之一,绰号“狼队”。

Monte Carlo Rally），为转播联合会（the Associated Rediffusion，AR）制作节目《赛车运动》（*Calvalcade of Sport*）；在《体育明星》（*Sportstour*）栏目中访谈体育名人，报道幕后故事；周三晚间节目《体育指南》（*Sports Formbook*）则讨论周末的赛马，由记者约翰·里克曼（John Rickman）提供来自赛马场和马厩的最新消息。1956 年，ITV 的摔跤比赛节目也颇有名气，由转播联合会每月制作两期节目。

体育的变化带给观众新的体验。20 世纪 50 年代之前，英足总和足联一直拒绝在比赛中使用泛光灯①，但很多不由英足总和足联主办的足球赛事都用上了泛光灯。例如像狼队这样的足球俱乐部开始参与国际竞赛，而当时的国际赛事普遍使用泛光灯辅助实况转播（Haynes，1998：218－221）。BBC 和 ITV 都热衷于向英国观众介绍像费伦茨·普斯卡什（Ferenc Puskas）这样的国际明星。20 世纪 60 年代末，凯尔特人队和曼联队先后在欧洲杯夺冠后，周三的足球栏目更是大幅增加了对欧洲足球的报道。

全球电视体育

其他的国际赛事，像奥运会和足球世界杯都在这一时期获得了广泛认可。电视把这些赛事带入普通民众的日常生活。1954 年，洲际广播联合组织"欧洲电视网"（Eurovision）成立，对瑞士世界杯（1954 年）、瑞典世界杯（1958 年）和罗马奥运会（1960 年）进行电视转播。在欧洲广播联盟（European Broadcasting Union，EBU）②对公共服务广播机构进行合并之后，电视体育的国际化程度更高了，广播公司希望国际合作能带给人们新的异国体验。

这些合作依赖于连接在一起的总长度 4000 英里的陆上电缆和 44 台发
41 射机。BBC 的首席技术员 M.J.皮林（M.J.Pilling）在《广播时代》上从英国人的视角分析了跨国合作的思想动因：

---

① 泛光灯是一种可以向四面八方均匀照射的点光源，它的照射范围可以任意调整。——译者注

② 以西欧和地中海沿岸国家广播电视机构为主的国际性广播电视组织，成立于 1950 年 2 月 12 日，总部设在日内瓦，技术中心设在布鲁塞尔。1954 年，该联盟的"欧洲电视节目交换网"开始工作。——译者注

> 我们试图利用电视画面的普遍性去克服语言障碍,共享节目的方式能让我们获得更大限度的发展。(《广播时代》,1954 年 5 月 21 日)

1962 年智利世界杯和 1964 年东京奥运会都远在欧洲的版图之外,跟英国观众也没有什么直接关系,但是 BBC 和 ITV 都不遗余力地对世界另一边的赛事进行了报道。

为了防止录像画面的延迟,有关东京奥运会的报道首次使用了卫星技术。动用美国海军的三号同步通信卫星(覆盖太平洋地区),EBU 在美国录制了 3 个小时的赛事,并在同一天用飞机把录好的节目送回欧洲播出。1968 年墨西哥奥运会实现了体育赛事的卫星直播。在 EBU 的通用信号之外,ITV 和 BBC 都派出了自己的摄制组和主持人,提供现场的"独家"报道。这使得更多的注意力集中在英国运动员身上,并成为报道此类全球体育赛事的标准方式。

1970 年墨西哥世界杯的卫星直播采用了彩色信号。英格兰足球队参赛,球王贝利率领巴西队夺冠,这次世界杯也开创了全球电视的新时代,吸引了全世界的无数观众。20 世纪 70 年代,其他体育赛事也开始了国际化传播,其中最引人瞩目的是拳击比赛。1974 年,乔治·福尔曼(George Forman)和穆罕默德·阿里(Muhammad Ali)之间的战斗被称为"丛林之战",他们的竞技将重量级拳击提升到了前所未有的高度,既是全球奇观,也是体育超级明星的魅力展示。感谢电视,这场比赛在 20 世纪的流行文化中非常有名,最近还在电影纪录片《一代拳王》(*When We Were Kings*)中再现。

在很多方面,20 世纪 70 年代到 80 年代是英国电视体育的"黄金时代"。BBC 和 ITV 垄断英国市场,获得了巨大利益。1982 年,英国第四频道(Channel 4)开播,为电视体育打开了新局面,也为之前一些冷门的体育赛事 42
带来了商机,例如美国国家橄榄球联盟(NFL)[①]的美式橄榄球,还有英国观众从未见过的比赛,例如日本的相扑运动。BBC 作为国家广播公司,对体育赛事转播权的控制一直持续到 20 世纪 80 年代末 90 年代初有线电视和卫星电视普及。在体育赛事转播权的争夺中,转播权标价越来越高。对于广播公司、体育

① 北美四大职业体育运动联盟之首,也是世界上最大的职业橄榄球大联盟,由 32 支来自美国不同地区和城市的球队组成。——译者注

机构、观众和广告商来说,之前相对稳定的电视体育格局将发生巨大变化。

小　结

这一章阐释了不同媒介和体育之间一直以来存在的相互联系,这种联系的发展总是伴随着制度层面的张力。在 20 世纪的历史进程中,体育和媒介这两种文化形态密不可分。

本书随后将讨论在这样的历史背景下,现代媒介体育是如何形成的。第四章会详细分析在 21 世纪初期,电视想要从体育中获得什么。第五章则关注媒介如何助力打造体育明星和体育英雄。

体育、电视和赞助构成了现代体育的三角关系,我们简要分析了其中的两个方面——电视和体育。第三个方面,即赞助及其同体育、电视之间的相互作用,对我们感知当代媒介体育至关重要,这也是接下来第三章关注的重点问题。

第三章　体育运动中的三角关系：电视、体育与赞助

摘要

考察体育、电视和赞助商之间的关系。

电视如何成为现代经营体育的主导。

调查体育中同媒介和商业有关的商业化因素。

关键词：电视；体育；赞助

赞助仍然是世界上最重要的营销传播支出形式之一，体育仍然是每年企业赞助资金的主要接受者。（Chadwick，2007：287） 43

赢得橄榄球世界杯（和许多新业务）的队伍。（2007 年英国 Benchmark 体育公司的一则广告，这家公司旗下拥有数个互联网品牌和业务，并致力于开发体育赛事的赢利渠道）

引　言

2000 年以来，欧洲市场的体育赞助上升了 40%，2008 年的估值超过 50 亿英镑［《体育商业国际》（*Sport Business International*）①，2008 年 1 月］。20 世纪 60 年代以来，烟草业是体育赞助的主要资金来源之一。2005 年，欧盟发布指令，禁止烟草商赞助各类体育赛事，即便如此，体育赞助的增长势头

① 1996 年在英国创刊，是当今世界上最具影响力的体育商业杂志之一。——译者注

仍然显著。体育赞助的价值攀升表明 21 世纪媒介体育的发展出现了新趋势:一方面,受到媒介商业化驱动,基础付费电视平台中的电视体育节目增加了;另一方面,体育自身在过去十年持续进行商业化和商品化发展,竞技体育在娱乐和经济领域中的地位得以巩固。

在 21 世纪第一个十年即将结束的时候,讨论竞技体育已经不可能不提
44 及“品牌”的重要性,例如,足球俱乐部怎样“增加品牌价值”,如何“发展”以及“重新定位”在“新兴全球市场”中的位置。当阿布扎比王室控股的跨国投资机构阿布扎比集团(the Abu Dhabi United Group)在 2008 年 9 月接管英超曼城足球俱乐部时,苏莱曼·阿尔-法希姆(Sulaiman al-Fahim)①的战略目标并不是利用俱乐部来赚钱,而是凭借俱乐部的知名度提升阿布扎比的旅游收入。体育的含义已经被广告和市场话语改变了。

在本章中,我们试图厘清体育、赞助和电视之间的三角关系,这涉及国内和国际体育的核心问题,现在这种复杂关系正在塑造并推动体育竞赛的发展。在第一章的基础上,我们重点关注体育、媒介(尤其是电视)和赞助之间的历史联系。这种关系并不是新出现的,正如卡什莫尔(Cashmore,1996:163)所说,其根源可以追溯到职业体育发展的最初阶段。

> 体育用品产业的发展始于 19 世纪后期,同一时期,体育也开始有组织地发展。

在最近 40 多年里,赞助和电视在重大体育赛事上的联系越来越紧密。接下来我们将分析体育三角关系在当前英国和国际体育发展中的核心作用,讨论最近发生的事件,如 2007 年的橄榄球世界杯决赛,分析赞助和电视在多大程度上支撑着赛事的经济结构。最后,我们提出问题:在这样一种多边关系中,到底存在着什么样的张力?其固有的矛盾又是什么?加里·霍内尔所说的“电视和赞助相互锁定的强制力量”(Garry Whannel,1992:151)逐渐增强,它又会在未来对体育和观众产生什么样的影响?

① 阿布扎比王室纳哈扬家族的成员。——译者注

过去的好时光？体育和赞助

近几年来，三角关系不断发展并开始逐渐掌控现代体育发展的经济结
构。体育管理机构、赞助商和电视相互联系，形成一种联盟，改变了英国甚 45
至全世界的体育。现在，英国职业体育的生存和发展依赖于商业赞助以及销售电视转播权所获得的资金。赞助商极为重视媒介（尤其是电视）曝光率，因而体育迫切地想要为赛事和赞助商获得电视空间。随着这种模式的发展，体育似乎逐渐成为广告业的附属物。为什么会发生这种事？

马丁·波利（1998：63-84）的分析很有说服力，体育活动和商业赞助之间一直存在某种联系。起初是贵族的赞助，到了19世纪，土地所有者阶层的成员开始通过各类形式的赞助参与大众娱乐活动。这被看成维护社会秩序的一种手段，也有助于土地所有者在下层社会中提高地位。

19世纪后期，英国体育沿着专业化和商业化两大方向进行重组，也吸引了更多的观众（Holt，1989）。这一时期，很多体育管理机构陆续成立，有些一直延续到现在。大众活动的商业化趋势增强，新的城市产业环境促进了商业发展，体育商机也越来越多。

工业资本主义的发展导致经济和社会断层，来自贵族和土地所有者的赞助变少，而商业化赞助开始增加。足球和板球是英国最受欢迎的两项运动，它们的发展就得益于商业赞助。1896年，诺丁汉森林队（Nottingham Forest）进入足总杯决赛，赞助商是保卫尔（Bovril）[①]；现代环法自行车赛起源于《队报》为了推销报纸而策划的商业赞助活动。当然，和20世纪60年代相比，这个时期的赞助金额显得微乎其微。

20世纪60年代：赞助之争

20世纪60年代之后，社会发展的不稳定性使得体育赞助金额大幅上
涨。其中一个主要的因素是职业体育的财政危机，税收的减少导致了观众 46

① 保卫尔是英国的著名食品品牌，19世纪70年代由约翰·劳森·约翰斯顿（John Lawson Johnston）创办，目前该品牌由联合利华英国公司所有。——译者注

上座率的降低。20 世纪 50 年代,英国有超过 4000 万人定期观看职业足球比赛,到 20 世纪 60 年代这一数字降到不足 3000 万。1966 年,世界杯足球赛在英国举行,英格兰队夺得冠军,但是短暂的复苏未能挽回观众减少的颓势。这种情况也出现在英国其他体育项目中,它们主要的资金来源就是门票收入。

体育比赛不再吸引大批现场观众,这也是战后英国社会休闲方式变化的一种体现。随着郊区范围的扩大和电视的普及,英国式的休闲活动不断发展。此外,由于英国经济处于一段相对活跃的时期,可自由支配收入增加,这使得休闲活动中商业模式的发展更加迅猛。

体育管理机构内部也随之发生了变化。大多数的体育组织依旧延续着业余化和家长式的运行方式,在休闲活动发生实质变化时,没有能力应对新的情况。以这些变化为背景,1965 年电视的烟草广告禁令为更多烟草企业参与体育赞助提供了必要的激励。

最初企业赞助电视体育时,不论资金投放在商业电视频道还是"没有广告"的 BBC 电视台,企业只是希望通过电视确保媒介曝光率。在此期间,商业赞助商的提议特别容易影响体育。一项体育活动能否获得电视报道的关注成为它能否赢得潜在赞助的关键。

电视一直都把体育看成自身发展的重要组成部分,这一点我们将在第四章具体展开。从历史角度看,体育节目成本低廉、广受欢迎并且易于编排。最初,体育从电视中获利甚微,但是近年来,随着电视市场竞争的加剧,体育的电视收益迅速增加,体育管理机构也千方百计地迎合电视。

据统计,1966 年,英国体育赞助收益不到 100 万英镑;1976 年,这个数字
47 扩大到 1600 万英镑;1980 年,这个数字进一步发展到 4600 万英镑。20 世纪 90 年代,商业赞助资金一跃超过了 2.5 亿英镑。2006 年,英国体育赞助的市场估值甚至超过了 4.5 亿英镑(IposMori 公司,2007 年 3 月)。从全球范围来看,1989 年到 1996 年,体育赞助的金额从 30 亿美元增加到 110 亿美元(《经济学人》,1998 年 6 月 6 日)。2008 年,仅北美市场的体育赞助金额就达到了 116 亿美元(《体育商业国际》,2008 年 1 月),而 2007 年欧洲体育赞助的市场价值为 526 万英镑(Rines,2007)。

最初,烟草商把赞助体育赛事看作逃避烟草广告禁令的一种手段,还能浑水摸鱼地让品牌出现在没有广告的 BBC 电视台,例如金边臣(Benson &

Hedges)[1]赞助板球和斯诺克、John Player[2]赞助板球和赛车。赞助方的这些安排获得了成功，参与电视体育的公司范围开始扩大。另外，还有其他体育供应商，像著名的体育用品制造商阿迪达斯(Adidas)也开始利用电视体育建立全球市场(Smit,2007)。

为什么要赞助体育？

公司选择赞助体育的原因多种多样。他们可能想提升公众形象，也可能想扩大产品/服务的公共知名度。公司/产品在消费者心目中与特定体育形象的联系，也是公司决定选择某些体育项目进行赞助的因素之一。

20 世纪 70 年代，避孕套生产商杜蕾斯(Durex)为了给产品“正名”，开始赞助赛车运动。体育赞助能够达到此类目的，并且性价比相当高。大公司还将体育活动场所作为接待顾客的场所。如今，随着多数大型体育赛事的举行，“帐篷村”[3]式的企业娱乐活动也在增加，这是商业与体育联系日益紧密的另类体现。

20 世纪 80 年代初期，体育在企业广告宣传策略中的地位更加稳固。惠特森重点考察北美体育市场，清晰地阐述了 20 世纪 80 年代到 90 年代职业体育和媒介产业之间的密切合作，他将其称为“媒介和娱乐产业的新型企业 48
整合”(Whitson,1998:59)。

2007 年，西班牙体育赞助市场价值 5.5 亿欧元，其中桑坦德银行(Santander bank)是最大的国内赞助商。他们投入了 2100 万欧元赞助 F1 赛事，收益回报至少是投资的 4 倍(《体育商业国际》,2008 年 3 月)。桑坦德银行根据国际市场报告，认为欧洲和南美对 F1 赛车的国际电视报道与他们的企业营销战略十分契合，有助于他们在激烈的市场竞争中提高品牌知名度。

高收益的电视体育提供了大量的市场、公共关系和广告机会，提升了公众对公司品牌的认知度。在北美，媒体公司不仅为电视频道提供丰富的体育节目，还开始收购体育俱乐部。通过垂直整合，媒体公司同时控制体育报

① 英国香烟品牌。——译者注
② 爱尔兰香烟品牌。——译者注
③ 临时搭建的活动场地。——译者注

道的渠道和内容,这种模式同样延伸到了英国,本章随后将对此进行详细分析。

对于体育/休闲行业的企业来说,与竞技体育紧密联系所带来的品牌收益显而易见——请注意,耐克(Nike)和锐步(Reebok)在20世纪80年代积极推行类似策略,在市场份额方面超越了阿迪达斯等竞争对手(详见第五章)。在国内和国际层面,非体育类公司同体育队和体育明星密切合作,也能获利颇丰。例如,维萨(Visa)是2007年橄榄球世界杯官方全球合作伙伴和官方支付服务的供应商,这得益于其在这项运动中长期培育的关系,其目的是在全球树立品牌意识,同时增加市场占有率(Glendinning,2007)。

体育经纪人

正如我们所见,公司赞助体育活动都有明确目的。随着体育资本渗透力的增强,把赞助和体育联系起来的经纪公司也相应增多。这些机构位于电视、体育和赞助的关系的轴心,成为体育和商业联盟里新的权利代理人。

49 1960年,马克·麦考梅克(Mark McCormack)组建了国际管理集团(International Management Group,IMG),目前该集团已经成为全球最大的体育中介机构之一,其早期业务主要围绕高尔夫赛事展开。加里·普莱耶(Gary Player)、阿诺德·帕尔默(Arnold Palmer)和杰克·尼克劳斯(Jack Nicklaus)是其第一批客户(参见第五章)。不久,麦考梅克开始涉足网球等其他体育运动,同时凭借体育和商业人脉,成立了子公司"环球国际"(Trans World International,TWI),发展IMG的电视业务。

2003年麦考梅克去世的时候,IMG是当时世界上最大的体育节目独立制作商。今天IMG是一家全球性的体育、娱乐和媒体公司,不仅为体育精英人士提供服务,也通过子公司,如TWI和虎方电影(Tiger Aspect Productions)①,每年制作大约11,000小时的体育赛事内容,分销到各类媒介平台。

除了IMG,其他的体育经纪公司同样引人注目。帕特里克·纳利

① 一家被IMG收购的英国影视制作公司,以制作情景喜剧著称。——译者注

(Patrick Nally)是英国体育经纪人领域的主要开拓者。他的 WestNally 公司[1]率先开发了成功的体育市场营销模式,并将其应用于奥运会和足球世界杯,得到了瑞士国际体育娱乐与休闲集团(International Sport and Leisure,ISL)[2]的认可。

现在体育经纪机构很多,一部分已将公共关系和其他传播服务领域多样化,组成跨市场、公关、活动推广和赞助的机构,例如美国的凯彻姆体育与赞助公司(Ketchum Sport and Sponsorship)[3]。事实上,在过去的 40 年中,一个显著的变化是中介机构整合大量媒介传播业务,这一过程要求中介机构的从业者具有完备的知识和技能,以便在数字媒体及多平台领域开展工作。

体育管理机构雇用这些经纪公司为体育赛事寻找独家赞助商,并向潜在客户出售电视和赛场广告权。电视曝光率至关重要,它能为体育比赛带来可观的转播收入,并让赞助商获得世界关注;反过来,赞助商支付巨额费用,让自己的公司与重要的体育赛事关联在一起。巨额资金涌入竞技体育领域,也使得这些组织和体育管理机构之间产生了潜在的危机。2001 年,同 FIFA 关系密切的 ISL 公司因负债 1.5 亿英镑而崩溃。2008 年,瑞士法庭控告 ISL 欺诈和挪用款项,调查显示 ISL 曾支付了大约 6600 万英镑的“贿赂”,
以获得大量营销和电视转播权合同[《每日电讯报》(*Daily Telegraph*)[4],2008 50
年 3 月 13 日]。我们将在第九章提到,从体育新闻领域来看,竞技体育中有影响力的经纪公司,包括像耐克和阿迪达斯这样的主要赞助商,都变得更善于管理他们的资产或品牌,媒介报道在体育、商业、形象和球迷之间的传播领域中扮演着重要角色(Boyle,2006)。在当今的体育市场中,“搞定”全天候媒体(24/7 media)是投资利益最大化的关键。

全球体育赞助:品牌化的板球

电视已经成为职业体育精英化发展的驱动者,它开始左右体育赛事的

---

① 1969 年由帕特里克 · 纳利与 BBC 主持人、体育评论员彼得 · 韦斯特(Peter West)创立,被誉为“体育营销大学”。——译者注

② 瑞士著名的体育营销公司,1982 年成立,一直以包装赞助足球赛事为核心业务,曾获得多届奥运会和足球世界杯的电视转播营销权,2001 年破产。——译者注

③ 隶属凯彻姆集团,全球顶级公关公司。——译者注

④ 英国有影响力的全国性报纸之一。——译者注

时间、地点和形式,电视对体育项目造成经济束缚的案例不胜枚举。伦敦的世界重量级拳王争霸赛(the World Heavyweight Boxing title fights)通常在午夜举行,目的是满足美国电视网的直播需求。① 在争夺全球体育电视转播权的斗争中,美国电视网占据了主导地位。美国东海岸是美国人口最密集的地区,电视能够提供广告商渴求的观众群体。

美国电视公司(特别是 NBC②)急于通过广告收入确保电视转播权的支出获得回报,奥运会等重大体育赛事也不得不为此进行调整和适应。在足球世界杯的报道中,欧洲电视公司拥有支配地位,即使决赛在美国进行。1986 年墨西哥世界杯和 1994 年美国世界杯决赛阶段,为了满足欧洲观众的需要,许多赛事都安排在一天中最热的时段举行。

在英联邦内部,由于电视对体育节目娱乐化的贪求,板球等比赛也发生了改变。在澳大利亚,电视转播促使板球比赛启用泛光照明。板球赛程变成一天,尽管有些人认为这损害了赛程更长的传统测试赛③。板球比赛现在有国际性单日比赛(one day internationals)、单日世界联赛(one-day World Series)和限制回合周日联赛(limited-overs Sunday League competition),这些赛事都由电视公司发起,并得到了赞助商的支持。

2008 年印度板球超级联赛(Indian Premier League, IPL)为电视、板球和
51 赞助开启了新的发展阶段。IPL 的诞生标志着全球体育运动的两大趋势的加剧。第一个趋势是,体育媒介组织之间为争夺体育控制权而进行斗争,这些组织迫切希望掌控利润丰厚的赛事,获取赞助和广告收入。印度主要的广播公司 Zee-TV④ 发起了印度板球联赛(Indian Cricket League, ICL),试图跟 IPL 分庭抗礼,于是印度板球管理委员会为了报复,开价 8 亿英镑把 IPL 十年的电视转播权卖给了索尼电视(Sony Television)和新加坡的世界体育集团(World Sports Group)。在英国,付费电视台桑坦德控制着 IPL 的转播权。IPL 设立了 8 个特许经营权名额,由印度企业和富翁共同赞助,他们在一次

---

① 由于时差,英国的午夜 12 点是美国东部时间的晚上 7 点,正好是黄金收视时间。——译者注

② 美国全国广播公司(NBC),全美三大商业广播电视公司之一,成立于 1926 年,总部位于纽约,是美国历史最久、实力最强的商业广播电视公司。——译者注

③ 板球比赛时间长度不一,在国际板球赛中,测试赛(Test)的一场比赛每天进行 6 小时或以上,并长达 5 天,每方各打两局;单日比赛中每方只打一局有回合限定的比赛,也叫限制回合比赛(Limited Overs)。

④ Zee Telefilms Limited 的简称,成立于 1992 年 10 月,是印度首个卫星电视频道。——译者注

拍卖中竞拍78名国际顶级球员（每名球员的中标竞价就是他们的年薪）。印度公司DLF Universal[1]在为期5年的赞助计划中投入了3000万英镑，而百事可乐（Pepsi）为比赛官方饮料的冠名权赞助了600万英镑。

第二个趋势是体育赛事的管理协调变得越来越难，这已经成为全球性问题。

IPL是印度本土的比赛，每支球队允许有8名海外球员，它的短赛季与英国板球赛季以及国际测试比赛冲突。然而，印度占有全球板球市场份额的70%，金钱、强大的媒体、商业利益对这项运动产生了巨大影响，引出了21世纪关于竞技体育的普遍性问题：体育究竟为谁服务？商业风格的拍卖、拥有特许经营权的富翁和媒体以及金融保险赞助，从IPL可以看出体育项目深深植根于甚至是依赖于商业与媒体之间的复杂关系。

当然，这些发展态势并不是新生事物，体育赛事重视自身能够获得电视曝光率的能力，这意味着比赛规则总是为了适应电视媒介的需要而改变，不论这些改变是被动的还是主动的。巴尼特指出，为了适应美国电视广告的插播模式，美式橄榄球比赛完全是（为电视）量身定制的（Barnett，1990）。事实上，美国的电视台也希望通过运动规则的修改来确保比赛不会以平局告终。

斯诺克是BBC在20世纪70年代复兴的一项运动，为适应电视转播的 52
需要，其比赛时间被缩短。英格兰和苏格兰的足球比赛原本都在星期六下午举行，现在为了适应电视转播要求，可以在任意一天的任何时间进行，这给前去现场观赛的球迷带来了很大不便。

欧洲首屈一指的足球俱乐部锦标赛——欧洲冠军联赛（European Champions Cup）以前是主场和客场淘汰制，现在已经转变为冠军联赛的形式[2]，以最大限度地保证顶级俱乐部的利益，并为电视公司提供更多的内容。欧洲足球协会联盟（Union of European Football Associations，UEFA）是推动这一变

① DLF是印度最大的商业地产公司，成立于1946年。——译者注

② 在1991/92赛季之前，欧洲冠军杯的赛制是纯粹的淘汰赛。1992/93赛季，冠军杯正式更名为“欧洲冠军联赛”，比赛也发展成每个星期二和星期三进行。后来欧洲冠军联赛的赛制又屡有变化，逐渐将分组循环赛制应用到复赛以前的比赛，参赛的球队也不再限于各国的联赛冠军以及上赛季的欧冠冠军，一些足球强国的联赛亚军也可以参赛。这些变化都是为了增加比赛的场次，使参赛的各队能够得到更多的收益。——译者注

化的中心,它通过 1991 年成立的赛事代理和营销署(The Event Agency and Marketing AG,TEAM)推广新的锦标赛电视转播权和赞助方案,以获得最多的金钱收益(Sugden and Tomlinson,1998:93-97)。从市场营销的角度来说,欧洲冠军联赛是成功的,它得益于 UEFA 和 TEAM 对赛事、电视品牌和赞助的精确定位与连贯控制,将它们很好地整合进电视报道,并允许 UEFA“充分利用足球、电视和赞助的黄金三角关系潜力”(Holt,2007:61)。为此,UEFA 在 2009—2010 赛季对欧洲杯进行改革,首次将决赛时间从周三改为周六晚上的电视黄金时段。

21 世纪占据主导地位的国际体育赞助和营销模式,在很大程度上要归功于近年来的奥运盛会。这些对于运动员和运动项目来说可能并不是最重要的,但意味着全球体育商业化的新时代已经到来。1984 年,洛杉矶奥运会为营销和赞助树立了新的标杆,赞助已经成为国际体育赛事的组成部分。

奥运会 1984—2008:从洛杉矶到北京

国际体育赛事电视转播的发展与卫星和视频技术密切相关,媒介利用技术进步提升电视中的体育景观。1962 年,第一颗通信卫星电星(Telstar)发射,开启了国际体育赛事的新时代。1964 年,东京奥运会通过卫星向 39
53 个国家进行转播。20 世纪 60 年代,彩色电视以及视频技术的发展,改善了电视画质,使其能够向数千英里之外的观众提供高质量的赛事转播画面。

美国的电视公司为了获得体育赛事的报道权,相互之间展开了激烈的争斗,导致赛事报道费用持续上涨。主办城市在举办奥运会时所付出的高昂成本(蒙特利尔在 21 世纪初仍在偿还 1976 年奥运会期间所欠下的债务),使主办方意识到电视费用的螺旋式上升趋势正趋于平稳,于是他们瞄准了其他收入来源。

指定企业将成为奥运会的官方赞助商,可以使用奥林匹克标志来推广其产品或服务。在洛杉矶,有 30 个官方赞助商分别为特许经营权支付了 400 万到 1500 万美元的费用。其中,最大的赞助商是可口可乐(官方饮料)、麦当劳(官方餐饮公司)、柯达(官方胶卷)、李维斯(官方服装)、维萨(官方信用卡)、安海斯-布希(百威,官方酒精饮料)等。

此外,奥运赞助商也购买了贯穿美国广播公司(American Broadcasting

Company,ABC)的奥运报道的广告时段。例如,可口可乐和李维斯在赞助协议之外,还购买了价值 7000 万美元的播放时间。奥运场馆仍然是少数几个不进行周边广告宣传的国际体育场馆之一。国际奥委会(IOC)认为这有助于保持赛场上纯净的体育氛围,但是赞助商却要求国际奥委会放弃这一政策——不知道国际奥委会能在多长时间内顶住赞助商的压力。

对于电视、体育管理机构和潜在的赞助商来说,这种公开的商业主义与体育活动的神圣光环之间的矛盾,导致了有趣的两难处境。与政治无关的"体育世界"里遍布着英雄人物,电视喜欢将他们描绘得神奇而又完美。随着体育资本的渗透越来越明显,这些英雄形象也越来越难以被证实。对许多人来说,1984 年洛杉矶奥运会是公司资本主义的庆典,人类活动的舞台被改造成推销商品和消费服务的经济过程。电视在这一进程中扮演了重要角色,发挥了中介作用。体育运动已经成为企业形象、电视娱乐和消费资本主义的同义词。对于赞助商和营销者来说,全球体育赛事再也不是以前的样子了。

洛杉矶奥运会中的很多销售经验被世界其他组织采纳。1996 年,英国 54
举办的欧洲足球锦标赛有 11 个官方赞助商,它们都是代表 UEFA 工作的组织 ISL 安排的。赞助商为了场地广告权花费了 350 万英镑,相关广告和市场投入高达 1000 万英镑。另外,像微软等官方赞助商提供的免费商品和服务,大约价值 1000 万英镑(Abel and Long,1996:19)。1996 年,一份关于赞助机会的评估报告推断:

> 像欧洲足球锦标赛这样的赛事是重要的媒介事件,为全球性品牌和形象传播提供了一个极好的市场平台。特别是,如果赞助公司愿意而且能够拿下头条赞助并配合其他营销活动,效果将进一步加强。(Easton and Mackie,1998:113)

跨国公司的全球营销策略已成为国际体育赛事的重要组成部分。办赛所涉及的资金规模巨大,组织者也无法得到其他的资金来源,体育赛事赞助集团的垄断将继续存在。

国家承办奥运赛事支出的合法性一直存在争议。中国将 2008 年北京奥运会的举办视为经济向全球商业开放的国家战略的一部分,而英国政府则将艺术领域的彩票资金抽走,用以支持 2012 年伦敦奥运会的融资。体育赛事组织者坚定地推行赞助策略来吸引企业资本(政府也鼓励体育赞助商的行为)。自 1984 年奥运会以来,赞助和营销模式得到了发展和完善,各层级的企业赞助使全球性品牌将投资大型国际体育赛事看成推广营销策略的关键。

2008 年北京奥运会是 1984 年洛杉矶奥运会后体育赞助发展的最新案例,吸引了创纪录的交易额。企业为了打入中国这一巨大的新兴市场,在赞助方面的投入甚至超过了对世界杯的投入。12 个顶级赞助商如柯达、三星、
55 维萨和可口可乐在两到三届奥运会的赞助投入都超过 1 亿欧元,但最重视的还是北京奥运会。这 12 家赞助商可以使用奥运会标志进行全球营销,而二级赞助商,例如阿迪达斯和大众等国际公司以及中国本土公司中国网通(CNC)和中国国航(Air China),只能在中国境内使用奥运会标志,但它们都可以通过媒体报道得到全球关注。

二级奥运会赞助商分布在不同领域,像供应零食的士力架(Snickers)。北京奥运会还允许青岛啤酒、燕京啤酒和百威啤酒一起成为中国国内市场的奥运会指定供应商。2012 年伦敦奥运会二级赞助交易总计 2.3 亿英镑。为了成功举办伦敦奥运会,奥运会主办方需要筹集约 6.5 亿英镑的赞助,奥运金融交易的规模和范围变得更大、更复杂。

2007 年英式橄榄球世界杯的媒介市场营销

为了给体育协会、媒体公司、赞助商和广告公司创造最大的商业利益,体育成为战略管理和营销的手段,体育的商业化程度越来越深。2007 年,英式橄榄球世界杯在法国举行,出于纯粹的政治原因,部分比赛被安排在加的夫和爱丁堡举行。该赛事由国际橄榄球理事会(IRB)[①]组织,自从 1987 年在澳大利亚和新西兰举办以来,英式橄榄球世界杯在商业和媒体上的知名度不断扩大。

凭借对这项赛事的掌控,IRB 在 2007 年英式橄榄球世界杯中获得大约

① 国际橄榄球理事会(IRB),英式橄榄球运动的管理机构。1886 年由苏格兰、爱尔兰、威尔士等发起成立,英格兰最初拒绝参加,1890 年成为第一个非创始联盟会员。成立之初名为“International Rugby Football Board”,1997 年改名为“International Rugby Board”,总部设在爱尔兰都柏林。——译者注

8000 万英镑的利润，其中包括 55%的赛事转播权收益，25%的赞助和官方注册收益以及 20%的旅游业和服务业收益。在英国，ITV 为 2007 年和 2003 年英式橄榄球世界杯的转播权支付了 4000 万英镑。然而，由于 2003 年在澳大利亚举行的英式橄榄球世界杯存在时差问题，这 4000 万英镑中的 3000 万都用在了 2007 年法国举行的决赛，ITV 得以在黄金时段转播这场比赛。对于在广告和年度收视率中苦苦挣扎的这家商业广播公司来说，这无疑是一次满载而归的良机。

2007 年 10 月，英国队在四分之一决赛中击败澳大利亚队，在半决赛中 56
对阵法国队。随即，半决赛中插播广告的报价翻了一番，达到 10 万英镑，ITV 由此获得的广告收益增加了 600 万英镑。在数字化的多频道时代，电视实际观众人数增加，但独立频道 ITV1 和 BBC1 的市场份额却下降了，国际体育赛事直播已成为“事件电视节目”的一个关键特征。在电视点播日益发展的时代，它仍是需要按照赛事日程观看直播的稀缺电视类型之一。

2007 年，英国队获得了英式橄榄球世界杯的冠军，ITV 获得了当年最高的周末赛事广告收益。而在巴西举办的 F1 赛车比赛中，英国天才车手刘易斯·汉密尔顿横空出世，英国人重新燃起了对赛车的兴趣(参见第五章)。ITV 的广告和相关报道的赞助收益达到 1600 万英镑，决赛也创下了当年的收视峰值，有 1490 万观众观看了汉密尔顿在最后一程惜败。但对于跟这场媒介体育事件有关的国家和全球赞助商来说，它们在提高品牌知名度方面大获成功。

从英国服装赞助商耐克到法国赛事的顶级赞助商维萨，还有官方供应商东芝(Toshiba)，与赛事有关的广告和大量媒体报道使 2007 年英式橄榄球世界杯成为历年来最成功的商业案例。

全球体育：规则正在改变

广播环境持续动荡，对上述体育和赞助的关系产生了重要影响。在英国，20 世纪 90 年代，卫星和电缆传送系统改造升级，鲁伯特·默多克(Rupert Murdoch)控制的英国天空电视台(BSkyB)成为重要的媒体，开创了媒介和体育产业之间密切合作的新平台。进入 21 世纪以来，英国广播电视的广泛市场化，再加上数字技术的影响，使得竞技体育赛事的转播价格不断攀升。而

在一个多频道的时代,面对不停转换的频道和方便下载的内容,确保观众
57 "在线"变得越来越难(参见第四章和第十一章)。在更广泛的营销和传播组合中,赞助的作用也变得更加重要,在互联网高歌猛进的时代,传统广告模式遇到了压力。

自1990年的《广播电视法案》(*Broadcasting Act*)出台以来,英国广播电视行业的监管大大放松。一个显著的变化是赞助节目的增加,特别是在商业电视机构中,赞助商不再仅仅赞助电视转播的体育赛事,还可以直接赞助节目。娱乐、戏剧和体育已成为地面商业电视和卫视体育频道的特色。令人吃惊的是,这种模式在电视领域推广的速度是如此之快。大量赞助企业的品牌标志充斥屏幕,足球、橄榄球的管理者和球员只要接受采访,身后的背景就是企业和媒体赞助的商标墙。

在英国,BskyB的赛事转播收入成为职业体育的主要收入来源;作为回报,该公司主导了一些主要体育项目的电视报道,特别是英超联赛(Boyle and Haynes,2004)。

随着电视公司成为英国体育的主要赞助商,越来越多的商业赞助商不得不劳心费力,既要联系有意向接受赞助的体育项目,还要跟那些以免费观看或订购方式控制赛事转播权的电视公司达成协议。

例如,2008年索尼花费了300万英镑取代本田,成为ITV的F1赛车报道的赞助商。通过将品牌标识嵌入开场字幕、进行广告插播,索尼在混杂了许多赞助品牌的电视报道中获得了一个独特的位置。核心赞助也为ITV降低了体育报道的成本。2000年以来,这种赞助关系发生了变化,在数字多平台时代,索尼不仅赞助ITV1的竞赛和预选赛报道,还支持ITV4的赛事集锦;ITV运营的F1网站在英国最受欢迎,索尼通过整合营销进入F1网站的互动节目。在所有赞助中,网络元素都至关重要,赞助商能够拥有一种特殊途径,接触到登录网站检索信息或观看视频的忠实粉丝。

58 尽管ITV从2009年以来允许BBC对F1赛事进行独家报道,但BBC如何整合赞助商和主导体育电视转播的商业媒体,将直接关系到赞助商在电视(商业电视或付费电视)体育报道中的"归化"站位,也关系到监管机构的满意度。

烟草公司赞助体育赛事最早从F1赛事开始。2005年,欧盟颁布了禁止电视烟草广告赞助的指令,F1从容应对。手机制造商、媒介和技术公司、饮

料和网络游戏公司主导了2008年的体育赞助，但它们也面临和烟草赞助相同的压力，有可能被禁止。2008年，虽然博彩业通过在线赌博公司成为英超联赛服装赞助的最大投资者，但多年来，反赌博和酗酒的游说团体变得更加强大。正如杰米·辛格(Jamie Singer，2008：19)所言：

> 尽管酒类企业和游戏公司本身也在进行游说并自愿作出承诺，但这些行业当前所面临的压力跟以前烟草行业的处境存在惊人的相似。现在看来，2006年酒类行业可能在体育赞助方面投入了1.1亿英镑，游戏产业也有数百万英镑，但是这种局面恐怕不会长久。如果真是这样，体育必须寻求其他收入来源。

在电视体育这个快速发展的商业世界中，赞助商的标志不仅仅出现在比赛场地或体育场馆中，在赛事报道中也逐渐处于核心位置。

媒体市场竞争激烈，管制相对宽松，各频道都在大力推广自己的品牌，以求在拥挤的市场中脱颖而出。作为电视收入的主要来源，独家体育报道变得越来越重要。

2000年以来，体育赞助也有了新的发展，这与电视行业投入到职业体育项目(如足球)中的资金直接相关。在英国，北美的体育特许经营模式日益成为英国足球景观的核心部分。1998年，默多克的BSkyB居然试图以6.25亿英镑收购身为英国最大俱乐部之一的曼联(Manchester United)。在全球
范围内，电视公司和体育俱乐部之间的关系早已存在，不仅是在北美，欧洲 59
国家如意大利也有大亨西尔维奥·贝卢斯科尼(Silvio Berlusconi)。曼联的交易也体现了英国不断发展的体育和媒介关系的新态势。2008年，英超有8家俱乐部在外国资本的控制之下。

大多数外国老板都想把更多的体育经营模式引入英国俱乐部，例如曼联[美国的格雷泽家族(Glazer family)花费8.31亿英镑]、阿斯顿维拉①[美国商人兰迪·勒纳(Randy Lerner)花费0.626亿英镑]和利物浦②[美国商人

① 阿斯顿维拉足球俱乐部，简称维拉，位于英格兰中部的伯明翰市，于1874年创立，是英超历史最悠久的球队之一，主场位于伯明翰市的维拉公园球场。——译者注

② 利物浦足球俱乐部，简称利物浦，位于英格兰西北部的利物浦市，于1892年成立。利物浦是英格兰足球历史上最成功的俱乐部之一，也是欧洲乃至世界最成功的足球俱乐部之一。——译者注

希克斯（Hicks）和吉勒特（Gillette）花费 2.98 亿英镑］。随着“品牌”在亚洲和北美的主要市场得到推广和发展，媒体机构与各大公司之间的赞助关系日益密切，成为这项业务的核心。俄罗斯富豪罗曼·阿布拉莫维奇（Roman Abramovich）支付了 1.4 亿英镑的现金购买切尔西俱乐部，并着手在俱乐部内设立市场营销体系，准备通过赞助合作伙伴增加收益，他尤其看重亚洲市场。与此同时，阿布扎比王室宣称，接管曼城足球俱乐部是其战略的一部分，目的是使该国在和迪拜的竞争中发展成为海湾地区另一个重要的旅游地。

显而易见，进入 21 世纪以来，电视市场（尤其是付费电视平台）的内容竞争日益激烈，因此，电视行业在足球等体育项目上的投入不断增加。这同数字时代体育赛事直播的固有价值结合，在赞助商和媒体机构吸引特定观众群体（年轻群体和男性观众）时加强了赞助商、电视和体育的联系。

有赞助才有活路（以及相关问题）

商业赞助希望获得成功。这种赞助并不是普通意义上的资助，公司希望投资体育能有商业收益。尽管许多“对社会负责的”公司声称他们会赞助没有转播的社区体育活动，但与电视体育赞助的总额相比，这方面的赞助非
60 常少。在英国，据估计，青年体育赛事赞助只占赞助预算总额的 0.5%。

赞助商支配着金钱的往来。金钱追求高收益的体育运动。形象对体育来说至关重要，经济上的生存依赖于体育自身吸引有利媒体报道的能力。随着赞助商的地位日渐重要，赞助商要求对电视转播中的体育形象进行净化，避免任何可能被认为政治化或有争议的内容。霍恩也认为这种赞助不应该等同于一般意义上的资助，赞助商同样介入了一个被商业利益驱使的协议中（Horne，2006：93）。

近年来，自行车运动受到了一系列引人关注的兴奋剂事件的影响，这些事件严重损害了这项运动的公众形象，也削弱了它对企业赞助商的吸引力。2007 年，德国电信（Deutsche Telekom）成为这项运动最大的赞助商之一，赞助了 T-Mobile 队，并戏剧性地中止了其对这项运动的参与。正如T-Mobile首席执行官哈米德·阿卡万（Hamid Akhavan）解释的：

我们做出了这个决定，要把我们的品牌跟体育，尤其是自行车比赛中可能出现的兴奋剂丑闻划清界限。(《泰晤士报》,2007 年 11 月 28 日)

在一个越来越重视品牌管理的时代，引起问题或带来风险的并不总是诸如兴奋剂事件这样最明显的事件。

利益的矛盾 61

随着商业与竞技运动的关系日益加深，通过形象管理保护投资的重要性也在增强。这通常会使体育和体育明星与记者发生冲突，新闻工作者应当报道新闻事实，或者说至少应该如此。但实际上，体育领域和体育新闻报道日益商业化，越来越注重形象，曾经与好莱坞和娱乐行业相关的公共关系和媒体管理技巧在这一领域大行其道，记者要做的不过是或含蓄或明显地配合罢了(Boyle,2006)。

我们会在第九章中更详细地研究体育新闻报道。然而，2000 年以来，电视行业和相关商业赞助投入竞技体育的资金持续增长，赞助商逐渐掌控了客户渠道。

对顶级明星的采访成为明星提及赞助商、产品或相关赛事的大好时机。在商业标志随处可见的时代，人们往往很难区分某些体育采访到底是评论还是广告。

因此，随着体育、赞助商和媒体之间的联系越来越紧密，媒体作为特定关系中的一方，在报道涉及关键赞助商、俱乐部时想要保持客观也越来越难。讽刺的是，当来自电视体育的大量赞助在体育管理机构的高层内部流转时，徇私舞弊或卷入腐败交易的诱惑比以往任何时候都大，而同时，纸媒或电子媒体对体育进行审视和批判的水准也在下滑。

胜者为王

尽管胜利一直是体育比赛的一个方面，但日益商业化的体育提升了人们对取胜的重视。在体育运动中，胜利等同于财务偿付能力。电视渴望“娱

乐”,人们迷恋体育精英和成功人士/团队,赞助商将他们的资源集中在顶级
62 体育赛事上。在体育运动中,使用兴奋剂的情况愈演愈烈,但大多数人并没有意识到,这一情况跟高水平运动员受到的商业激励有莫大的关系。

体育、电视和商业之间的联系日益密切,同时,人们认为在体育领域占主导地位的价值观也在趋同。体育和电视的紧密联系限制了对体育有负面影响的批判的空间,电视商品化使体育亚文化在流行文化中成为媚俗的“轻松娱乐”。

电视曾把体育当作非政治空间中的活动,这种观念逐渐受到挑战,而挑战恰恰来自电视本身。随着商业“世界”和体育“世界”的联系日益密切,它们之间的界限更加模糊。我们的工作环境受到经济结构的支配,体育也不例外。

虽然体育运动总是在它所处的社会系统的经济参数内运行,但电视对体育的再现并不完全如此。随着资本对业余和职业体育领域的渗透,这种现象变得更加明显。

体育组织从来没有把自己视为纯粹的逐利企业,但是,这种情况正在改变。随着电视收入和商业赞助变得越来越重要,电视/赞助商即使不能推动体育朝着特定方向发展,也能在其中起到辅助作用。

值得注意的是,虽然许多知名运动员都在呼吁放松监管、开放市场竞争,重塑电视—赞助—体育的关系,但在媒体或市场中,实际上居于掌控地位的是那些限制公开竞争的新型模式。

谁在掌控?

F1 赛车这项运动建立在赞助和电视基础上,管理机构是国际汽车联合会(Fédération Internationale de l' Automobile, FIA)。伯尼·埃克莱斯顿(Bernie Ecclestone)担任 Ecclestone 公司副总裁,负责市场营销;1996 年,他同 FIA 签署了合作协议,获得了 2010 年之前 F1 的全球市场推广权。

正如威廉姆斯(Williams,1998:9)说的,伯尼·埃克莱斯顿是代表参赛
63 者的 F1 车队协会(Formula One Construcfors' Association,FOCA)的主席,也是 F1 赛车管理公司(Formula One Administration)的董事长,该公司从赛道所有者、赛事赞助商、电视公司和赛道广告客户那里收集、分割和分配收入。……他占据着独一无二的位置:侵入者、看守人和赛道主。

另外，《经济学人》杂志在1998年6月6日发文指出，埃克莱斯顿可以向世界各地的广播公司提供三分之一的折扣，换取他们同意不播放其他“敞篷赛车”的赛事，这无疑是美国的印地赛车系列赛①在美国之外鲜有报道的原因。

商业企业和政治文化之间的联系如此紧密，这使得政客们往往不愿卷入可能损害重要政治/媒体关系的争端，除了偶尔的特殊情况。比如1992年在美国，迫于政治压力，最高法院将棒球运动从反垄断法中移除。毫无疑问，电视和体育赞助帮助竞技体育进入了主流消费资本主义的行列。

过去几年里还发生了另一些变化，其中最主要的推动因素是互联网和数字媒体的崛起。

赞助的新时代？

托尼·韦布（Tony Webb）认为，在近年来的欧洲市场中，体育赞助已经发生了明显改变。他指出：

> 简单来说，媒体曝光的机会，业界现在可以设计一个可以有效沟通的多媒体平台，以适应不断变化的消费者需求。传播频道的数量和种类增加，能够根据需求提供海量的选择。（Webb，2008）

互联网的互动性和网站的交互性能够为体育内容提供全方位调试的机会（在电视、网络和移动设备之间提供跨平台的媒介内容），对于赞助商而言，网络世界正变得和传统的离线环境一样重要。

随着越来越多年轻的数字原住民定期参与体育在线内容，赞助协议和合作也反映出媒介消费模式的日益复杂。如今，融入在线内容是赞助计划 64
的关键因素，它并不是简单地销售信息，而是对在线体验的丰富，这也被视为当代媒介行业的重要变化之一（Phelops，2008）。

对于体育转播权的所有者而言，这也意味着他们要重新考虑如何与赞助商建立合作关系，其中许多赞助商将会是技术合作伙伴，它们可能为体育

---

① 汽车场地比赛的一种，也叫印地方程式赛车，设有世界锦标赛。该比赛起源于美国，原为美国汽车协会主办的锦标赛。1978年由18支印地车队联合成立了“印地锦标赛赛车队有限公司”，确定由赛事管理机构举办系列车赛，并制定了独特的比赛规则。1979年举办了第一次比赛，成为不受国际汽车联合会管辖的汽车比赛。——译者注

内容的在线市场带来特别的专业知识。离线和在线世界将合并成为体育媒介内容的组成部分,赞助商和转播权所有者将面临更加复杂的情况(Phelops,2008)。从关系的构建到评估(例如,赞助的投放不能只是简单地参考电视收视率,还必须考虑网络流量),新的融合模式正在酝酿。

小 结

虽然体育文化总是与商业势力联系在一起,但在体育媒介多平台发展的时代,这种联系从未像现在这样紧密。近年来,英国的体育运动经历了一系列快速且充满戏剧性的变化。

变化之一是采用更复杂的营销和推广策略。体育机构热衷于吸引电视的关注、调动互联网日益增强的影响力;电视公司希望通过主导体育内容生产,实现转播权投资回报的最大化。

文化评论家鲁埃尔·丹尼(Reuel Denny,1989)将 20 世纪 50 年代的媒介主导过程称为"抒情体育的衰落"和"裂变形式"的崛起,这些"裂变形式"的作用类似于"产业合理化",其中体育和媒体的观众守则实际上是一回事。这样的观点使我们不禁要问,二者之间是否存在差异?如果存在,我们又能在多大程度上进行辨别?

虽然体育赞助产业在数字时代继续发展合作模式,但电视仍然是其重要的核心。媒体将体育视为娱乐节目的一部分,为广告商提供潜在观众,并
65 为新的传播平台吸引用户。2009 年,英国广告商在互联网上的支出(大约 36 亿英镑)首次超过在电视上的支出(34 亿英镑)。重大体育赛事对主流的电视产业来说仍然至关重要,"事件电视节目"(event television)在媒介内容生产领域是难得的稀缺资源。在 2008 年欧洲冠军联赛曼联和切尔西[①]的决赛中,ITV 将 30 秒广告的报价上涨了 50%,高达 20 万英镑。

电视所处的经济和管制环境有助于塑造它的节目性质和特点,也支配着体育项目的展示内容及展示方式。在接下来的章节中,我们将关注体育—媒介关系的具体内容。

---

① 切尔西足球俱乐部,简称切尔西,绰号"蓝军",成立于 1905 年 3 月 14 日,主场位于伦敦斯坦福桥球场。——译者注

第四章　权力游戏：为什么体育对电视来说至关重要

摘要

电视如何在视觉和言语上改变体育。

电视想从体育中获得什么。

上述关系中体育的丰富内涵。

关键词：电视；体育；BBC

你身处这样一个世界，你可以下载任何东西，却不能下载直播体育赛事。所以任何直播赛事都变得越来越重要。电视转播价格（竞技体育现场直播）持续攀升。［格里格·戴克（Greg Dyke），BBC 前总监，《观察家报》，2007 年 10 月 28 日］ 66

向那些不喜欢体育的人解释体育是很困难的。如果你不是体育爱好者，很难从球技或球速等技战术中获得乐趣。倘若体育可以被所有人理解，那么它必须是一个故事：作为故事不仅要有引人入胜的高潮，还要通过动作揭示人物性格。［马克·劳森（Mark Lawson），《永远的英格兰》，《卫报》，1988 年 7 月 2 日］

引　言

电视凭借其全面性和针对性控制着当代体育中的大部分领域。这一章我们要做的是调查体育在电视中这么受欢迎(在某些项目中更明显)的原因,了解这一关系是如何将现场观赛形式变为收看电视转播的。其中还包括加里·霍内尔(1992)所说的电视带给体育的转变,我们将对其中重要的实践进行概述。然而,正如上一章中提到的,体育—电视关系的核心元素离不开广播电视产业的经济层面,体育被当作“电视产品”,用来吸引观众和用户。本章第一部分探讨电视能从体育中得到什么,体育节目又能给电视带来什么样的经济利益。我们将以斯诺克为案例,分析电视如何在20世纪60
67 年代末和70年代初对这项运动进行重新塑造,如何将其改造成20世纪80年代电视曝光度最高的体育赛事;随后十年间斯诺克赛事的衰落揭示了电视与体育之间存在着什么样的联系。

本章后半部分,我们在霍内尔的开创性研究的基础上,简要审视体育赛事转变为电视体育的视觉变化。鉴于电视技术的快速变化,我们以板球为例,调查这些年来体育发生的改变。最后我们关注经常被忽视的一个关键问题,即评论员在这一系列变化中扮演什么样的角色。以此拓展开来,我们认为,体育评论在人们如何思考和谈论体育在当今社会中的地位方面发挥了关键作用。

电视要从体育中获得什么

观众和广告商

无论是对公共服务电视台还是对商业化的地方和卫星电视公司来说,体育对电视的经济影响都很大。在某些时候,比如国际足球赛事期间,即使在黄金时段之外,电视也能吸引大量观众,而随着多频道环境下的观众日趋分散,这种情况变得越来越罕见。例如,在2006年世界杯期间,据估计英国人口的81%(4500万人)观看了比赛。BBC和ITV的平均收视率明显提高,平均观众人数接近600万,在英格兰队比赛时达到峰值2000万,这样的情况极为罕见。

正如马克·劳森所指出的,这些电视赛事的商业价值在于,它们既能吸引忠实的体育迷,也能吸引周边的体育观众。后一类观众之所以感兴趣,部分原因在于电视与媒体一同围绕赛事展开的故事。人们也会受到意识形态的吸引,将其与民族自豪感和更广泛的集体经验相联系(参见第八章)。这会打破普通的观赛方式,2008 年奥运会期间,有 200 万英国观众在凌晨收看葆拉·拉德克利夫(Paula Radcliffe)的女子马拉松比赛(Mosey,2008)。体育为综合性节目频道带来刺激是一个全球性的现象。NBC 是美国的广播公司中同奥林匹克运动联系最为紧密的,它影响了奥运赛事的日程安排,以确保 68 广告商能够获得美国电视黄金时段的高收视率。在美国游泳运动员迈克尔·菲尔普斯(Michael Phelps)创下 8 枚金牌的纪录后不久,NBC 宣称共有超过 2 亿观众观看了奥运会(相当于美国电视观众总数的 83%),平均观众人数 2980 万(Holmwood,2008)——这一回,美国人总算是不只关注他们占优势的职业赛事了。

NBC 为 2008 年和 2012 年奥运会共投入 22 亿美元的电视转播费,在 2008 年奥运会期间,它的电视广告收入超过 10 亿美元。广告商的要求有时甚至很荒谬。2008 年,为求得黄金时段的高收视率,NBC 将北京奥运会男子 100 米决赛的电视转播时间推迟了 12 个小时。观众在收看电视转播之前已经通过新闻网或互联网知道了比赛结果,这一延迟使得尤塞恩·博尔特(Usain Bolt)打破世界纪录的激动人心的画面的效果大打折扣。甚至有公关公司误导观众说,为了迎合美国电视黄金时段,2012 年伦敦奥运会的选拔赛将在午夜之后举行(Scott,2008)。

在英国也有类似的情况发生,电视频道的生存依赖于广告收入。正如第三章所讨论的,ITV1 转播的橄榄球世界杯、F1 赛事以及牛津剑桥划船比赛都带来了丰厚的广告收入。英格兰队在 2007 年南非举行的英式橄榄球决赛中惜败,收看那场比赛的英国观众在峰值时达到 1580 万(Dowell,2007)。当时,ITV1 的一段 30 秒时长的广告报价为 30 万英镑(《体育商业国际》,2007),这一赛事为 ITV1 带来了 1100 万英镑的广告收入(《体育商业国际》,2007)。在单一赛事中,F1 的全球累计观众人数最多。由于英国车手刘易斯·汉密尔顿的出现,2007 年巴西国际汽车大奖赛(Brazilian Grand Prix)吸引了超过 700 万名观众,ITV1 的广告额平均增长了 300 万至 400 万英镑。足球仍是欧洲电视体育的主导内容,ITV 的王牌体育节目就是欧洲冠军联赛。

不论是英国还是欧洲其他地方的付费电视,足球都是其重头戏。罗伯特·麦克切斯尼(Robert McChesney,1998:36)指出:

> 体育是全球媒体行业中最重要的内容生产领域,新闻集团的
> 69 首席执行官鲁伯特·默多克深谙此道。他旗下的 BSkyB 提供全球最成功的卫星电视服务,美国福克斯电视网[①]也发展成为可以同 ABC、NBC 和哥伦比亚广播公司(CBS)[②]一较高下的媒介巨擘,体育在其中发挥了至关重要的作用。

由于出现了专门的可订阅的体育频道,这类传播者专注于向消费者提供流行的独家体育节目和直播。正如我们在前一章所提到的,这加剧了体育转播权的竞争。体育节目扎堆播放最受欢迎的体育项目,如足球、板球和橄榄球,过去那种低成本的节目样式一去不复返。虽然电视的高收益肯定了体育"产品"的重要性,但这并不是体育对电视来说至关重要的唯一原因。

威望和形象

第二章中已经提到,BBC 作为国家广播公司的历史形象在很大程度上要归功于 BBC 体育报道的向心性。多年以来,英国的全国性体育事件,如苏格兰和英格兰足总杯决赛,已经被 BBC 建构成全体英国人的生活要素。我们会在第十一章更详细地分析,随着新的媒介平台相继出现,英国传媒业态迅速变化,先是多频道付费电视(Goodwin,1998),随后是数字化电视平台以及高清电视(HDTV)和互联网协议电视(IPTV),BBC 和公共服务广播(PSB)[③]努力重新定位。BBC 对重要体育赛事转播的掌控权已经被新老竞争对手夺走了。从 20 世纪 90 年代中期开始,电视体育报道发生了空前变化,BBC 眼睁睁地看着一个又一个赛事转播权被抢走,包括莱德杯高尔夫球赛(Ryder Cup)、F1 赛车、英国板球比赛、牛津剑桥划船比赛、足总杯、英国和苏格兰国际足球赛,还有其他直播或录播的体育集锦类栏目。有些体育赛

---

① 美国福克斯电视网(US Fox TV network),由默多克控股的新闻集团于 1986 年 10 月创办。新闻集团在 20 世纪 80 年代中期就已成为美国媒体市场的主宰者之一。1986 年,新闻集团大量举债在美国购买了 20 世纪福克斯公司和 6 家电视台,并联合了 105 家独立电视台组成了全国性的广播网。——译者注

② 哥伦比亚广播公司(Columbia Broadcasting System,CBS)成立于 1927 年 2 月,是美国三大商业广播电视公司之一。——译者注

③ 公共服务广播(Public Service Broadcasting,PSB)是欧美普遍存在的一种广播电视体制,兴起于欧洲,是以追求媒体"公共服务"为责任的一种广播电视体制。由于各国历史、政治和经济发展背景的不同,公共服务广播体制在欧洲不同国家呈现不同的发展特色。——译者注

事即使回到了 BBC 手中，也是以高昂的成本为代价。BBC 支付了高昂的转播费（具体数额未披露），从 2009 年开始重新获得了 F1 赛车的电视转播权。但关键是，行业竞争激化，转播权所有者成为电视体育的主导者，在激烈的市场竞争中拍卖转播权，价高者得。尽管 BBC 提出抗议，但依然于事无补。

体育对 BBC 来说非常重要，因为公共服务广播（PSB）的基础之一便是 70
BBC 有能力为全国观众转播重要体育赛事。BBC 一直声称其报道有助于促进体育获得更广泛的关注，2012 年伦敦奥运会为它提供了大好时机。同时，BBC 体育推动了前沿技术和体育新闻的发展。2007 年，BBC 体育总监罗杰·莫西（Roger Mosey）在演讲中也提到了以上几点，他宣称体育在 BBC 有三重功能。他的说法虽显保守但无可辩驳，BBC 体育是未来公共服务的核心命题，它“可以在数字革命的下一阶段作为先锋”，并“在国家体育生活中发挥独特的作用”（Mosey，2007a）。

BBC 大力发展针对主要体育赛事的 360 度全覆盖报道，利用互动电视、宽带和手机对奥运会和世界杯进行报道，报道内容大幅增加，也成功地超越了其他免费频道和新崛起的竞争对手——付费电视。第四频道和第五频道在英国利用体育运动赢得了市场信誉和知名度，并为广告商提供了能让他们赚钱的受众群体。第五频道有的放矢，争取赛事转播权，拿下英国俱乐部的一次性国际足球比赛和有英国球队参加的欧洲比赛，这样做不仅在最大限度上满足了观众，也大大提高了电视台的知名度。体育比赛的转播权不再固定于某个频道。在和 BBC 合作了近半个世纪之后，1998 年，英格兰和威尔士板球委员会（the England and Wales Cricket Board，ECB）以1.04亿英镑的价格将 1999—2002 年度的赛事转播权出售给第四频道（与无所不在的 BSkyB 联合）。

2006 年，英格兰重新加入灰烬杯，天空体育（Sky Sports）获得板球测试赛的独家转播权，英国观众必须付费才能收看板球比赛，这在英国历史上还是第一次。2008 年 8 月，英格兰和威尔士板球委员会和天空体育续签了 3 亿英镑的合约，这意味着从 2010 年到 2013 年所有的板球比赛直播都由天空体育独家负责。天空体育还获得了 Twenty20 板球赛的转播权，这项赛事始于 2010 年，成功挑战了印度板球超级联赛（IPL）（见第三章），获得了市场关注。这样一来，不愿或无力向天空体育支付费用的英国观众就只能收看第五频道的板球赛事集锦。体育管理机构将转播权销售给付费频道独家播放 71

的做法颇有争议,尤其是这一做法剥夺了一些年轻观众观看体育赛事的权利。英格兰和威尔士板球委员会主席吉尔斯·克拉克(Giles Clarke)批评BBC没有努力争取板球赛事转播权,使得数百万板球爱好者失去了观看板球比赛和板球报道的优先权。BBC反驳说,只要板球测试赛没有进入A级赛事,他们就无法获得免费转播的商业授权。

关于板球比赛的争论表明,全国性体育赛事对于国家广播公司而言,存在更广泛的意识形态和政治影响。具有讽刺意味的是,如果我们不愿花更多的钱,我们就无法收看体育比赛;只有一小部分主流赛事能够获得电视媒体的特别关注,在电视媒体高管的眼中,足球和最多的球迷数目才是最重要的。有经济学家认为,多频道环境中的公共服务广播机构的主要原则应该是为公民提供带有"外部效益"的节目(Hoskins et al.,1997:91-92)。虽然他们将新闻和时事列入这些节目类别,但他们认为没有理由将体育包括在内,体育应由私营企业承担。

我们不同意这一说法,因为其论证缺乏逻辑,根据公共服务广播的认定,包括戏剧在内,这类节目"可以提供外部效益,增强认同感、国家/地区主旨和价值观意识"(第91页)。我们强烈认为,为广大观众提供"外部效益"正是体育赛事的功能之一。可以想象,如果苏格兰观众被要求在观看电视剧和观看有国家队参与的重大国际足球或橄榄球比赛之间做出选择,这将会是一场多么激烈的辩论。政府应该在多大程度上干预体育电视市场的运营?第八章、第十章和第十一章会更详细地阐述这些问题。同样值得注意的是,在这个节骨眼上,体育运动与电视节目的其他领域——尤其是游戏节目,比如在BBC长期播出的《体育问题》(*A Question of Sport*)——在多大程度上发生联系。这样的节目往往是体育明星的平台(见下一章),体育被牢牢地定位成轻松娱乐的电视节目。

72 筛选体育:新旧更迭

> 这是板球的"利他林"①时代。跑分982分,三柱门34个,英国50回合制板球赛历史上用时最短比赛中排名第三——21个球,啦

① 中枢神经兴奋药品,这里用来形容板球运动的兴盛。——译者注

> 啦队长和男孩们在走廊里跳舞，模仿肯特队队长罗伯特·基(Robert Key)。那些仍然意犹未尽的人，在中午休赛时还可以玩一玩网络板球游戏(ECT)。[西蒙·海登斯通(Simon Hattenstone)，《体育博客》，《卫报》，2008年7月30日]

关于电视如何运用技术将体育赛事转化为电视节目，高尔登鲁斯特(Goldlust,1987)、霍内尔(1992)和布莱恩(1993)等人已经进行了概述。我们将结合体育媒介传播环境的变化以及英国体育卫视报道的发展，简要论述之前学者概述的原则已经发生了怎样的变化。我们从现象分析说起：2003年，英国板球比赛引入了超短赛制"Twenty20"，极大地改变了板球的命运。

上面引用了《卫报》体育记者西蒙·海登斯通的话，板球的Twenty20赛制和让人昏昏欲睡的传统赛制之间的对比令人吃惊。尽管这项运动的基本规则在很大程度上保持了完整，但在许多方面，这两种运动模式没有什么共同之处。一个受电视、商业和娱乐价值需求的驱动；另一个媒介关注度低，收入不稳定，传统负担重。正如记者保罗·韦弗(Paul Weaver,2008)所描述的那样，"在所有冗余部分被抽掉之后，这种紧凑的新游戏代表了板球"。引发这种变化的是电视。电视化的需要改变了板球运动的形式，也改变了观众的收视体验。

天空体育Twenty20板球赛的转播方式呈现出典型的美国电视体育节目的特点，剪辑节奏更快。现在观众已经非常熟悉电视体育的常规手法——夸张的宣传、频道和网站交互推广、比赛精彩瞬间回放、多角度慢动作解析、统计数据和实时虚拟字幕、赛后专访。电视转播会考虑现场观众的喜好，体育跟这种方式越来越匹配，甚至主动转型迎合电视观众。现场观赛体验的 73
弱化持续引发观众的担心和批评(Whannel,2005)，体育爱好者尤其不满。但随着电视和体育管理机构的关系走向成熟，频道之间竞争升级，转播费用飞涨，体育赛事越来越急切地放下身段，以适应电视转播的要求。板球曾经坚持传统，企图固守英国中上层阶级的威权，但在这一过程中也未能免俗。

为了理解这一转变过程，有必要简要回顾一下早期电视板球的历史。BBC在1938年首次对板球比赛进行电视转播，并在战后不久开始改进板球赛事转播的制作技术。电视板球这一新兴形式受到了技术和广播事务的管理机构 MCC① 的影响和限制。BBC 首位板球节目制作人安东尼·克拉克斯顿(Anthony Craxton)一开始就从电视与板球的关系中认识到,电视会改变板球这项运动。克拉克斯顿有效诠释了电视板球节目制作的视觉语言。

在"将直径约 150 码(130 米)的比赛转移到几英寸见方的屏幕上"(Craxton,1958:29)这一问题上,克拉克斯顿认为,电视转播板球比赛远远不是将摄像机对准动作那么简单,那样会让观看比赛变得极其沉闷(Craxton,1958:29)。要想确定摄像机的位置,前提是考虑娱乐价值,要混合使用远景、中景和特写镜头;要在三柱门两侧各放置一台摄像机,一台对准投球手,另一台稍微偏向外野手;第三台摄像机机动保障(放置在三柱门的一侧),用于拍摄特写、记分牌和观众。克拉克斯顿和他的团队创立了板球赛事转播的标准样式,影响深远。尽管后来更多的摄像机(包括切换多重镜头以持续显示投球手的运动过程)和各种成像工具(如"鹰眼")被使用,但是赛事转播方式基本没有变化。多年来,BBC 的制作人通过协调获得看台席位,经常需要临时搭建平台保证摄像机居于最佳转播位置。即便如此,19 世纪 50 年
74 代末,在板球场地重新进行设计规划时,场馆承建后就曾咨询 BBC 的板球节目负责人如何才能保证摄像机和评论员的位置在场内得到最合适的安排。

这个迹象显示出早期体育电视的力量:合作、劝诱、操控体育组织。BBC 的制作人已经意识到他们正在改变观众对板球的感知——"充满激情的制作人无疑可以让沉闷的比赛变得迷人";他们也同样知道,不管采用何种转播技巧去活跃气氛,电视板球的成功还是要依靠球员本身(Craxton,1958:39)。电视板球比赛转播,尤其是测试赛和冠军赛的转播,都试图保持低调平和。在 19 世纪 50—60 年代,板球界权威人士对电视在体育中产生的影响保持警惕。板球节目主持人都来自中上阶层,最知名的要数彼得·韦斯特(Peter West),跟控制板球运动的权威人士一样,他们的观点在很大程度上是保守的,对板球的已有观念不易改变。

相比之下,现在的板球报道不再低调。每一场比赛都激动人心,每一局都很关键。为了娱乐观众和吸引大家的注意力,运动员的个人表现总是被戏剧化地预先设计和修饰。出于经济上的需要,19 世纪 70 年代的板球赛制

① 马利伯恩板球俱乐部(Metropolitan Cricket Club),成立于 1787 年,曾经是英格兰和威尔士板球运动的管理机构。——译者注

改成了为期一天,催生了一批获得重金赞助的赛事,也为板球世界杯[1]铺平了道路。与其他体育项目相比,单日板球比赛的节奏依然很慢,很难保证观众在一天的比赛过程中持续关注。但在 Twenty20 板球赛中,双方各 20 局,必须在规定时间内投球,这些新规定都是为电视转播量身定制的,比赛时间被压缩到不超过 3 个小时。这些改变加快了赛程,也展示出了比赛的精彩。此外,比赛增加了观众参与环节,鼓励球迷参加互动。BSkyB 尤为注重调动电视转播的氛围。除了 Twenty20,还有一些曾经"消亡"的体育项目也重新引燃了人们的兴趣,比如英国飞镖组织(British Darts Organisation,BDO)的飞镖超级联赛(BDO Premier League)就吸引了大批电视观众(Waddell,2007)。

BSkyB 的 Twenty20 报道以快节奏的娱乐风格为主导,音乐和影像都呈
现出这一特点,甚至整个赛事组织也是如此。从深亮粉色到奇异橙色,色彩 75
鲜艳的比赛服装强调了这项运动就是为了吸引观众的注意力。彩色服装在限制回合的板球比赛中并不是什么新鲜事。20 世纪 70 年代末,为了与板球传统的"白色"身份形成对比,澳大利亚媒体大亨克里 · 帕克(Kerry Packer)推出了彩色的比赛服装。服装使用柔和色调,在泛光灯下,电视摄像机可以更容易地区分不同球队(Frindall,2005)。Twenty20 的目标是让观众能够直接用颜色识别比赛队伍,并提高球衣复制品的销量。板球模仿足球成功的商业手段,同世界主要体育用品制造商阿迪达斯和耐克公司合作。《每日电讯报》体育记者安德鲁 · 贝克(Andrew Baker)在报道中描述了 2008 年在英国举办的那场决赛:

> 圆形赛场绿树成荫,四个大区的球迷刚到球场,就受到了娱乐的狂轰滥炸。啦啦队的女孩们带领大家欢呼,也负责分发移动电话服务的传单;在比赛开始之前(吉祥物登场),孩子们戴上了红色的塑料头盔,以免被满天飞的吉祥物砸伤。(Baker,2008)

在英国人眼中,这更像是发生在美国的场景。其实,全世界所有主流赛事都是同一种模式。就像第三章所说,IPL 引入英国模式进行"实验",成为一个全球电视景观,潜在价值高达数百万英镑。Twenty20 赛事具有爆炸性

---

① 板球世界杯(ICC Cricket World Cup)是单日单局板球赛。这项赛事由这项运动的管理机构——国际板球理事会(ICC)每四年组织一次,是世界上观看人数最多的体育赛事之一。——译者注

的快节奏,场内和场外处处都是戏剧性和兴奋点。一些娱乐元素被刻意地加入比赛——就像舞台上的演员,整个比赛都充斥着流行音乐和跳跃的吉祥物。

得益于上述转播模式,天空体育的板球赛事报道大获成功。它的混合镜头和剪辑手法突出“特写和体育明星”。Twenty20 赛事报道的重头戏就是极具个性的板球明星,并且持续关注明星故事。击球手和捕手狭路相逢——一对一的较量最为重要。所有这一切都使人眼花缭乱,其目的是吸引新观众。在传统观点中,女性并不关注板球,而儿童和年轻男性更青睐其
76 他快速运动项目,如足球或橄榄球。吸引目标观众的另一个关键被 ECB 的运营总监约翰·卡尔(John Carr)一语道破:“在傍晚时分,下班后和放学后,人们非常愿意收看一场三小时的比赛”(Weaver,2008)。Twenty20 带来的快节奏的夏季娱乐,正好供人们打发休闲时光。

体育评论:规范和惯例

1995 年,BBC 开播了一档新的喜剧/体育/问答栏目《他们认为一切都结束了》(*They Think It's All Over*),由英国演员、喜剧明星尼克·汉考克(Nick Hancock)主持,双方队长分别是退役足球运动员加里·莱因克尔(Gary Lineker)和板球运动员大卫·高尔(David Gower)。这个节目融入了体育琐事和讽刺评论,比赛方式和风格比最终结果更为重要。有趣的节目名称是电视体育熟稔的典型话语,它超越了神话,让结构化的体育叙事成为流行文化,让“形象和故事自然而然地被赋予意识形态特征,伪装成历史和人为的现实”(Silverstone,1994:22)。

节目名称来自肯尼思·沃斯滕霍姆(Kenneth Wolstenholme)在 1966 年温布利足球世界杯决赛上的评论。完整的语句是:“在球场上有一些人,他们认为一切[当杰夫·赫斯特(Geoff Hurst)为英格兰队进第一个球时]都结束了。现在,英格兰队进了四个球啦。”这也许是英国广播电视史上被重复次数最多的体育评论,沃斯滕霍姆的评论获得了神话般的地位,它道出了 1966 年英格兰队在世界杯比赛中胜利的关键因素;具体地说,它描述了英格兰队同西德队对阵,杰夫·赫斯特在加时赛中踢进了英格兰队的第四粒进球,也创造了足球世界杯决赛史上唯一的帽子戏法。霍内尔认为电视被数

百万观众消费,帮助“神话在瞬间诞生”(Whannel,1992:148)。根据 BBC 观众研究机构的调查,大约有 2700 万观众观看了 1966 年世界杯决赛的电视转播;有数百万乃至更多的观众见证了沃斯滕霍姆评论中赫斯特最终突入西德队禁区边缘的情景。

戏剧化的体育

这一时刻被一再重复,不仅成为英国体育历史的重要组成部分(通常会引起苏格兰观众的恼怒),还常常被视为英国电视历史的重要内容(对于英 77
国国家认同的强化也具有重要意义)。在许多方面,1966 年足球世界杯决赛的转播代表了英国电视的变革时期,既包括社会和文化方面的重要性,也涵盖了电视体育传播过程中的规范和惯例。

第八章将会谈到,大型体育赛事的报道与一系列社会关系和文化意义结合在一起,在任何既定时空里,它都是一般和具体的。因此,电视文本就是体育的传记——生产、分配和接收,也是理解电视技术和体育媒介化之间关系的核心。同样,在媒介形式和社会过程之间建立这些联系时,电视产生了接收和发出的双重媒介运动,科纳(Corner,1995:5)将其表述为具有“向心互动”和“离心互动”的双重特点。通过向心互动,电视拥有了强大的吸引力,能够为自身融入更广泛的社会和文化元素。

这种观点在很大程度上来自威廉姆斯(1974)关于“戏剧化社会中的戏剧”的思想,文化中承载的相似性或联系,在电视里也同样可以看到。显然,电视体育的现实主义修辞非常符合这一类型(指戏剧化社会),不过重要的变化集中形成了评论、集锦和回放的混合体。通过离心互动,科纳认为电视传播了形象、人物和俗语,这一过程涉及更广泛的文化。沃斯滕霍姆关于 1966 年世界杯的评论就是一个明显的例子,现在看来它近乎模仿和讽刺,就像那个电视栏目名称——“他们认为一切都结束了”。因此,在电视上使用这样的“黄金时刻”,就变成了争夺意义和话语权的斗争——对于英格兰足球的粉丝和苏格兰、威尔士或爱尔兰的球迷来说,沃斯滕霍姆评论的意义明显不同。

科纳(1995)提到的第三个作用力对于理解电视对体育的媒介化也很重要;它也是使赛事本身受欢迎的一个动态组成部分。这需要理解体育和电

视的偶然性:不确定的变量、条件要素和偶然时刻,在电视体育中创造了叙
78 事的乐趣。就像我们在第二章中提到的,电视在早期曾被质疑能否生成图像,于是当时的制度和宣传话语专注于媒介技术(特别是《广播时代》):电视奇观。从广播体育的发展过程中我们可以看出,一旦确立了技术、规范和惯例,这种不可预测性就发生了变化,电视美学和表达方式成为主导话语。因此,观众对电视体育的期待也随着新技术的发展而改变。沃斯滕霍姆相对复杂的制度话语同赫斯特的进球影像相结合,创造出有力的传播话语——击败西德的进球(也是制度化的体现)不仅是在比赛那一刻,更有言外之意——接下来会发生什么不可预测。体育评论的规范和惯例是随时间发展而形成的社会过程。在许多方面,评论作为电视的一种制度性话语已经成为思考、谈论和写作体育的背景。换句话说,电视成了我们感知体育真正意义的中心。

出现在麦克风前

毫无疑问,在20世纪的流行文化中,电视报道为体育赛事留下了永恒的画面:足球世界杯、夏季和冬季奥运会,还有世界重量级拳王争霸赛、超级碗橄榄球赛、美国高尔夫大师赛、温布尔登网球锦标赛和全英障碍赛马。贝利(Pele)、卡尔·刘易斯(Carl Lewis)、弗朗兹·克拉墨(Franz Klammer)、穆罕默德·阿里(Muhammad Ali)、乔·蒙大拿(Joe Montana)、老虎伍兹(Tiger Woods)、比约·博格(Bjorn Borg)、史蒂夫·雷德格雷夫[Steve Redgrave,或是大众记忆中的"红色朗姆"(Red Rum)],电视报道记录了上述运动员的运动技能,而且报道中评论员的描述也是电视传播的一部分。第二章概述了体育广播评论,这种特殊形式的体育话语必须通过斟酌、纠错,才能克服"自然性与建构性之间相互冲突的目标"(Whannel,1992:26)。这种紧张关系暗示了这样一个事实,即体育评论作为电视技术的一部分,也是一个社会过程,使用特定技术迂回地实现预期效果:现实主义和娱乐。在德·洛比尼埃(de Lotbiniere)①的指导下,20世纪30年代中期,BBC广播评论开始用简明

① 德·洛比尼埃(Seymour Joly de Lotbiniere,1905—1984),英国广播公司董事,现场直播的先驱。他在广播和后来的电视上发展体育评论,策划了1953年伊丽莎白二世加冕的电视转播。

扼要的语言对体育赛事进行叙述。然而，广播和电视对语言水平的要求并 79
不一样，德洛特比尼埃意识到了这一点，他还在1937年预测了电视的“到来”：

> “声音”评论员的艺术还不到10年，它还有很长的路要走。但它能够正常发展的时间不多了，因为电视很快就会对评论员提出不同的要求，而且我相信，电视的要求会宽松一些。（《广播时代》，1937年6月4日）

广播要求声音的流畅性——用语言来绘画，这对于电视媒介似乎并没有什么必要，而且极可能成为对画面的干扰。起初广播和电视打算共同使用广播评论，但在1938年足球世界杯决赛之后，这种方式就被弃用了。广播评论出现错误时，有修正的余地。如果发生没有看清或是口误的情况，广播评论员可以使用善意的小谎言来化解困境。

例如，BBC的一位制片人这样建议广播评论员：“如果你认错了球员，不要让观众有任何怀疑，不要让他们知道你不是万无一失的，就这样过去算了。”（沃斯滕霍姆，作者访谈，1995年7月）然而，电视展示了——尽管是有选择性的——真实的体育赛事，因此，无论如何掩饰，也无法避免观众发现评论中的错误的可能，这也是电视带来的变革。

打造体育评论员

另一个不同之处也很有趣，在20世纪40年代末和50年代，BBC采用内部“盲评”的方式招募新评论员。候选人要通过内部广播向一位看不见的听众进行闭路评论，后者将评判他能否胜任评论员的工作。根据德洛特比尼埃的看法，“好的评论员”非常稀缺。如果想通过测验找到好声音，以取代听众熟悉的乔治·阿里森（George Allison）、泰迪·韦克拉姆（Teddy Wakelam）和弗雷德·格里塞伍德（Fred Grisewood）（这些人在BBC的制作人和导演中
的地位类似于中上阶层），那是非常困难的。 80

在广播的阴影下，电视体育评论员的招聘更显得临时和仓促。以BBC公认的第一个足球评论员沃斯滕霍姆的经历为例，沃斯滕霍姆在采访中讲述了他一直渴望成为一名体育作家的经历。他在二战服役期间，很幸运地

结识了一家周日报纸的编辑哈罗德·梅斯(Harold Mays)。1946年二战结束后不久,他在足总杯半决赛上与梅斯再次相遇,那场比赛在查尔顿竞技队和他家乡的博尔顿流浪者队之间进行。与此同时,沃斯滕霍姆给BBC写了一封非正式的求职信,BBC让他写了一篇板球比赛的现场报道。于是,沃斯滕霍姆写了一篇在兰开夏郡举行的板球比赛的新闻特写。然后,他得到机会,在一场英国北方和南方各郡之间举行的业余国际预赛中进行全场广播解说。沃斯滕霍姆这样描述:

> 如何成为一个足球评论员?这纯属运气。你想要这份工作,如果你的脸皮足够厚的话,那么你就会有足够的运气得到它。(作者访谈,1995年7月)

沃斯滕霍姆涉足电视就是由于类似的偶然事件。吉米·朱厄尔(Jimmy Jewell)曾经是足球裁判,他在1938年世界杯决赛上担任评论员,那也是电视转播的第一届世界杯决赛。朱厄尔在战后不久突发心脏病离世,沃斯滕霍姆离开BBC西北台,接替了朱厄尔的位置,成为BBC电视台的首席足球评论员。

19世纪60年代,电视逐渐流行起来,开始广泛报道体育赛事,但媒体工作者的职业属性并不稳定。例如苏格兰足球评论员阿奇·麦克弗森(Archie MacPherson)。麦克弗森是一名教师,他写了一系列短篇小说,其中的一些片段被BBC苏格兰(BBC Scotland)选中,由他本人朗读播出。体育制片人彼得·汤普森(Peter Thompson)听到麦克弗森独特的嗓音,知道他之前曾在格
81 拉斯哥的帕尔蒂克足球俱乐部工作过一段时间。汤普森问麦克弗森是否有兴趣为BBC苏格兰广播电台(BBC Radio Scotland)报道苏格兰联赛(Scottish League)。麦克弗森在另一位年轻的BBC广播评论员布赖恩·摩尔(Brian Moore)的建议下,拒绝了伦敦的一份评论工作,加入BBC苏格兰电视台(BBC Television in Scotland)。

麦克弗森进入BBC后,也一直继续教学工作,直到1965年他才成为专职的广播评论员。沃斯滕霍姆和麦克弗森的生平背景反映了体育与军事、教育的广泛联系,这种联系植根于身体训练和教育的历史重要性(Hargreaves,1986)。因为体育电视工作者早期从体育中受益,所以他们的话语中也就潜藏着这样的推论:体育在道德上和社会上都是一件“好事”。

树立体育声音

体育新闻是进入体育评论的另一条路线，传统职业的消亡赋予了电视新的生命力。例如，大卫·科尔曼（David Coleman）曾在《柴郡快报》（*Cheshire County Express*）当过学徒，还做过几年电台自由撰稿人，1954 年加入 BBC；巴里·戴维斯（Barry Davies）1966 年加入 ABC，1969 年加入 BBC。约翰·莫森（John Motson）在 1969 年加入 BBC 之前，曾在谢菲尔德的《巴尼特新闻周报》（*Barnett Press Weekly*）和《晨报》（*Morning Telegraph*）工作，1971 年首次在电视上亮相；马丁·泰勒（Martin Tyler）是 BSkyB 的首席评论员，他最初是一家出版公司的专职撰稿人和副主编，后来和布赖恩·摩尔一同成为伦敦周末电视台（London Weekend Television，LWT）[1]《足球评论》（*On The Ball*）的编辑助理，1974 年加入南方电视台（Southern TV）担任评论员。这些评论员进入广播“实务”的职业经历都比较类似：从纸媒到广播，再到电视。在这方面，评论员与体育制片人和编辑有着相似的职业模式。

然而，沃斯滕霍姆和麦克弗森的言论也表明，崭露头角的足球评论员并没有一个明确或直接的“职业阶梯”。有一点是肯定的，它仍然是一个男性领地，尽管本来也很少有女性体育记者会跨越到男性主宰的广播评论领域
索求权利（BBC 已经培养出一批很受欢迎的女主持人而不是评论员——见 82
第七章）。同样值得注意的是，所有这些评论员都在广播领域长期坚守。沃斯滕霍姆为 BBC 评论了 23 次足总杯决赛，直到 1972 年科尔曼接替他；布赖恩·摩尔从 1968 年到 1999 年一直担任 ITV 的首席评论员，在他之前的评论员知名度都不高。彼得·劳埃德（Peter Lloyd）和肯·沃尔顿（Ken Walton）（当过演员）最早为 ITV 提供体育评论。还有一些地方媒体的评论员值得注意，其中最值得注意的也许是来自中部地区的联合电视台（Associated Television，ATV）的休·约翰斯（Hugh Johns），他为 ITV 评论了 1966 年世界杯决赛。其他体育运动的评论员的情况也类似：在 1997 年加入 ITV 体育频道之前，默里·沃克（Murray Walker）在 BBC 为赛车运动担任了超过 40 年的评论员（大部分时间是兼职的，他在广告行业也收入颇丰）；对许多观众来说，丹·马斯克尔（Dan Maskell）是 20 世纪 40 年代到 90 年代初温布尔登网球赛

---

① ITV 的分支机构，主要覆盖大伦敦地区。——译者注

的代表元素;另一位 BBC 评论员彼得 · 奥沙利文(Peter O'Sullivan)从 20 世纪 50 年代开始评论赛马,一直到 70 多岁才退休,他在比赛中充满激情的评论风格广为人知;彼得 · 阿利斯(Peter Alliss)在 BBC 高尔夫新闻后进行评论,风格冷静而幽默。

评论员的说话技巧

评论员如此"长寿"的原因是广播公司需要观众熟悉他们,以便为体育节目争取和维持收听率或收视率。当一个新的评论员被介绍给观众时,你可以感觉到观众需要一段时间的"磨合"才能接受他。正如我们在广播领域看到的那样,这需要一种对话形式,用熟悉的体育短语和成语来遣词造句,并在不失实的前提下讲述故事。在这里,我们发现了广播和电视评论之间的某些一致性,尽管在需要安静的时候停止说话明显是电视评论的金科玉律。BBC 首位电视体育主管彼得 · 迪莫克(Peter Dimmock)下达的命令总是:"如果有疑问,就不要提。"评论员的讲话方式取决于节目的总体气氛,以及制作节目的制片人、导演和编辑的专业理念。

一些评论员的自传(如 Benaud,2005;Davies,2008)和体育制片人(如 Weeks,2004;Cowgill,2006)证明了电视体育实践的重要性,体育评论员在采
83 访中非常强调敬业精神和团队合作精神:背景研究人员提供有关男女运动员、经理、教练及俱乐部的海量资料和数据,设备工程师用电视监视器、麦克风设备和"内线对讲机"(能让团队成员之间进行内部交流,制片人、导演和编辑可以控制声音和摄像机来指挥整个广播——同样的,这些人几乎全是男性)配合评论员工作。在一定程度上,BBC 体育初创时期紧密协作的生产团队已经解体,部分原因是技术进步和现场直播同质化(许多体育联合会现在对摄像机位置有着严格的规定)。沃斯滕霍姆的格言是,"任何广播评论都需要跟现场转播一样的团队合作",这印证了体育评论制作对流畅性和专业性的要求。

霍内尔(1992:60)认为体育广播的专业理念融合了以下三点:新闻实践的客观性、遵守"好电视"原则的娱乐实践和能吸引观众的戏剧化的叙事。1955 年,BBC 开播第一个固定的足球集锦节目《体育特别报道》(*Sports Special*),从那时到现在,这些专业理念都是足球评论的原则。沃斯滕霍姆回忆

他是如何利用德·洛比尼埃的指导原则的："你必须把观众视为一个金字塔"，从顶层的专家小横截面到由底层的随机观众组成的广泛群体。现实主义和娱乐之间的张力再次凸显。评论员必须解释为什么一名球员越位却没有违反比赛规则。评论要避免使用技术化或"时髦"用语，但评论员必须见识广博，清楚传达赛事的重要性。

对比赛的描述需要忠实于球场实景，但又必须避免过于客观并且要引入趣味性和悬念。评论员通常以事先准备好的笔记作为相关材料，但要避免照本宣科，评论需要一定程度的流畅性和非正式语言表达。有一些评论员确实非常依赖笔记。

例如，橄榄球评论员比尔·麦克拉伦（Bill McLaren）在每一次评论开始前都会在一张A3纸上记下复杂的信息和小短语。相比之下，彼得·阿利斯 84
则不带任何笔记进入评论间，依靠记忆和对电视屏幕的本能反应评论。体育评论是社会过程的一部分，也是电视传达体育内在戏剧性的一种重要手段。电视评论既从体育公共话语中获取信息，又将其影响投射到体育公共话语中。正如约翰·哈格里夫斯（John Hargreaves，1986：12）提出的，这些体育公共话语构成社会生活的一些基本主题形式——成功与失败，好的行为和坏的行为，野心和成就，纪律和努力。电视是一种便捷的话语，它解决了向现场观众和家庭观众提供信息和娱乐的问题，这种张力呈现的许多技术都来自广播。随着越来越多的退役运动员担任体育评论员，电视体育中的语言表达方式越来越专业化和对话化。据我们所知，英国的体育运动从未在没有评论的情况下进行过电视转播。

许多球迷批评足球评论员常常做出愚蠢的评论——争议最大的便是电视转播的球赛会配上很多足球发烧友杂志中的讽刺段子（Haynes，1995），为了逃避喋喋不休的体育评论，我们只能把电视音量调小。数字电视会给"足不出户的支持者"带来改变的可能（见第十一章）。体育可能仍然依赖媒介传播，但观众对所看到的、所听到的（这对于体育评论可能更加重要）能够有更多的控制。数字电视可以使观众在某种程度上进行个性化消费，在任何特定体育赛事可能提供的一系列评论中自行选择，这样的话语认同最根本的意义是：竞争双方，团队或国家，都可以带着偏见根据自己的喜好进行评论，而第三方则可以坚持传统、保持中立。足球运动的评论中已经出现了这种态势，俱乐部网站上都有专门的网络电视频道。

小 结

为什么体育对电视和广播来说至关重要?这一章从经济、文化和社会诸方面分析了原因。体育在向电视体育转变的过程中不断变革,或曰体育
85 不断适应电视。过去,公共服务理念体现出制度和技术的驱动,它们在很大程度上为体育变革提供了动力,但现在情况已经发生了变化。商业和技术的发展推动了这一转型过程,加上在多媒体环境中,公共服务广播体系受到侵蚀,地面和卫视体育报道的规范和惯例也开始模糊。尽管差异仍然存在,但双方(公共服务媒体和商业媒体)都在越来越多地相互借鉴和创新,吸引越来越多的受众、广告商以及订阅者。本书的第六、七、八章将更详细地研究这一转变过程中的意识形态;下一章我们将注意力转向媒体报道体育运动的核心功能之一:打造体育明星。

第五章 谁想成为百万富翁？体育媒体与明星

摘要

名人文化中体育所扮演的角色。

电视和媒介是如何创造体育明星的。

对媒介与体育而言，造星的意义。

关键词：明星；电视；名人

你在帕尔默俱乐部打高尔夫球的时候，可能从鞋底板到雨伞 86
尖全是帕尔默[①]的装备（产自美国、加拿大、新西兰、澳大利亚、日本、法国或南非），连胳膊肘上都会印有帕尔默的标志。

你可以从帕尔默代理商那里购买保险，在帕尔默旗下的汽车旅馆休息，买一块帕尔默的土地建造房屋，推着帕尔默牌的割草机，读帕尔默的图书、报纸专栏或小册子，享受帕尔默酒店服务员提供的餐饮或客房服务，听帕尔默的音乐，或是将衣服送往帕尔默干洗店。

你可以用他的泡沫剃须，喷他的香水，喝他最喜欢的饮料，飞他喜爱的航线，买他代言的商务飞机，吃他推荐的糖块，通过他获取高尔夫球俱乐部的通行证并且用他的球具一试身手。［马克·

---

① 阿诺德·帕尔默（1929—2016），美国著名高尔夫球员，职业生涯中获得 95 次冠军，其中包括 7 次大满贯。他创立了以自己名字命名的商业品牌，是美国首位成功以个人名字建立一个品牌王国的运动员。

麦考梅克,体育管理者和经纪人,关于高尔夫球手阿诺德·帕尔默这位客户的介绍(1967:112)]

如果年轻球员太早获得过于丰厚的奖励,那么足球就会给他们带来厄运。他们的脚只能踩深色车窗的保时捷的油门了。[苏·莫特(Sue Mott),《每日电讯报》,2007年11月20日]

引 言

比赛中取胜的压力通常是显而易见的。2004年雅典奥运会110米栏冠军刘翔在2008年北京奥运会赛前受伤退赛。据说,体育场内和电视机前的
87 亿万中国观众很是愤怒,在情感上也受到了伤害。刘翔承载了中国在奥运主场夺取金牌的希望,如果他成功卫冕,将获得价值10亿人民币的商业合同(Watts,2008)。刘翔是奥运宣传的明星,在中国家喻户晓,也是美国国际品牌耐克、维萨、可口可乐和凯迪拉克的代言人。这个案例不仅道出了竞技体育成功的脆弱性,也揭示了体育商业化过度依赖于关系的建构,将体育明星、体育故事与国内甚至全球媒体观众相互关联。

媒介,尤其是电视,改变了20世纪体育的组织和经济地位,也极大地改变了体育运动员和他们所取悦的大众之间的关系。或许明星的向心力和名人效应是媒介体育的核心要素,那些达到竞技巅峰的男性和女性运动员可以通过个人魅力影响当代社会。本章将阐释打造体育明星的过程并分析这一过程对作为流行文化的体育所产生的经济、社会和道德影响。

首先,我们调查媒介如何打造新的体育明星,重点回顾加里·霍内尔(2002)关于体育明星和名人文化的学术研究。其次,我们关注体育名人的发轫和体育经纪人的崛起,这可能是体育产业中最有影响力的附加要素之一。再次,我们利用案例研究体育明星与媒体协作的新型模式,以国际体育用品领军企业耐克和阿迪达斯为例,讨论流行文化和明星代言现象。此外,我们就体育明星和肖像权的增值,分析体育人力市场中的一些关键性变化。最后,我们对体育明星所带来的道德问题提出质疑,尤其是那些特立独行、打破媒介名人惯例的体育明星。

英雄、明星和名人

白手起家是社会讲述体育故事时的常见主题。对想要成为职业运动员的人来说，竞技体育的回报——财富和名誉是关键的激励因素。高尚的运动员，在逆境中不屈不挠、坚守忍耐，因热爱所从事的体育项目和队友情谊而战，这样的神话并不是驱使人们在职业体育中出类拔萃的原因。正因如 88
此，媒体关于体育的报道越来越愤世嫉俗：关于金钱、贪婪、腐败和欺骗。然而，当新的天才出现时，体育的浪漫主义话语总会脱颖而出。在描述一颗新星的诞生的语言中，共同的特征是：青春的沸腾、“天赋”的纯真、有趣的气质、与昔日体育英雄的比较以及对未来“伟大”的期待。

媒体通常用来描述个人突然“成名”的语言，在本质上符合一种说法：“明星运动员的特点其实是一套设计好的故事”（Whannel，1992：121）。换句话说，电视和报纸的体育版迅速迎接新的体育精英，源自媒体对体育成就的估量，把它们当成宏大叙事的一部分，将个人与社会联系起来。正如霍内尔所评论的那样，体育运动员为广播公司和新闻界担负着“三重职能”：

> 作为明星，他们担负体育运动的娱乐价值；作为个体，他们展现个性，吸引观众；作为人物，他们承载体育故事。（Whannel，1992：122）

霍内尔（1992）还认为，由于个体的日益商业化，媒介化的体育明星运作的内在张力影响巨大，任何将明星打造成国家意识形态代表的尝试都难以奏效。这些张力明显地体现在职业足球运动员大卫·贝克汉姆身上，并且在一些个人项目上更为显著，例如网球（安迪·穆雷）、F1赛车（刘易斯·汉密尔顿）、高尔夫球［贾斯汀·罗斯（Justin Rose）］，在高度个性化的人生中，体育明星出于职业动机，不一定配合国家媒体宣传胜利和民族自豪感的需要。

更详细地说，霍内尔（2002）关于体育明星的纵向研究分析了体育英雄、明星和名人之间的历史关系。关注男子气概的男性体育明星表征引领着大众报纸和杂志，他从媒介与文化环境入手，描述了一系列知名男性运动员的职业生涯。通过分析近年来的研究和流行文化的标志，霍内尔指出，在有关 89

知名运动员的报道中，男性气概的构建出现了文化上的转变，反映出人们对体育和社会性别关系的认识发生了改变。受哲学家丹尼尔·布尔斯廷(Daniel Boorstin)的启示，霍内尔揭示了在名人文化时代体育英雄和体育明星之间的一些固有差异。名人的短期效应与使他们成名的媒体形象和叙事有关，当代体育明星也是如此。名人与英雄的概念形成了鲜明对比，英雄是一种更系统的体育声誉，在媒体时代已经不那么流行了。媒体打造体育明星，旨在让观众和读者心甘情愿地接受，这一过程的核心在于：

> 明星是一种社会生产形式，媒体用专业理念和生产实践将体育成就和个性联系在一起，让大众产生共鸣，从而赢得和抓住我们的注意力。(Whannel，2002：49)

霍内尔最重要的理论观点是：体育明星作为名人崇拜的一部分，受他所提出的“高频文本效应”的影响。

在拥有全天候新闻、全球通信和高速数字信息的新媒体时代，媒体之间相互依存，对新闻有着强烈的渴求。这一过程是如此专横，以至于体育明星和体育赛事可以主宰整个媒体议程，而把其他一切都排除在外。人们只要一想到“维多利亚和贝克汉姆”就能领会。埃利斯·卡什莫尔(Ellis Cashmore，2004)引用霍内尔的观点来强调媒体对贝克汉姆的关注。他列出了贝克汉姆成为全球体育明星的轨迹，在贝克汉姆还是一名足球运动员的时候，他不单拥有足球天赋，还在英超联赛和 BSkyB 的策划下，完成了一场足球领域的经济和文化变革。在名人文化和流行杂志，如 *OK*！、*Hello*！、《现在》(*Now*)、《热度》(*Heat*)和《近距离》(*Closer*)等盛行的时代，贝克汉姆在男子气概和逐步成为全球品牌方面表现得更为轻松。

跟霍内尔一样，卡什莫尔的分析是有说服力的，他得出了这样的结论：

90
> 贝克汉姆，或者至少是商品化的贝克汉姆，已经从同样的过程中获益，比如从愚人中创造国王，从笨蛋中创造杰出人物，从成绩不佳的少女中创造 IT 女孩。所有这些都通过媒体传播给广大观众，观众对名人似乎有着无穷无尽的胃口。(Cashmore，2004：192)

这个问题可以这么分析：为什么我们对名人如此着迷？体育明星到底给观众施了什么魔法？一个确定的答案是我们都渴望名利，但在体育中，它也是关于英雄的努力和磨难、胜利和失败、羞辱和救赎的故事。这就是体育明星的传记广受欢迎的原因，在日常生活中，他们的传记几乎每天都会被“翻新”（Whannel，2002）或重复。媒体通过一系列复杂的筛选和架构流程，实现体育明星的构建和生产。我们可能永远不会了解“真实的”大卫·贝克汉姆和老虎伍兹。

英雄和恶棍

体育明星在社会和媒介结构中的深刻张力源自体育人物的各种特质（Rowe，1995：115-118）。与人物设定方式一样，体育明星体系也会设置一系列的“英雄”和“恶棍”，以展开体育叙事。无论是通过设计还是默认，体育运动员的私人生活都与他们的公众形象相融合，进而展示他们是模范的公民和家庭成员，或是堕落偶像和“瑕疵”个体。

当有污点的私生活细节侵入体育公共领域时，在媒体聚光灯下获得的好处可能很快就会消失，因为媒体尤其热衷于在道德上贬损曾经的宠儿所犯下的罪行和错误。的确，在英国，全国性报纸体育版的“八卦”和“丑闻”跟头版上破坏议员政治抱负的丑闻“交相辉映”（Leigh and Vulliamy，1997）。对和体育明星有关的非体育新闻的渴望也见证了“无赖们”的演变——一群小报记者为了在球场之外获得轰动效应，几乎不择手段。

对行为不当的体育明星进行道德贬损，为体育明星理论的初步分析，即体育明星是社会道德榜样这一概念带来了巨大的难题。霍内尔严厉批评了
这种流行的论调，即体育明星作为他人行为的榜样具有重要的文化力量。 91
吉尔·莱恩斯（Gill Lines，2001）对1996年“夏季体育运动”的媒体报道进行了社会学研究，他强调媒体对体育明星的解读不一定符合年轻人的观点。也有批评认为媒体公开炒作体育明星的不当行为会对年轻的男性体育迷产生不良影响，莱恩斯的观点跟这种批评相比，具有更广泛的意义。

与男性体育明星不同，女性并不是体育英雄或恶棍，而是被边缘化的文化偶像。这反映在男女运动奖励的不平衡上（见第七章），例如，20世纪90年代，英国杰出运动员林福德·克里斯蒂（Linford Christie）和萨莉·冈内尔（Sally Gunnell）。两人都是世界冠军，都曾多次接受过电视采访，但就奖金和代言来说，克里斯蒂的收入是冈内尔的三倍多（吉尼斯体育年鉴，1994）。

体育明星和体育经纪人的源起

本章开头的第一句引言摘自高尔夫球手阿诺德·帕尔默的传记,作者是他的朋友、律师兼商业伙伴马克·麦考梅克。麦考梅克是全球最大的体育媒体管理组织之一——国际管理集团的负责人。帕尔默以高尔夫作为商业帝国起步的平台。高尔夫被阿诺德·帕尔默变成了一个全球品牌,远远超出高尔夫运动的范畴。

帕尔默和麦考梅克通过“品牌原则”挺进体育产业,20 世纪 60 年代早期,他们第一次联手,尝试改变体育领军人物的商业活动。第三章中已经提到,这并不是说在以前体育和商业没有关系,也不是说以前的运动员没有利用名望进行广告和促销活动。麦考梅克对帕尔默品牌所做的横向和纵向上的一体化整合是独特的,超出了常规的企业领域。

根据斯蒂芬·阿里斯(Stephen Aris,1990)的说法,麦考梅克发明了他所谓的“体育事业”。像山姆·斯奈德(Sam Snead)这样的高尔夫球手曾利用经纪人来处理代言和出镜事宜。而麦考梅克与帕尔默一起,进一步发展了
92 这种关系:监督合同谈判,积极寻找商机并计划长期销售帕尔默品牌,而不是专门为早期的体育明星做宣传。麦考梅克开创了一种方式:把人当作热销商品进行出售。

此外,高尔夫是美国中产阶级喜爱的休闲方式,职业高尔夫运动与美国公司有直接联系。帕尔默品牌在这些观众中热卖,体育生意向体育产业的转变非常顺利。不到两年,帕尔默的年收入就从 5.9 万美元上涨到了 50 多万美元。1962 年,IMG 也是加里·普莱耶和杰克·尼克劳斯的经纪人,麦考梅克同时拥有世界上最好的三名高尔夫球手。

为了体育明星的媒体普及度和神秘感,要保持住“名人身份”,而这就需要时刻保持警惕。帕尔默再次在美国引领潮流,他多次出现在电视节目、广告、名人高尔夫锦标赛和商业活动中。虽然这些活动中的许多活动需直接付款,但它们也促进了阿诺德·帕尔默企业和高尔夫运动的推广。然而,当关注像帕尔默这样的人物时,对高尔夫的狂热赞助同样需要付出天价。帕尔默和球童在高尔夫球场上的一举一动都有可能被电视记者捕捉到,他们发现他们自己就是人体广告。在打完一场高尔夫球后,帕尔默手里拿着一

瓶新款的可口可乐，这样广告商就可以节省电视广告的开销，把其中的一小部分直接放进帕尔默的口袋。

传播高尔夫的福音

在全球范围内推广高尔夫文化方面，帕尔默和他同时代的高尔夫球手尼克劳斯所做的工作比其他任何专业人士都多。20 世纪 60 年代以来，新高尔夫球场的设计和建造速度大幅加快，但新高尔夫球场仍供不应求，对环境造成严重影响。由明星牵头倡议，更多新的高尔夫球场被建设，电视高尔夫球赛事也增加了。

对于体育“产品”，电视永远不会满足。在所有运动中，高尔夫最能满足电视的胃口。在当今电视转播的高尔夫球世界里，夏季是永恒的，因为职业高尔夫巡回赛会从一个大洲转移到另一个大洲，满足全球赞助商、广告商和观众的需求。如今，许多打着亲近明星旗号的旅游和报道（在 20 世纪 70 年代和 80 年代，BBC 的评论员彼得·阿利斯主持了一档高尔夫专题节目）更 93
增添了顶级高尔夫球手的超级明星光环。打破体育和娱乐产业之间的障碍已成为维持体育明星系统的关键特性。三十多年前，麦考梅克在帕尔默的传记中写明了当代体育明星作为表演者的丰富意义：

> 在心里……阿诺德是一名演员。当他走下球道，他似乎想要每个人都注视着他。他有一些动作，似乎在说：“看，看，我是阿诺德·帕尔默，我们很开心。”（McCormack，1967：184）

因此，体育明星必须具备各种表现能力，比如作为熟练的运动员和实践者、被采访者，有时甚至是采访者、体育和体育赞助商的形象大使，还有作为他们自己。

最后一点暗示了一个事实，成为名人是一个自我实现的过程，在这个过程中，明星因出名而出名。这使得那些已经退役的体育明星也能够保持公共关注。

体育也可以尝试通过二级联赛和其他赛事延长明星的职业生涯。高尔夫的高级巡回赛（目前正在 CBS 播出）为职业高尔夫球手提供了一个和企业联合的机会，在电视转播比赛的同时，他们还可以参与营销推广的周边活动。“高级”运动的理念也在网球和足球等其他项目中得到延续。这类活动不会挑战顶级职业运动的地位，也确实为进一步的推广活动提供了平台，可以与“一流”运动的赞助活动捆绑在一起。值得注意的是，当今高尔夫球手中千万富翁层出不穷，帕尔默在 2007 年仍然通过各种代言和收费获得了 2500 万美元的收入，这使他成为全球收入第四的高尔夫球手，仅次于老虎伍兹、菲尔·米克尔森（Phil Mickelson）和维杰·辛格（Vijay Singh）。

迈克尔·乔丹（Michael Jordan）和 NBA 品牌

> 篮球不是我的工作。对我来说，我的工作从我从车里下来的
> 那一刻就开始了。一切都围绕着比赛的实际运行。我的工作是做
> 94 产品代言人，是芝加哥公牛队的一名雇员，努力不辜负他人的期
> 望，与媒体打交道。那是我的工作。（Jordan，1994：43）

篮球已经成为媒介—体育生产和营销利益交织的主要例证，这些利益将体育运动员变成了全球明星。多年来，这项运动经历了无数次变化，最终获得现在的令人无法忽视的地位：暂停时段引入电视广告；24 秒投篮规则加快比赛节奏；三分球规则提高得分水平；平局后加时分出胜负；这项运动的管理方也妥协让步，电视获得现场直播的自由。

这些变化对篮球运动员的表现也产生了深远的影响。在经历了人气暴跌之后，篮球在 20 世纪 70 年代开始重新重视这项运动的英雄性质，它的推广方式开创了 20 世纪 80 年代中期的篮球巨星新时代。拉里·伯德（Larry Bird）和“魔术师”约翰逊（Magic Johnson）等人集中体现了一套新的娱乐价值观，那便是彰显个性、炫耀浮华。

然而，迈克尔·乔丹超越了伯德和约翰逊，成为比赛中进球最多的篮球运动员。乔丹，现代 NBA 之子，在 20 世纪 90 年代被视为“迈克尔销售”或“后现代体育商品的真英雄”（Vande-Berg，1998：146）。乔丹的体育商品化与他的非裔美国人血统有天然联系，也与黑人流行文化中更广泛的因素直接相关。作为一名非常成功的黑人运动员，他的象征价值从文化资本转变为货币资本。乔丹远不止一位退役的篮球明星。他代言的篮球鞋——帮助耐克成为全球领先的运动服装品牌——讲述了一段重要的故事，揭示出体

育和体育明星高度商品化的根源。从那以后，许多人都试图效仿。

像迈克尔一样？

乔丹通过他的经纪公司 Pro-Serv 将“运动鞋”变成黑人城市街头风格的重要元素，耐克的“乔丹气垫鞋”上印有乔丹的签名。“运动鞋”或“训练鞋”普遍代表着年轻、享乐主义和个性化消费。事实上，在许多方面，当代高街时尚的竞争一直在数以百万计的人的脚下进行，对他们来说，训练鞋是“嘻 95
哈”“酷”和“别致”的终极代表。乔丹如何融入这个过程？在被老虎伍兹、罗杰·费德勒（Roger Federer）和蒂埃里·亨利（Thierry Henri）等新一代全球体育明星取代之前，为什么乔丹能够成为“耐克的王储”？

戴森（Dyson，1993）认为乔丹具有广泛吸引力的原因之一是他的篮球能力：他的风格和球技。体育对乔丹而言，已经成为自我表达的标志。乔丹的许多篮球名言都回避金钱和他的薪酬。如上所述，他生活的一部分，“他的工作”是在场外进行的。当然，他的体育英雄地位源于他的篮球技艺。

戴森（Dyson，1993）认为乔丹的成功得益于三个因素。首先是一种自发的意愿，通过创新策略和运动能力，拓展比赛的景观意义。其次是风格化的自我表现让乔丹在篮球场上拥有光环和个性，使他有别于其他球员。例如，以特定的方式在空中悬停的能力使他拥有了“飞人乔丹”的绰号。最后，与之有关的是一种教化。乔丹有能力颠覆人们对文化或身体可能性的普遍认知。所有这些因素组合在一起让乔丹成了出色的运动员和英雄人物。

这种关于身体与文化的阐述受到了霍伯曼（Hoberman，1997）的批评，他认为戴森针对非裔美国人体育表现的观点体现出一种本质主义偏见，忽视了乔丹对美国种族主义政策缺乏政治同情。然而，美国黑人流行文化的话语在 NBA 的新观众中引起了共鸣。后乔丹时代的黑人篮球明星，如科比·布莱恩特（Kobe Bryant）或沙奎尔·奥尼尔（Shaquille O'Neal），继续被视为街头文化的缩影。围绕篮球赛事的体育媒体和宣传活动对种族政策持谨慎态度，这种黑人文化风格融合了流行音乐（说唱、嘻哈）和时尚（从运动鞋到文身）元素。然而，安德鲁斯（Andrews，2001）和其他人的研究表明，尽管乔丹在体育领域取得了商业成功，但矛盾的是，他仍然属于黑人运动员中的种族意识方面的新保守主义阵营。

体育明星是媒介体育的政治经济中心。在下一节中,我们将探讨与媒
96 体利益有关的体育人力资源开发,特别关注体育产业关系和形象权的资本化。

明星与体育劳动力变化

一系列因素带来了体育劳动力市场的巨变:媒体关注明星,体育经纪人崛起;运动员个体在团队、联赛和国家之间的流动性增强;旧的体育管理制度的合法性受到质疑。

前文已经详细介绍了明星和经纪人的崛起。在劳资关系方面,这些发展明显降低了体育管理机构和体育组织的能力,它们不再像以前那样能够决定精英运动员的命运和职业生涯。这主要是由于现在的体育明星与前辈们相比,享有的象征权力有所增加。

与阿诺德·帕尔默的情况一样,体育明星现在是有价商品,跟其他任何产品一样,他们需要法律支持来维系价值和保护利益。正如史蒂夫·雷德黑德(Steve Redhead)所说,在体育法学领域,市场力量对体育的干预日益增强,"引发了各种有关法律权利和义务的问题,而这些问题引发了强烈的司法关注"(Redhead,1997:27)。

在转会费和劳资合同谈判领域,体育和法律已经变成了同义词。在一个"超合法性"(Redhead,1997)的时代,任何体育精英在没有事先咨询律师的情况下,都不会在合同上签名。在足球以及越来越多的其他项目中,顶级球员的价格、价值和薪资为日报和周末报纸提供了猜测和八卦的主要内容,这些报纸热衷于披露最新的、破纪录的费用。

大卫·康恩(David Conn)回顾了20世纪90年代英格兰足球的转型,敏锐地注意到了体育行业劳资关系的新时代,他对电视在足球运动中投入大量资本持批判性观点:

> 1992年,足球完全被市场的力量冲昏了头脑。如今在经纪人的建议下,球员们同来历不明的企业赞助商进行交易,因为他们知
> 97 道上市会为俱乐部老板创造财富。金钱如潮水般涌入,榨干了灵魂,但这种争辩空洞乏力。俱乐部根本不考虑为球员提供更全面

地思考足球的余地，他们以唯利是图为目标。（Conn，1997：225）

考虑到“唯利是图”是体育现在的处境，那“全面地思考足球”究竟意味着什么？

这种困惑来自产业化背景下体育社会文化意义和体育商业之间不断产生的张力。正如第三章中指出的，二者从来没有相互排斥过，但体育商业不是普通的生意。

商业运作

在为俱乐部、巡回赛或联合会进行新合同谈判时，或在决定加入另一家俱乐部时，我们可以很容易地推测，当代体育明星会优先考虑经济收入。这没什么可大惊小怪的，但它与体育职业化的起源大相径庭。对于体育职业化，人们同样可以辩称，地域性和忠诚度的问题更为重要。战后的足球英雄斯坦利·马修斯（Stanley Matthews）和比利·赖特也在他们的传记中提到，尽管广泛的认可会带来各类经济回报，但更重要的还是他们在家庭、同僚和社群中的地位与自豪感。

这并不是说情感或夺冠的渴望不会再激励当代精英运动员，更确切地说，运动员明星潜质和价值的金融资本化，在其职业生涯中是最重要的。例如，在英国，像英国职业足球运动员协会（PFA）[①]这样的组织一直在努力地四处游说，尝试确保职业运动员在退役后能够得到公平的回报。尤其是PFA，每当其成员的生计或这项运动本身受到威胁时，它都会利用媒体强力发声。2001 年，英超俱乐部试图减少球员工会每年的电视收入——PFA 主要的资金来源，PFA 主席戈登·泰勒（Gordon Taylor）便威胁要采取罢工行动作为回击（Boyle and Haynes，2003：84-85）。

然而，职业运动员法律地位的转变可能同这些组织的目标产生冲突。
最重要的案例当数让-马克·博斯曼（Jean-Marc Bosman）事件。1995 年，欧 98
洲法院裁定，欧洲的转会费制度与外援上场人数不得超过 3 人的限制是非法的，侵犯了《罗马条约》下的欧洲法律。

---

① 英国职业足球运动员协会（Professional Footballers' Association，PFA），英国职业足球运动员的工会组织，是全球最早的职业运动员工会。——译者注

博斯曼裁定的结果之一是,一旦球员与某家俱乐部的合同终止,他们就成了自由球员。这对旧的转会制度产生了巨大影响,因为在俱乐部之间流动的钱(保持收入在比赛内部流动)在签约新俱乐部时直接流向了球员(这些钱不会再回到赛事之中)。进一步的影响是,来自欧盟的球员不需要工作许可就可以在欧盟成员国的各个联赛之间自由选择。因此,在新的流动性条件下,大量"外国"球员加入利润丰厚的英超联赛,如何保证英国本国球员的收入成了 PFA 面临的难题。

1999 年,波兰女性篮球运动员莉利亚·马拉娅(Lilia Malaja)在法国法庭上成功地挑战了欧盟对东欧运动员的工作许可限制,理由是波兰与欧盟有开放的贸易协议。在听取案件报告后,PFA 主席戈登·泰勒宣布:

> 这可能造成严重后果。英国是足球运动的蜜罐,这样一来,我们会成为世界足球的垃圾场。(*Butcher*,1999)

1999 年,英国内政部引入规定,更严格地控制非欧盟球员的移民,但到了 2004 年,波兰和其他东欧国家已经成为欧盟成员,足球人才仍旧大量流向英超和英冠联赛。

到 2007 年,已有 280 名外国球员在英超注册。这个问题引起了欧足联和国际足联的关注,两位主席——米歇尔·普拉蒂尼(Michel Platini)和塞普·布拉特(Sepp Blatter)都发表了评论,表示可能在国内联赛中引入有关外国球员配额的规定。2008 年,配额的提法也得到了英国文化、媒体和体育大臣安迪·伯纳姆(Andy Burnham)的青睐,伯纳姆发誓要游说欧盟修改就业法。英国体育媒体的民族主义情绪也在升温,《每日邮报》报道称:

> 99 这场比赛只不过是一个容纳全世界足球运动员的马戏团,他们搭起帐篷,表演他们的比赛,以获得无节制的报酬。(《迷惘的一代——外国球员如何主宰英国比赛》,《每日邮报》,2007 年 8 月 4 日)

目前,英超联赛仍然是世界足球界的"蜜罐"。

干得漂亮——工资和形象权

电视转播权收入和赞助无疑助推了体育明星薪酬的飙升。职业精英运动员的财富远远高于普通民众。2007年，福布斯发布世界顶级运动员的收入排行，高尔夫球界超级巨星老虎伍兹年收入位居第一，大约为1亿美元，远高于排名第二的F1车手哈吉・莱科宁（Haki Raikkonen，4200万美元）。除高尔夫和F1赛车外，福布斯排行榜前25位的百万富翁还包括美国橄榄球、篮球、棒球、网球和足球运动员（大卫・贝克汉姆以3300万美元的收入成为足球运动的最大赢家）。

排行榜前25位中唯一的女运动员是网球明星玛利亚・莎拉波娃（Maria Sharapova，年收入2300万美元），这再次凸显了性别的不平等：男性职业体育明星更富有、电视曝光率更高，全球赞助商和广告商认为男性体育明星更具有号召力。尽管这些财富调查的准确性存疑，但它们的确反映出人们对体育创造财富的迷恋，或许更重要的是，这还昭示着体育名人效应的全球化。众所周知，竞技体育明星是他们所处时代的产物。五十多年来，在经历了赛事转播、媒体小报化、全球化和体育产业商品化之后，20世纪初期体育英雄与其所在团体的有机联系（Holt，1989）逐渐转变为对天赋和财富的遥望。

付费电视和可订阅的小众体育频道出现后，盈利的增长加剧了电视转播权竞争，夸大了联赛和锦标赛的价值，见证了处在价值链末端的运动员财富的直接转变。英格兰足球最为明显，德勤会计师事务所对英超联赛的年度调查显示，2006年球员的平均工资高达100万欧元，2007年22个英超俱 100
乐部的总工资超过10亿欧元（Deloitte，2008）。

职业体育的生财之道不仅仅是工资和奖金。在媒体报道的推动下，体育明星的名气不断上升，体育明星也有能力控制和管理他们的形象，即形象的使用与商业价值。例如，老虎伍兹在2007年赚到1亿美元，其中只有1300万美元来自奖金，其余则来自形象使用和代言。体育明星是专业体育媒体和社会崇拜的焦点，我们不难理解为什么运动员和他们的经纪人试图控制“品牌”价值。体育明星个体资本化的主要工具之一是所谓的“形象权”。在英国,没有法律承认个人的形象权(Haynes,2005),但有法律机制控制体育明星的形象在媒体和广告中的使用。F1 车手埃迪·埃尔文(Eddie Irvine)在 2002 年成功起诉了“畅谈体育”电台,缘由是电台在宣传资料中“假冒”了他的形象(Haynes,2005:106-109)。未经允许地使用埃尔文的形象损害了他的商誉、声誉和名誉,这在英国判例法中为保护体育明星形象的商业价值开创了先例。

形象权或广告权在世界各地以多种形式存在。这意味着像大卫·贝克汉姆这样的世界明星可以放心了,因为他们知道,在西班牙或美国等地有专门法保护私人形象,他们的举动在商业上是安全和受尊重的(Haynes,2007)。但问题是,为什么还要为收入丰厚的体育明星提供进一步的财富保障?此外,在足球和其他运动中,被詹姆斯·博伊尔(James Boyle,2003)称为“圈地”的现象正在发生,信息商品和思想使媒介图像的控制力和价值最大化,同时限制媒体和观众的访问权并加以私有化。由此,体育明星的冠名商标不仅被许可,还受到严格的监管,球迷网站在选择和注册域名时都受到了限制(Boyle and Haynes,2004:89-92)。这种控制看似积极,但与互联网时代相矛盾,各种形式的数字交流为体育媒体和体育迷提供了新的创造性渠道,更普遍地推动了体育文化的发展。

101 体育明星是一种全球名人现象,由当地市场决定哪些体育明星会出现在广告牌和电视广告里。不过也有例外。在伊朗,体育明星的西方商品化受到了国家干预。在 2008 年北京奥运会的选拔赛上,被誉为“伊朗大力神”的举重超级明星、双金得主侯赛因·拉扎扎德(Hossein Rezazadeh)因在商业广告中使用运动形象而陷入尴尬境地。为了抑制体育运动中公然的商业侵蚀,伊朗政府禁止体育明星从事商品销售和代言活动,因为“体育榜样应该提倡骑士精神,而不是消费主义”(Arabianbusiness.com,2008 年 7 月 8 日)。人们普遍批评一些体育明星暴发户过于自负,尽管如此,对全球体育明星的商业地位和财富构成威胁的情况依然罕见。即使是在全世界最大的体育联盟中,人为的制衡也是为了确保价格竞争和财富分配。现在,我们回到美国体育的本质和结构问题上。

控制明星：美国体育之争

在更宏观的社会背景下，以上我们所强调的形象权和其他案例代表着运动员个人行为控制水平的转变，无论是在竞技场上还是在各类媒体中。这也反映出娱乐业其他领域的个体和团队权利：从流行歌星到好莱坞演员，每个人都有自己的价格。

有些体育明星的权利诉求会严重削弱他们所效力的组织的权威，体育英雄的得失会极大地影响一家体育公司的股价。

北美四大体育运动管理机构——NFL（美式橄榄球）、美国职业棒球大联盟[1]、NHL[2]（曲棍球）和 NBA（篮球），试图通过校际草案和一些限薪措施来减轻财政和立法对他们的威胁。球员工会和联盟之间集体谈判的出发点是通过球员分配来保持竞争力。这确保了没有一个球队可以通过买断所有最好的球员来控制新体育人才的出现。

该草案保障了竞争的平等性，阻碍了对业余运动员的恶性竞标，从而控 102
制了体育人力成本。它也非常重视选秀过程，能够敏锐地发现运动员的未来潜能。例如，在 1984 年 NBA 选秀中，芝加哥公牛队在经历了上个糟糕的赛季之后，只获得第一轮选秀的第三顺位选择权。幸运的是，乔丹并没有被休斯敦火箭队和波特兰开拓者队选中，于是公牛队可以放松地跟乔丹这位 NCAA[3] 年度最佳球员谈判。后来在乔丹的带领下，芝加哥公牛队在 20 世纪 90 年代赢得了 6 次 NBA 总冠军。

一系列草案表明，体育不是一般的生意。在这一领域，对团队取胜的需求和有意义的竞争之间存在张力。北美体育的这种垄断状态（Scully，1995）允许球队延续“同时成为竞争对手和合作伙伴的特殊需求，因为他们必须成为合作伙伴，才能有可能实现竞争”（Koppett，1994：284）。

---

① 美国职业棒球大联盟（Major League Baseball，MLB），是北美地区最高水平的职业棒球联赛。1903 年由国家联盟和美国联盟共同成立，是美国四大职业体育联盟之一。——译者注

② 美国曲棍球联盟（National Hockey League，NHL），由北美冰球队伍组成的职业运动联盟。NHL 是全世界最高层级的职业冰球比赛，为北美四大职业运动之一。——译者注

③ 美国大学生体育协会（National Collegiate Athletic Association，NCAA），由美国大学院校所参与结盟的协会。主要活动是每年举办的各种体育项目联赛，其中最受关注的是上半年的篮球联赛和下半年的橄榄球联赛。——译者注

有些球员的薪资数额由球员联盟集体协商,为了维护品牌价值,联盟必须进行集体谈判。由此产生一个关键问题——电视转播权费用迅速增加,体育—媒介关系发生变化,俱乐部和体育管理机构的收入随之增加,但球员工资可能与之不成比例。

20 世纪 90 年代,这种情况已经成为北美职业体育市场的常态。由于联盟和球员工会之间的合同谈判破裂,球员停摆或罢工严重扰乱了 1994 年美国职业棒球大联盟和 1998/99 赛季之初的 NBA 赛事。这对职业体育的附属业务,特别是电视和赞助产生了重大影响。NBC 和有线电视网特纳(Turner)签署了一项为期 4 年、价值 26 亿美元的协议,获得了 NBA 的电视转播权。停摆显然对它们的广告收入构成了威胁,因为电视上没有篮球比赛可播出。

NBA 球星们在努力提高球员工资的同时,也威胁到从“魔术师”约翰逊、拉里·伯德和迈克尔·乔丹统治时期建立起来的良好公共关系,当时体育
103 用品的销售额严重下滑(《体育商业国际》,1999 年 2 月)。这样的争端会严重损害明星的地位,辜负体育迷和电视观众的信任。英雄和恶棍之间的微妙界限是本章最后一节的主题,对体育明星而言,它既是负担,也是恩赐。

盛名之累

利用体育明星推销产品和服务,对于赞助商、广告商和体育团体来说,可能是一个具有潜在风险的业务。媒介体育经常揭露它所打造的英雄的本来面目。体育运动员也许对日常生活的变幻莫测处变不惊。但是,随着体育界财务风险加大,失宠的代价变得更加明显。

除了大卫·罗(David Rowe,1997)关于“体育丑闻的剖析”之外,几乎没有研究关注对体育名人和体育道德的公共监督。罗对三个案例进行了批判性研究:加拿大短跑运动员本·约翰逊(Ben Johnson)的药物丑闻;美国篮球运动员“魔术师”约翰逊(Magic Johnson)的“坏小子”形象;美国足球运动员、演员O.J.辛普森(O.J.Simpson)的杀妻案。

罗(Rowe,1997:219)认为“媒体是传播体育丑闻的关键渠道”,在官方话语和大众话语之间、在私人领域和公共领域之间切换,无情地追求现实“真相”,为可接受的行为设定评判标准。在这些极端的案例中,体育占据了报纸、广播和电视新闻的头条,从“体育版”新闻跳到更广泛的公共领域,与社

会关注和公众兴趣产生共鸣。

英国体育界不乏吸毒、腐败和欺骗现象。体育增加了财富，也提高了媒体对玩忽职守和不规则商业行为的关注度。1994 年，《太阳报》（*The Sun*）①对守门员布鲁斯·格罗贝拉（Bruce Grobbelaar）操纵比赛的指控，吸引人们关注体育的社会地位以及媒体在体育报道中的地位。这些指控有视频为证，证据显示格罗贝拉心甘情愿地接受了《太阳报》设计的虚假贿赂。《太阳报》的两名调查记者向英足总公开了这笔交易的视频片段，以标榜报纸在 104
"清洁体育"中的作用。1999 年，格罗贝拉打赢了针对《太阳报》的诽谤官司，但在 2001 年二审上诉时，法院以一审"审判不公"为由判定《太阳报》胜诉。破产的足球运动员格罗贝拉不得不回到他的祖国南非，永远消失在英国媒体的聚光灯下。

贿赂问题击中了体育伦理的核心，在足球运动中，贿赂问题由来已久（Inglis，1987）。公平和"公平竞争环境"的理念为所有竞技体育提供了保障。此外，体育理想和道德修辞与许多西方文化中的道德规范有着广泛共鸣，这些道德规范的基础就是社会民主理念。

这些违规行为将操纵比赛的指控推向更广泛的公共领域。2000 年，南非国家板球队队长兼民族英雄汉斯杰·克朗耶（Hansje Cronje）承认从一家博彩公司那里获取信息和赛情预测，这在体育圈引起了一阵恐慌，打破了公众对板球是"田园堡垒"的看法（Whannel，2000：52）。在整个 20 世纪 90 年代和 21 世纪初，"硬新闻"和"体育新闻"在不同领域以完全不同的方式处理体育腐败问题。这一点在电视体育节目中表现得最为明显。体育评论员也面临着压力——既要担负起批评体育失序行为的核心角色，又要将体育打造成一种电视景观。

电视体育节目力求在丑闻事件的报道中保持客观。体育运动本身很少受到质疑。相反，体育明星前辈们以专家的身份，通过"团结一致"的终极方式，对体育领域的违法行为进行评判，回报造就他们职业辉煌的体育运动。电视对体育文化的保护是为了维持它在体育运动中的霸权地位，因为它知道不能杀鸡取卵。

① 全球最大媒体集团之一新闻集团（News Corporation）旗下的一份日报，是全英国销量最高的煽情性报纸。——译者注

国王埃里克的飞踹

1995 年 1 月,被称为“曼联国王”的球星、法国人埃里克·坎通纳(Eric Cantona)因飞踹看台上的水晶宫队球迷而被罚下。这与媒体对待体育界不法行为的做法略有不同。从媒体角度来看,这个案例很有趣,因为它证明了
105 媒体对体育明星的报道往往反复无常、自相矛盾。事件发生后不久,广播和报纸的报道都将这名球员妖魔化了。

苏格兰销量最大的报纸《每日记录》(*Daily record*)[①]1995 年 1 月 27 日刊登了一幅放大的照片,是耐克赞助坎通纳的足球鞋,标题是“致命武器”,这是一个特别耸人听闻的双关语,坎通纳被判犯有普通伤害罪。也有人为坎通纳鸣不平,认为是球场上针对法国的不当言语引发了坎通纳下意识的暴力行为。

例如,BBC2 台的体育节目《周末体育》(*Sport on Friday*)1995 年 1 月 27 日播出了一段由前职业演员加斯·克罗克(Garth Crooks)主持的节目的特写镜头,用坎通纳过去不端行为的混合剪辑,证明他无法控制自己的脾气。西蒙·加德纳(Simon Gardiner,1998)对坎通纳事件进行了拓展,认为媒体对这名球员的诸多嘲讽都是以英国人对法国人的文化敌意为前提的。这跟对其他体育“负面英雄”,如迈克·泰森(Mike Tyson)的妖魔化一样,媒体对坎通纳事件的报道产生了一系列本质主义话语,将种族和民族叙事与越轨或犯罪行为混为一谈(Sloop,1997)。1995 年 9 月,坎通纳的回归引起了媒体的反弹,但具有讽刺意味的是,他利用这次事件重新塑造了自己的形象。在那次事件中,他被视为受害者,而非施暴者。最引人注目的是,在耐克的三则广告中,坎通纳在政治和象征意义上的复杂形象都得到了体现,被巧妙地用来宣传耐克公司的产品。

在第一则广告中,坎通纳反思了他作为“可怕少年”的体育形象;在第二则广告中,球员在种族分裂的社会中,向那些剥夺他踢球权利的人提出挑战;在第三则广告中,他通过一记凶狠的射门将魔鬼的形象击碎,从而驱散

① 英国的一份每日小报,创立于 1895 年,是英国的第一份引进计算机排版技术的报纸,主要报道国内外政治、娱乐、体育、健康、奇闻等内容。

了心中的恶魔。广告用语和形象设定很清楚地利用了构成坎通纳媒体形象的典型元素，当然也包括体育英雄的神话地位。

小 结

媒体描绘出坎通纳的复杂形象，显示出当代体育明星所面临的困境，他们被打造为偶像人物，被誉为楷模，但盛名之下，其实难副。 106

虽然关于体育明星的问题可以追溯到体育商业化的最初时期，但每一代人都不得不面对媒体——现在是体育运动的主要赞助商——的关注。

明星地位给每一个运动员带来了压力（他们通常在处理商业、法律和公共关系方面缺乏经验），也确保了日常生活和私人关系的细微差别与媒体塑造的虚构人物之间存在着张力。欲戴王冠，必承其重。

第六章　种族竞争:媒介体育、种族与族群

摘要

在媒介对种族问题的呈现中,体育发挥了什么样的影响。

电视和媒介如何重新生产和改变人们对种族、族群与体育问题的认识。

在这一过程中,媒介与体育的相互影响和作用。

关键词:种族;族群;电视;体育运动

107 我想知道,曼城足球俱乐部会不会为犹太球迷提供一条专用通道?或者他们到底会不会允许犹太人进去?这家俱乐部的新主人(阿布扎比酋长国王室成员)希望球队能在阿布扎比进行表演赛还有休赛期的训练,但据说并不是所有球员都被邀请参加。塔尔·本·哈伊姆(Tal Ben Haim)是一名以色列人,因此他不被允许进入这个不友好的小国家,所以几乎可以确定球队不会带他出访阿联酋。[罗德·利迪尔(Rod Liddle),《曼城新东家的尴尬》,《星期日泰晤士报》,2008 年 9 月 14 日]

引　言

作为流行文化的核心元素,体育和媒介体育在一个充满象征和隐喻的领域中运作。正如书中已经提到的,对于媒介体育研究来说,表征(representation)仍然是核心问题。媒介化的体育充满了思想、价值观、形象和话语,它们反映、建构、自然化、合法化、质疑甚至重建人们对社会的态度。毋庸置

疑,以叙事和神话为核心的文化形式,也可能成为所谓的“误认仪式”(rituals of misrecognition)的载体(Cohen,1998)。接下来的三章将继续讨论在种族、族群、性别和国民身份认同等形成的宏大过程中,媒介体育的作用。

我们集中注意力分析各章具体内容时,也应该认识到它们之间的相互影响。种族问题明显被归入了国族身份的大框架中(比如当黑人运动员代表英国的时候),而在其他一些时候,社会不同阶层之间的分歧在体育环境中也表现得非常明显(当凯尔特人队对阵流浪者队的时候)。我们将分别探 108
讨不同领域所涉及的具体问题。

第五章研究媒介对非裔(政治意义上的非洲、哥伦比亚还有南亚地区)和亚裔(不含印度次大陆)运动员的报道。接下来简要阐述族群问题,它与苏格兰和北爱尔兰的宗派主义和媒介体育密切相关。

体育运动和种族的媒介表征

媒介表征的相关问题基本上都涉及权力和社会地位。社群或个人有能力感知媒介话语针对自己的表达是否准确,这种能力与媒体形塑和改变舆论的力量有一定关系。关于电视剧或戏剧的研究经常使用刻板印象简绘文化形象,分析电视剧或戏剧的社会影响。

这种方法通常将分散和复杂的人群简单直接地化为性格鲜明的人物。贾维(Jarvie,1991)指出,过去关于种族和体育问题的讨论忽略了不同种群的文化多样性和不同经历,也在很大程度上抛开了性别差异。

戴维斯和哈里斯(Davis and Harris,1998)概述了美国媒体对非裔运动员的报道,认为媒体过度使用了“天生”的刻板印象。这一解释,与其说出于种族原因,不如说是阶级和剥削使然,英国和北美的非裔体育工作者也面临相似情况(Cashmore,1996;Hoberman,1997)。里杰斯特(Regester,2003)也指出,在20世纪早期的银幕形象中,黑人运动员被建构成“危险与欲望”的象征;威尔逊(Wilson,1997)认为加拿大也在一定程度上存在类似的问题。

马丁·波利(1998:158)对战后英国种族与体育的问题进行论述,认为种族主义是英国体育文化的一个重要组成部分,媒体对于非裔和亚裔运动员遭受的种族主义偏见,往往不会发表意见。他写道:

> 109 对于英国黑人来说,战后社会的体育运动一直是一把双刃剑,它既带来进步,也带来阻碍,黑人社会形象既有让人乐于接受的,也有粗鲁刻板的。许多黑人运动员的出色表现只获得了两种解读,一是象征着社会的宽容,尤其是在国家形象受到威胁的情况下;二是暗示黑人在其他社会领域中也没有什么出类拔萃的机会。(Polley,1998:158)

这种观点认为,总的来说,黑人的媒介形象不断变化,他们在流行文化领域的中心地位已经消除或削弱了负面的种族成见。但对非裔和亚裔体育人士的实证研究,如对亚洲足球运动员的研究(Burdsey,2004)表明偏见还是非常现实的存在。

贾维和里德(Jarvie and Reid,1997:218-219)建议谨慎使用体育、族群和种族主义的一般理论。他们认为,这“不是否定种族关系理论,而是提醒人们不要把它们当成放之四海而皆准的方法”。这一提醒同样适用于媒介报道,换句话说,从体育、种族和族群视角考察媒介表征的生产和消费时,一定不能忽视特定的社会、文化和历史背景。

罗恩·阿特金森和其他种族主义者的爆发

> 他在一些学校很出名,是个又懒又笨的黑鬼。[2004年4月,ITV足球评论员罗恩·阿特金森(Ron Atkinson)在切尔西和摩纳哥之间的欧冠比赛结束后,对法国后卫马塞尔·德塞利(Marcel Desailly)的评论]

2004年,曼联前主教练罗恩·阿特金森爆出种族主义言论,那不只是电视足球评论员常见的失礼行为,也是种族主义的典型话语,证明媒体中存在着极端偏见和种族主义,这同人们熟知的社会规范背道而驰。阿特金森的这番话并未在英国播出,当时英国的欧洲冠军联赛转播已经结束,但他的不当言论在继续转播的中东频道播出了。狭隘的体育播音员对黑人国际球星做出了非常个人的评价(至少他是这么认为的),但由于电视体育转播的全
110 球覆盖,阿特金森栽了跟头,媒体生涯就此中断。他离开了ITV,也不再为《卫报》撰写足球分析。

阿特金森曾是英国最著名的体育评论员，他显然对这句话感到抱歉——至少，他后悔自己说这话时被人逮了个正着。不出所料，他否认自己是种族主义者，他辩称在20世纪70年代和80年代，作为主教练，他负责管理英格兰的黑人足球新星。“我认为，我与黑人球员共事的次数比国内任何一位主教练都多，我敢打赌，他们中没有一个人听到我对他们说过这句话。”（BBCi，2004）这个插曲表明，在众多赛事中，种族主义者不经意的评论会经常出现，无论是在足球界还是其他领域。这句评论也许没有带着特别深的恶意或者政治目的，但这一事件还是影射出了社会分歧，以及种族分裂、族群划分，还有对战后英国文化多元主义的抵制。

关于阿特金森事件，有一种观点认为，为了阻止体育话语的种族主义倾向在随意交谈中蔓延，体育节目主持人应该有更多样化的种族组合。在整个20世纪90年代，主流节目中几乎没有非裔和亚裔主持人或评论员。直到21世纪初，黑人评论员才开始出现，但白人中产阶级评论员和主持人依然明显居于主导地位。

霍内尔（2002）指出，前职业足球运动员加斯·克鲁克斯（Garth Crooks）是“自然同化的梦想的化身”——能言善辩，在风格和语调上中产阶级化，是位出色的媒体表演者。但即使在BBC工作多年后，他也还只是一个无足轻重的采访者。当然也有例外，比如退役运动员、奥运金牌得主科林·杰克逊（Colin Jackson），他的荧幕表现备受赞誉。自20世纪90年代中期以来，英国黑人在体育界的知名度一直非常高。

其他一些黑人体育明星，如伊恩·赖特（Ian Wright），已经成为权威人士和媒体名人——以他们的“街头”态度而闻名，就像杰克逊在BBC寻根节目《你认为你是谁?》（*Who Do You Think You Are?*）中所表现的，他们以非洲-加勒比血统为荣。吉尔罗伊（Gilroy，1993）指出，在西方流行文化中，黑人式的“酷”的知名度越来越高，但这并不意味着种族主义或其他形式的政治和经 111
济歧视已经消失或被根除。

可以肯定的是，尽管与非裔和亚裔运动员相关的媒介形象有所拓展，而且比以前更加正面，但并不能就此认定我们处于一个种族主义程度更低、更宽容的社会。就像阿特金森的评论一样，人们所拥有的多重身份的复杂性和矛盾往往只在特定语境中才会被关注。因此，足球比赛中，球迷经常对另一方球队的非裔和亚裔球员持种族主义态度，而对本队的非裔和亚裔球员大加赞扬。

类似的事情也发生在2008年2月，英国F1车手刘易斯·汉密尔顿在巴塞罗那赛季前进行汽车测试时，遭到部分西班牙球迷的种族歧视。在前些年的冠军赛中，汉密尔顿与西班牙队友费尔南多·阿隆索(Fernando Alonso)曾有过口角之争。这显然引起了阿隆索的一些西班牙粉丝的仇视。西班牙体育报纸《马卡报》(*Marca*)使用"黑鬼"和"黑狗屎"字眼对汉密尔顿进行种族主义嘲讽，还有一个广受媒体关注的粉丝团，其成员画着黑脸，戴着非洲式假发。在体育全球化时代，民族竞争突出了根深蒂固的种族主义文化偏见。对汉密尔顿受到的辱骂，国际汽联反应平平。据《卫报》体育记者理查德·威廉姆斯报道，国际汽联似乎没有抓住重点：

> 汉密尔顿是第一个黑人F1赛车手，他实际上是混血儿，他的父亲是有加勒比血统的黑人，母亲是英国白人。年轻、聪明和英俊的外表使他成为埃尔顿·塞纳(Ayrton Senna)离开后，赛车界最被看好的车手。从人口统计学的角度来说，他是国际体育营销梦寐以求的人物，能够快速占领偏远地区的市场(指非洲地区)。所以，我们之前以为，不管国际汽联在种族问题上的意见如何，都应该给他提供最好的保护，对那些恶意威胁他的人施以最严厉的惩罚，这才符合管理机构的自身利益。但事实并非如此。(Williams,2008)

同样的事情还发生在2004年的伯纳乌球场上，在英国与西班牙之间的国际比赛中，部分球迷冲着英格兰黑人球员模仿猴子的叫声，并高唱种族歧
112 视歌曲，看台上还有各种种族歧视标语。欧足联前瞻性地站出来反对种族主义，对西班牙足协处以44,750英镑的罚款。也许这只是世界足球的一个小变化，但它传递了一个信号——体育界不会容忍种族主义。

不幸的是，种族主义的呼号并不会就此停止。2008年9月，在克罗地亚的世界杯资格赛上，英国足协就向国际足联抱怨种族主义的攻击指向了英国的埃米尔·赫斯基(Emile Heskey)。

伟大的白人希望：阿米尔·可汗(Amir Khan)的表现和英国话语

> 虽然我对拳击运动了解不多，但我还是忍不住要说，那就是固

定的滑稽表演！你听到可汗走进竞技场时演奏的曲子了吗？居然是《希望与光荣的土地》[1]！看在上帝的份上！那简直是往我们自己脸上抹黑！（引自一个自称布伦特伍德种族主义者的人，Stormfront.org，2005）

2005年7月伦敦爆炸案引发了大量关于英国性和多元文化主义的评价和辩论。袭击不仅给英国民众带来了分裂、恐惧和猜疑，也引发了多数（白人）群体的理解危机，还危及了对来自南亚的移民和其他少数民族的宽容。接下来，我们将从体育领域，特别是媒体对英国拳手阿米尔·可汗的报道中，分析这场种群和民族认同危机。

2004年雅典奥运会期间，可汗为英国争了光。他通过轻量级拳击奥运资格赛，成为唯一有资格参加2004年雅典奥运会的英国拳击手。经过激烈的较量，2004年9月，17岁的可汗成功夺得银牌，成为媒体报道的焦点。凯旋的他受到了英雄般的欢迎，他的故乡博尔顿（位于英国西北部）举行了盛大的欢迎仪式。很快，2005年7月9日，伦敦爆炸案发生两天后，可汗第一次参加了职业拳击比赛。赛前，伦敦警察厅宣布，四名伦敦爆炸案的嫌疑人是巴基斯坦裔英国藉青少年。作为有巴基斯坦血统的第二代英国人，可汗 113
的比赛语境被赋予了新的意义。媒体对这场比赛的报道，将体育新星与民族性、族群和爱国主义话语融合在一起。在这种情况下，体育报道经常会在民族性的建构上大做文章。

可汗的故事符合英国男孩成为体育明星的媒介叙事套路，但让他声名鹊起的是民族身份的复杂性和外族血统，还有时间上的巧合——职业生涯中的首次亮相撞上了伦敦爆炸案这一英国少数民族历史上的特殊转折点。

可汗代表了当今英国流行文化中难以被描述的复杂特质。恐怖袭击的阴影挥之不去，媒体对他的职业首秀进行的报道，映射了文化多样性意识形态存在着更深远的危机。2005年的爆炸事件使英国（更具体地说，是英格兰）观念和英国社会对少数民族的包容之间出现了分歧。报道称，英国上下的种族对抗和攻击有所增加，权宜之计是以立法加强国家安全和移民管控，同时就英国公民身份及其相应责任展开广泛的公开辩论。可汗对这场危机

① 《希望与光荣的土地》（*Land of Hope and Glory*）是一首英格兰家喻户晓的爱国歌曲。

的反应以及媒体对他的评论和对拳击比赛的报道某种程度上代表了一种强制的英国性(可能还有北方工人阶级的英国性)的公共呈现。他发表了几次公开声明,肯定了他的英国穆斯林身份,他的家人和追随者也纷纷效仿,把英国国旗与巴基斯坦国旗缝在一起。这些似乎为崩溃的文化多元主义理想信念提供了一剂良药。在许多方面,可汗的拳击生涯在英国的身份政治中起了关键作用,来自体育领域的新星开辟了有趣的前景,由此可以分析在历史性赛事和跨文化交流过程中,种族、族群和民族认同的论争会产生什么样的影响(Burdsey,2007)。

英国拳击“金童”?

德尔加多(Delgado,2005)对拉丁美洲拳击手、世界中量级拳王奥斯卡·德·拉·霍亚(Oscar De La Hoya)进行研究,精彩地阐释了媒体对拳击明星
114 报道的复杂性。德尔加多特别把霍亚同可汗进行类比,分析民族身份认同的建构;少数族群和美国主流白人体育这两种话语相互竞争,形成了张力,德尔加多重点分析了媒体呈现方式以及媒体是如何通过报道将德·拉·霍亚塑造成民族英雄的。换句话说,美国主流媒体按照“全美体育明星应该有的样子”,建构德·拉·霍亚的公众形象,淡化他的拉丁裔和墨西哥血统,将他塑造成“模范专业人士”。正如德尔加多所说,拉丁裔观众的看法与媒体呈现形成了反差:

> 尽管他的出身和他的成功贯穿拳击场内外,但是德·拉·霍亚跟拉丁族群一样,都由体育和娱乐媒体建构和反映。(Delgado,2005:199)

作为一个成功的富豪拳手,德·拉·霍亚鲜衣怒马地“处在种族和文化骄傲相互同化的交汇处”(Delgado,2005:199)。可汗知名度的上升会不会也在身份政治中呈现出一个类似的交汇处?或者,可汗的媒体表征是不是跟他自己所声明的英国穆斯林身份相一致?

可汗成名是在2004年9月雅典夏季奥运会期间。随着比赛的进行,BBC对这名17岁的年轻人越来越关注,他接连战胜了比他经验丰富的对手,取得了令人信服的胜利。可汗在参加奥运会之前就已经小有名气。

2004年,他获得了世界青年拳击冠军,也是唯一有希望夺牌的英国奥运拳击手,而英国历来在业余拳击运动中成绩斐然。媒体对可汗的关注呈指数级增长,奥运会半决赛前后的每一轮比赛都被大力报道。可汗在奥运会上的成功得到了BBC记者加里·理查森(Gary Richardson)的关注,为了更多地了解这位来自博尔顿的“金童”,理查森特别报道了可汗的家庭对他从事拳击运动的支持。

电视经常拓展人物阵容来为体育明星的故事锦上添花,这种情况非常常见,但BBC的幕后故事用一种潜移默化的方式揭示了可汗父亲对英国的爱国之情。可汗先生是移民,他穿着一件印有英国国旗图案的背心,公开展示了重要的民族主义主题——“英国化”,同时这一象征性举动又被设置在 115
一个更广泛的背景中,许多可汗的支持者挥舞着巴基斯坦国旗,或穿着他们家乡的深绿色板球球衣。在可汗参加奥运会决赛时,对手是古巴金牌得主马里奥·金德兰(Mario Kindalan)。可汗的随行人员抓住一切机会去自豪地炫耀他们的双重身份:南亚移民和穆斯林;与此同时,他们和整个英国体育媒体一起,支持可汗作为英国拳击手去争夺金牌。

拳击中的暴力和男性种族身份

可汗的身份是如何被媒体解读和建构的,这一问题可以参考德尔加多(2004)和伍德沃德(Woodward,2004)的观点,他们都强调了对拳击感兴趣的各类观众或支持者。一方面,媒体报道以体育迷和狂热分子为目标受众。记者的客观性准则和体育报道的现实主义惯例充分地体现了这一点。更微妙的是,媒体对男性话语的建构,要么是为了迎合以男性为主的广大观众的窥视欲,要么是为了迎合某一特定群体的“血腥欲望”,乐于宣扬男性暴力。拳击显然代表了一种公认的体现男子气概的暴力形式,尽管自20世纪90年代以来,女子拳击运动得到了发展(Hargreaves,1997),但拳击无疑仍是男子气概和男性体育亚文化的一部分。

当主角是非裔美国人、非裔加勒比人或南亚人时,拳击代表的男性价值观就变得有点复杂了。非裔美国拳击手在大多数欧美白人眼中常处于两个极端:要么是“黑色威胁”,要么是种族和谐的极好例子,尽管有充分的社会证据表明事实恰恰相反(Sugden,1996)。20世纪30年代,乔·路易斯(Joe

Louis)打破了拳击运动的种族限制。从那以后,黑人拳击手就在职业拳击运动中占据了主导地位,尤其是在重量级拳击比赛中,黑人是这一流行文化领域中公认的王者。南亚运动员的处境稍有不同,他们不像黑人运动员,很难融入主流文化平台。可汗可能会,他实际也是这么做的,把自己定位在其他成功的穆斯林拳击手的背景下——例如英国拳击手纳西姆·哈麦德
116 (Naseem Hamed,也门血统)和全球著名拳王穆罕默德·阿里(他的"英雄")——类似的男性特征更有可能将刻板印象被动地跟文化传统联系起来。

作为一名拳手,可汗必须展示自己暴力的阳刚之气,但值得注意的是,他在拳台内外的表现都很冷静,其专业性颇受赞誉。这印证了德·拉·霍亚的分析:可汗从业余选手中脱颖而出,跻身职业队伍,成为拳击"金童"。他的打法不像拉丁拳手那般顽强凶狠,但更加准确、机动、有战术。和德·拉·霍亚一样,可汗也处在一个复杂的位置——前面德尔加多提到的"交汇处"。两名拳手身上专业化的暴力男子气概,约束了他们的种族化身份。

"9·11"事件之后,在西方世界"反恐战争"背景下,对穆斯林社区和穆斯林信仰妖魔化的情况出现了,有时甚至出现恶毒的敌意和怀疑。在英国,亚裔英国人(尤其是穆斯林)的国家忠诚度和公民身份受到了深深的质疑。这种偏见和种族仇恨的倡导者在英国亚裔群体内制造了一系列冲突事件,从拉什迪事件①到奥尔德姆和布拉德福德的城市骚乱②,再到 2005 年 7 月的伦敦爆炸案。正如莫多德(Modood,1992)所说,亚裔英国人经常不得不在肤色和文化两个方面面对种族主义,这使得关于双重身份的积极公开表达更加困难和有争议。可汗进入职业拳击领域,获得媒体关注,他和他的家人选择英国化和文化同化,以获得更广泛的公众的接受。可汗和他的随行人员公开表明英国人的身份,可能有着深刻含义和感受;但在白人主导的文化

① 1988 年,印度裔英国人萨尔曼·拉什迪(Salman Rushdie,1947—)创作了《撒旦诗篇》(*The Satanic Verses*)。该书在英国出版后,因包含对先知穆罕默德、对伊斯兰教不敬的内容,引起了全世界穆斯林的强烈抗议,这反过来又使西方人觉得自己的言论自由理念受到了另一个文明或价值体系的冒犯,从而使本来就处于紧张状态的西方与伊斯兰文明间的关系变得更紧张了。——译者注

② 2001 年 6 月,英国奥尔德姆城发生严重的种族骚乱。7 月 7 日、8 日,英国北部城市布拉德福德发生了大规模种族骚乱事件,数以千计的白人与南亚人在街头打斗。这是冷战结束后在英国爆发的最严重的种族骚乱。——译者注

中，部分白人也可能会以怀疑的眼光看待这种行为，就像本章之前引用的种族主义言论那样（该言论出现在极右翼的公告牌上）。正如刘易斯（Lewis, 2008：300）所指出的，“9·11”事件后，尽管多样性和差异化值得庆幸，但是“在什么程度上，差异会变成分离，倾向仇恨、社会分裂和政治暴力”？

在这个场景中，体育变成了文化和政治冲突的场域。一方面，它能代表主流体育媒体的话语，放大舆论、凝聚人心。另一方面，它也会在边缘领域， 117
尤其是互联网中，呈现种族刻板印象、激进民族主义和极端种族主义。

宗派主义、体育和流行文化

约翰·布鲁尔（John Brewer, 1992：353）已经注意到宗派主义和种族主义之间的相似和不同。他认为，与种族主义不同，宗派主义仍然是一个相对低调的研究领域，部分原因是宗教在西方社会中的重要性不断降低。

> 宗教仍然拥有强大影响的地区被视为第三世界（印度）或现代畸形社会（黎巴嫩、北爱尔兰）而被边缘化。

他还认为宗派主义和种族主义一样，在三个相互关联的层面上运作：思想领域、个人行为以及嵌入价值观的社会结构，这些层次之间显然相互关联。例如，在一个存在歧视性法律的国家，个人偏见可能会得到强化甚至合法化。

布鲁尔所描述的三个层面都有宗派主义存在的可能性（思想、行为和一系列已经在社会结构中固化的价值观），这在格拉斯哥流浪者和凯尔特人两支球队的争斗中一览无余。

宗派主义可以被看成一种信仰体系，通过宗教信仰的差异，一个社会群体将自己与另一个群体区分开来。萨格登和贝尔纳（Sugden and Bairner, 1993）对体育在爱尔兰分裂中的作用进行了研究：

> 可以通过两种重叠的方式最好地理解宗派主义：首先，作为一种象征性的标识过程，通过这种过程可以界定和维护群体区隔；其次，作为一种意识形态，论证歧视、种族冲突和政治暴力。（Sugden and Bairner, 1993：15）

他们的观点令人信服,宗教身份已成为更广泛的符号系统的组成部分,
118 通过这个系统,个体在展示自己体育爱好的同时,也在北爱尔兰复杂的政治、文化、宗教背景中为自己定位。

被贴上天主教或新教的标签,意味着个体被赋予了一系列政治和文化立场,这些立场是由附属的宗教身份或对特定运动和足球俱乐部的支持所引发的。例如,如果有北爱尔兰的人表示支持盖尔运动协会的运动会,就可以立即认定他们是民族主义者,或是共和党的同情者。

在北爱尔兰打板球,意味着成为中产阶级的工会会员;支持林菲尔德足球俱乐部,则表明是工人阶级的忠实拥趸,等等。克罗宁(Cronin,1997)认为,即使乍一看拳击运动似乎跨越了两个种群,它最终也会受到更广泛的政治和文化冲突的影响。

此外,宗教标签在集体认同形成中居于核心地位。对于凯尔特人或流浪者队的支持者来说,这一点是许多人日常经验的一部分。支持哪支球队(凯尔特人队或流浪者队)成为"决定一个人的宗教信仰的间接机制"(Sugden and Bairner,1993:16)。

布鲁尔(1992:360)认为,在北爱尔兰,宗教信仰由一个人就读学校的名字、居住地甚至姓名等因素引起。虽然苏格兰跟北爱尔兰明显不同,也没有经历过暴力和政治动乱,但是苏格兰与爱尔兰北部相邻,它们之间有着密切的历史和文化联系,尤其是整个爱尔兰海地区的人口迁移,使得宗教标签和宗派主义(在象征和物质层面)对苏格兰社会和体育产生了影响。

这种遗留问题造就了一个特殊的体育媒介环境,这在英国是独一无二的。难以想象,英格兰最畅销的报纸会将一个国际足球运动员同一个所谓极端忠诚的准军事组织联系起来。但这种类型的报道在苏格兰媒体中并不罕见。2008年,苏格兰的头版新闻是,凯尔特人队原球员、北爱尔兰国际球员尼尔·列侬(Neil Lennon,后担任凯尔特人队教练)在格拉斯哥同城德比(the Old Firm)[1]后遭到袭击。后来当地警方证实,对列侬的袭击受到宗派主
119 义的驱使。列侬是天主教徒,他在收到死亡威胁后不再为北爱尔兰队效力。

---

① 格拉斯哥同城德比(the Old Firm),指苏格兰足球俱乐部凯尔特人和流浪者之间的比赛,两个俱乐部都在格拉斯哥,也是迄今为止在苏格兰最成功和最受欢迎的俱乐部。两队的争斗不限于足球竞技,还扩大至宗教层面,涉及新教徒与天主教徒之争。

看来,与这些俱乐部相关的宗教标签或隶属关系在吸引特定类型的支持方面起着关键作用,同时这一过程又强化了支持者与俱乐部之间的独特身份认同。

体育运动、族群和媒介偏见

媒介在多大程度上对体育产生影响?在有关体育认同和冲突的问题上,媒介的作用是加强、挑战还是阐释?这些问题在体育研究中还非常欠缺。在格拉斯哥和利物浦所进行的调查表明,凯尔特人队的支持者普遍认为人们对他们的俱乐部存在偏见,支持者中从事媒体特别是纸媒工作的人感受更加明显。媒介偏见也是在格拉斯哥调查中被广泛提及的问题。

苏格兰体育新闻总跟“同城德比”联系在一起,这个现象很有意思,记者在相对较小的体育环境中工作,总会遇到一些地理问题(见第九章)。媒体对“同城德比”的关注度一直是苏格兰西部之外的足球球迷不断受到刺激的原因。

体育和种族身份在英国其他地方并不受重视。当然,这并不意味着苏格兰西部存在歧视天主教徒的广泛偏见,不过它确实点明了一个问题:如何通过媒介话语和个人—集体经验的互动,部分呈现出体育和种族身份(天主教徒、爱尔兰新教徒或苏格兰人)。

小　结

当然,种族、族群和民族认同问题在某些时候和特定情况下比其他问题更为复杂,克罗宁(1997:144)认为,体育的凝聚力原理只适用于特定的政治和文化背景。因此,在政治和文化上分裂的北爱尔兰,我们看到的更多的是宗派文化对体育运动(包括拳击)的广泛影响。

除非有一种策略能够解决爱国主义和民族主义的长期竞争,否则体育 120
运动,特别是体育运动员,总会被强加上混乱和有问题的身份。

非裔和亚裔体育人士的媒介形象已经发生了结构性变化:虽然呈现正面形象要好于被忽视或消极地对待,但这并不能确保更深层次的结构性变化,也不意味着现有社会种族歧视程度的降低。

然而,情况总是复杂和变化的。贝尔纳(1999:14)认为,北爱尔兰《贝尔法斯特协议》(*the Good Friday Peace Agreement*,1998)①签署以来,纸媒处理体育问题的方式发生了变化,不再像以前那样按照宗派划分派别,“这反映出北爱尔兰政治的长期趋势,有助于并且……有时会挑战有影响的社会和政治趋势”。

媒介在创造舆论氛围方面可以发挥作用,由此带来更广泛和更深刻的政治和结构变革,或者至少可以减少反对的声音。媒体可能会更加准确和敏感地处理体育中的种族和族群问题。但是这也许难以实现,因为媒介和体育产业之间的关系过于密切。

在过去,媒体对非裔和亚裔运动员一直不够重视。正如霍伯曼所言:

> 有观点认为黑皮肤的人“天生”具有运动才能,他们的媒介形象正好支持了这一说法。也许我们在公共生活中助长了(种族主义)意识,使更多的人认为黑人和白人在生物学意义上就是不同的……体育世界因此成为一个形象工厂,传播甚至加剧了我们的种族成见。(Hoberman,1997:xxiii)

媒体对体育文化中的歧视进行了更严格的审查,并愿意将其与整个社会联系起来,这是一个有益的开端。有一些体育管理机构不愿承认和处理歧视问题,媒体也应该对它们进行公开批评。记者理查德·威廉姆斯
121 (2008)在刘易斯·汉密尔顿受到歧视时就明确表态。“这证明了什么”,他建议,“如果你真的想要停止,就必须采取实际行动。”他还警告说:“如果4月27日的西班牙大奖赛重复出现歧视行为,而国际汽联继续听之任之,用相同的方法对待汉密尔顿,这也是见怪不怪了。”最后,比赛中没有再次出现种族歧视行为,也许原因在于媒体对此关注度很高,而不是国际汽联主席马科斯·莫斯利(Max Mosley)轻描淡写的“口头警告”。

① 亦称《耶稣受难节协议》,1998年4月10日(耶稣受难节)在北爱尔兰首府贝尔法斯特,英国和爱尔兰政府在该协议上签字,该协议得到多数北爱尔兰政党支持,是北爱尔兰和平进程中一个主要的里程碑。这份协议也是当前北爱尔兰自治政府、爱尔兰政府和英国政府达成协议的政治基础。

第七章　参与比赛:媒介体育与性别

摘要

体育在媒介性别呈现中的作用。

围绕性别与体育的问题,电视和媒介是如何普遍再现和改变人们对性别问题的认识的。

在上述过程中,媒介与体育的相互作用。

关键词:性别;电视;体育运动

维多利亚·彭德尔顿(Victoria Pendleton)的秘密 122

她是世界冠军,非常有希望在北京奥运会上赢得金牌,那么为什么维多利亚·彭德尔顿非要穿着黑色晚礼服、手持自行车扳手摆造型?(《星期日泰晤士报》,2008 年 1 月6 日)

引　言

体育中一直存在着性别斗争。性别问题和两性之间生理差异的呈现一直是我们认识体育的中心问题,体育的媒介呈现也同样如此。如果想完整地分析媒介体育,就必须理解男权社会是如何通过媒介机构及体育报道进行建构的。

同样,如果想了解男权是如何在资本主义社会中加强的,也不能忽略体育在传播中的重要性,不能忽略那些关于男性、女性及其体能的刻板印象。事实上,女性在媒介体育中不受关注的历史趋势表明,在整个公共生活领域中,女性被边缘化了。这种情况到21世纪第一个十年结束时会不会有所变化?

参与比赛

纵观整个现代体育的历史,女性参与体育运动的机会在诸多层面上遭到封锁。无论是作为运动员、教练员、管理层,还是体育记者,女性都很难获得权力和认可或者在体育世界中拥有一席之地。支持女权主义的社会学家和体育历史学家已经证实(参见 Williams et al.,1985;Hargreaves,1997),即
123 使有些运动偏爱女性或允许女性参与,女性参与的比例也越来越高,但媒体对体育中的女性的报道并没有体现出这些变化(Messner,2007)。

19世纪以来,女性通过政治斗争赢得了平等参与体育的权利,尤其是历经千辛万苦,争取到了参加奥运会的权利。整个20世纪,体育中争取性别平等的社会运动在自由女权运动和改革中颇有影响。然而,直到20世纪70年代和80年代,女性主义对体育的严肃批评才开始兴起。当时,女性主义对马克思主义社会学(Hall,1985)和文化研究(Willis,1982;Hargreaves,1986)的批评开始挑战男性体育结构和文化实践的统治地位。

许多有关体育的当代女性主义研究揭示,体育在表述男性和女性方面仍然非常保守。此外,女性主义学者关于体育的研究一再证实,参与体育的机会差异其实是一种权力问题,它既存在于两性之间,也超越性别。有人认为,生理性别(sex)/社会性别(gender)体系在体育中再生产,已经成为能够挑战父权文化霸权的场域,这对于转变体育的表达方式非常重要,有助于打破由媒介建构的性别刻板成见。

体育中男性统治地位和女性从属地位所带来的政治挑战,一直在解构体育中的生理价值观念和既定整体原则。维多利亚时代遗留的现代体育观念认为女性能力平庸,她们身体脆弱、多愁善感,有社会局限性。本质主义论认为,相比任何其他公共领域,体育运动更频繁地表现出男性和女性的差异,这种体魄的差异又被媒体报道继续强化,媒体对男性的体育报道份额远高于对女性的报道份额(Creedon,1994;Bernstein,2002)。

本章将研究女性在媒介体育机构中的地位以及女性在体育中的呈现,也会涉及媒介体育中男性父权制的整合研究,特别是男性体育文化中暴力

的重要性和媒体对男性、男子气概的赞美。

体育运动中女性的再现 124

女性要想在职业体育中干出一番事业,往往比她们的男同事面临更多阻碍。女性积极参与体育运动,无论是作为参与者还是观众,但她们似乎仍然无法被男性主导的体育产业接受。这在一些运动项目中表现得更为明显。播音员贝弗利·特纳(Beverely Turner,2004)在书中记录了她在F1巡回赛中的工作引人注目,而且也从新闻的角度勇敢、尖锐地道出了体育和体育报道中俯拾即是的性别歧视。

马丁·波利在对战后英国体育的研究中指出:

> 这一时期,体育继续作为展示和讨论性别政治的场所。体育作为一种身体活动,与政治和经济领域的变化相对应,为寻求平等和认可的女性提供了一个文化场域。在这个场域里,女性可以验证基于身体差异和受欢迎程度的传统假设……女子橄榄球、足球、板球、田径甚至拳击……显示了性别话语的广泛变化(Polley,1998:109)。

虽然社会性别关系已经发生了广泛变化,但女性在体育方面遇到的阻力仍然十分明显,但在实际的体育生活中,这些阻力却表现得极为隐蔽。在与体育产业有关的领域中,男性亚文化根深蒂固。

事实上不仅女性运动员受到歧视。1998年,雷切尔·安德森(Rachel Anderson),英国唯一的女性足球经纪人,即使收到了旗下众多球员的邀请,依然被禁止参加在伦敦举行的英国职业足球运动员协会(Professional Footballers Association,PFA)的颁奖典礼。该协会成立25年来,这个盛会已经成了一个只有男性的夜晚!这种情况在多年的发展中有所改善,但积重难返。即便是在2008年,女性高尔夫球手依然难以获得与男性球手相同的设施使用许可权。

虽然有些领域态度消极,但变化依旧显著。1995年,国际足联承认并鼓励女子足球的发展,女子足球运动参与率大幅增长。西蒙斯(Simmons,2007)指出,英格兰女子足球队的注册数量从2001年的55,500增长到2007 125

年的147,302,有110万名女孩和25万名妇女参与了这项运动。20世纪90年代以来,女子足球世界杯越来越强大。事实上,在一些国家,如德国,电视收视率也反映出了女足世界杯的成功,2007年,有1200万人收看了在中国举行的德国和巴西之间的女足世界杯决赛。

更多的女性通过电视收看比赛,天空体育1台的统计显示1998年体育频道订阅用户中女性占30%(BSKyB年度报告,1998:29)。这些女性明显是在收看男性体育运动,女性体育在英国电视上仍然非常弱势,正如帕姆·克里登(Pam Creedon,1994:172)指出的:

> 通常情况下,体育赛事潜在的"重要性"及观众的"兴趣"决定了运动员和媒体机构本身能从中挣多少钱。体育和赛事产生的收入越多,越有可能成为报道的重头戏。

这种例子在美国电视中越来越多,美国电视体育高管看重女性体育观众能够带来的潜在广告收入。尽管BBC已经定期转播女子足总杯决赛,观众人数达到了2006年的210万人和2008年的150万人,但英国电视上的女性体育报道仍然有限,预计2008年天空体育电视台女性体育报道约占体育报道总量的4%(妇女运动和健身基金会,2008)。

瓦珥·阿克曼(Val Ackerman)是美国国家女子篮球协会(Women's National Basketball Association,WNBC)的主席,一直倡导并致力于推动美国女子篮球电视形象的树立。1996年亚特兰大奥运会上,女子篮球比赛的电视收视率不错,基于此赛事主办方为电视量身定制了赛季日程,获得了良好的评级数据,这反过来吸引了主要赞助商,这些赞助商热衷于吸引观众,其观众消费占美国体育零售额的50%(《体育商业国际》,1999年2月,第10页)。

篮球在美国大学体育中根基深厚。其他运动如女子高尔夫也拥有较高
126 地位,部分原因在于体育产业的赞助商非常热衷于开拓潜在的女性市场。

当女足世界杯在美国举行时,赞助商阿迪达斯、可口可乐和万事达卡(MasterCard)表现得十分积极。1997年以来,在美国职业女子足球联赛中,850万参与者中几乎有40%是女性(《卫报》,1998年12月10日)。越来越多的女性被美国的奖学金计划吸引,希望能进入这项运动的职业领域。

还有一个问题,那就是体育上的成功所带来的经济回报。即使女性运

动员在有些运动中获得了很高的媒体关注度,男性运动员的收入还是比女性运动员高。这正好同第三章中提出的体育营销模式相吻合,如果体育不能被媒体报道,就无法吸引赞助商的关注,换言之,“明星”会获得媒体曝光率,能给赞助商带来相应的丰厚利润(参见第五章)。

性别化的体育

在英国,20 世纪 90 年代纸质媒体的体育报道(参见第九章)出现了井喷式发展,但女性体育报道并没有增加。女性运动员的文化资本(Bourdieu,1988)远远低于获得媒体关注的男性运动员。萨曼莎·史密斯(Samantha Smith)在 1995 年的研究中表明,在当年 11 月全国性及周末报纸的体育版上,有关女性的报道仅占约 3%的版面。在十多年之后,虽然体育报道的数量已经增加,但 2008 年的一项调查表明,在英国纸质媒体中,女性运动员和女性体育的报道文章仅占 2%,仅有 1%的体育版图片与女性有关(妇女运动和健身基金会,2008 年)。这一数据在田径赛季或每年 7 月举办温布尔登网球赛时可能会有所增加,但仍然是一个极低的数值。

比斯克等人(Biscomb et al.,1998)也对这一趋势进行了评论,他们研究了 1984—1994 年女性体育报道在纸质媒体中的呈现趋势。纸质媒体增加了对体育的报道,但实际上女性体育报道的百分比却下降了。“(对女性运动 127
员的)报道类型直接从外形转向她们的表现。”(Biscomb et al.,1998:145)他们还指出,在描述和理解男性和女性体育运动时所使用的语言也存在区别。1984 年以来,尽管男性体育报道的语言发生了变化,但按照性别处理体育报道的做法仍然大行其道。金(King,2007)分析了英国地区 1948—2004 年间报纸对奥运会的报道。他认为报道中的性别歧视有所减轻,更确切地说,是从 2004 年雅典奥运会以来:

> 参加奥运会的女运动员人数约为 44%,对她们进行报道的文章、新闻和图片要高于这一比例。尽管也有负面新闻,但大多数报道还是在欢庆女运动员的成就。(King,2007:198)

在美国,塔格尔等人(Tuggle et al.,2007)认为,从电视转播的角度来看,NBC 对 2004 年奥运会中女运动员的报道在数量上是相当公平的,充分考虑

到了她们的获奖率和参与率,但他们也指出:

> 进一步的分析显示,体育报道中长期存在这样一种模式。在通常情况下,女性运动员如果要获得媒体报道,即使是在奥运会上,她们也必须参与社会认可的个人项目,而不是团队项目。女性运动员如果参与涉及力量或身体接触的运动项目,获得媒体关注的可能性就会大大降低。(Tuggle et al.,2007:67)

关于性别和体育呈现的辩论也比看起来更复杂。

文辛和布鲁斯(Wensing and Bruce,2003)研究了2000年悉尼奥运会期间媒体对女性运动员凯茜·弗里曼(Cathy Freeman)的报道。他们发现,在这种情况下性别并不是媒体报道中最重要的身份框架,这表明:

> 128 报道像奥运会这样的国际体育赛事时,有可能并不采用性别(或种族主义话语)叙述方式,至少对于女性运动员来说,她们的成功与民族意识密切相关。(Wensing and Bruce,2003:393)

这一说法回应了早些时候由布莱恩等人(1993)和我们提出的观点。对英国拳击手弗兰克·布鲁诺(Frank Bruno)的报道中就混杂了种族、男子气概和民族主义(Boyle and Haynes,2000)。尽管如此,围绕国家认同和性别建构的叙事在特定报道形式中也可以并列,接下来我们会对2008年温布尔登网球大满贯赛事的报道进行简要分析。

很明显,当女性运动员出现在纸质媒体上时,其会受到高度性别化的对待——正如我们将要谈到的,有时甚至在女性记者的报道中也不例外。尽管这一状况似乎正在改善,但在许多方面,英国体育文化总体上仍然明显倾向于男性化。

这样的例子很多。在网球运动中,“淑女气质”的女性运动员成为媒体报道的重点。从克里斯·埃弗特·劳埃德(Chris Evert Lloyd)到玛蒂娜·辛吉斯(Martina Hingis),在比赛中,女性的优雅和灵巧赢得了更多赞扬,比起力量型的玛蒂娜·纳芙拉蒂诺娃(Martina Navratilova)或维纳斯·威廉姆斯(Venus Williams),她们被认为更有女人味。对女性身体的强调也被用来质疑肌肉力量的合法性和典型“男性化”的身体特征,如强健的肩膀和肱二头肌。文森特等人(Vincent et al.,2007)研究了英国报纸对2000年温布尔登网球大满贯锦标赛的报道。他们得出结论,大多数男性记者“贬低、忽略和排斥女球员的运动能力”。另一个例子就是无法接受女性改变她们的身体,在玛丽·皮尔斯(Mary Pierce)改变了外形后,《泰晤士报》体育专栏作家西蒙·巴恩斯(Simon Barnes)评论道:

> 现在她变了风格。她长出了可怕的男性的特征。我的天,看看那些肌肉!猛然间,那薄薄的网球衫都快被撑破了,手臂粗得像鲍里斯·贝克尔(Boris Becker)的大腿,简直就是绿巨人浩克(Hulk)在男扮女装表演慢动作。(《泰晤士报》,1999年5月5日)

关键在于,针对女性运动员的社会评价框架经常是根据性别和外形来
界定的,而男性运动员则不会面临这样的情况。还有就是将女性运动员与 129
内部环境或家庭环境联系起来,虽然这在某些情况下也许很重要,但它显然代表了对待不同性别的报道态度。

英国女拳击手凯茜·布朗(Cathy Brown)明确表示,在商业赞助和媒体报道方面,女性没有机会与男性公平竞争。她还说:

> 女性被要求拍摄性感的照片,穿着要吸引媒体关注,从而吸引更多男性的眼球(体育观众大多数为男性,我们仅仅善于运动是得不到媒体报道的)。……安娜·库尔尼科娃(Anna Kournikova),她并不擅长运动,却得到了赞助。这是为什么呢?因为她美丽、性感,愿意展示自己的半裸形象。(Brown,2004:3)

布朗分析了2004年女性身体形象在媒介体育呈现中的作用。在2008年奥运会上情况会有所改变吗?

在自行车上……

英国短距离自行车世界冠军维多利亚·彭德尔顿的例子说明女运动员面临困境,特别是那些在足球和网球之外的、媒介关注度较低的赛事中。彭德尔顿是英国最成功的女运动员之一,2005年自行车世界锦标赛金牌得主,2006年英联邦运动会两项冠军得主,2007年世界锦标赛三枚金牌得主,2008年再次成为两枚金牌得主。虽然她在2007年被《星期日泰晤士报》和体育

记者协会提名为年度最佳女运动员,但在 BBC 年度体育人物奖评选中却连提名的机会都没有得到。这在一定程度上反映了这个奖项的扭曲本质,主流媒体报道对获得 BBC 的奖项至关重要。

我们提出了这样的问题:如果身处电视媒体关注度不高的项目或赛事中,仅凭借毋庸置疑的竞技实力和世界级的成就是否就能受到主流媒体的青睐?然而,彭德尔顿却是凭借一组具有魅力的宣传照才提升了她的媒体关注度,照片中的她穿着黑色晚礼服,脚踩高跟鞋,手里的扳手搭在肩上。
130 在《星期日泰晤士报》的采访中,保罗·基马吉(Paul Kimmage)问及为什么有一个扳手,她回答说:"我正在修理我的车轮。"(《星期日泰晤士报》,2008 年 1 月6 日)

随后,2008 年 3 月,《体育观察家杂志》(*Observer Sports Magazine*)封面是她骑着自行车的裸照。对彭德尔顿来说,她认为这张照片是模仿安妮·莱博维茨(Annie Leibovitz)为环法自行车赛冠军兰斯·阿姆斯特朗(Lance Armstrong)所拍摄的那张著名照片,她清楚为什么选择拍这样的照片。在 2008 年北京奥运会之前的《观察家报》的采访中,她承认:

> 有些人对我很失望,比如我的牙医,但我确实想过这个问题。我先和爸爸妈妈谈过,我想这会提高个人和骑行运动的形象,更不用说其他的原因了——积极的身体形象,因为我已经取得了一些很好的成绩,我可以做到。当我 70 岁的时候,回首往事,我会想:"我的身材不错。"

她继续讨论体型、运动和对女性的看法之间关系的重要性。

> 对我来说,所有在自行车运动中追求成功的女人都被视为男性化了的女人,如果你想要成功,你就必须变得中性或健壮,稍微有点攻击性。并不是非得那样。就像只要参加比赛就没有女人味一样。没有人鼓励我将运动当作一种职业选择。就是那样自然而然的,我喜欢它,我努力练习,它对我很重要,但男孩们却被鼓励去练习板球或其他体育运动。(《观察家报》,2008 年 7 月 27 日)

后来,毫无意外地,新闻中的彭德尔顿被当成了英国奥运团队的"金牌女孩"。事实上,夺冠后从北京回国途中,她坦言"作为金牌女孩被反复强调”给她的成功带来了额外负担和压力(《泰晤士报》,2008 年 9 月 13 日)。有一些评论家,例如《卫报》的体育记者理查德·威廉姆斯,认为一个非常成功的女运动员以通过媒介影像来推销性感这样的方式追名逐利是非常可惜的。的确,冠军运动员在鼓励女性参与运动方面发挥了重要作用,特别是像彭德尔顿和丽贝卡·罗梅罗(Rebecca Romero)这样优秀的选手。罗梅罗在《世界新闻报》上大秀比基尼照,又参加了 BBC 广播第四频道的《女子时间》 131
(*Women's Hour*)节目,试图以多变的风格提升个人和运动形象。有趣的是,出现在《泰晤士报》杂志(2008 年 7 月 12 日)封面上的是罗梅罗,而不是彭德尔顿,题为《女孩力量:为什么英国在北京奥运上最有希望夺冠的是女人》(*Girl Power:Why Women are Britain's Best Bet in Beijing*)。这个特写集中了英国代表团中有希望冲击金牌的 11 位女运动员,配图采用了运动员装束的手绘跨版图片。令人惊讶的是,在北京奥运会开始的前一周,罗梅罗又以几乎同样的姿势(裸体骑在自行车上)出现在《泰晤士报》(2008 年 8 月 2 日)的采访中(“罗梅罗的身体语言表明她选择自行车运动是正确的”)。

这些例子强调,对于那些在体育运动中媒介关注度不高的女运动员来说,以形象游戏的方式推广自己的媒介形象是一种增加收入的方法。彭德尔顿现在同职业体育机构合作,只要在这条路上成功地走下去,即使远离赛场,甚至在退役之后,她也能够凭借媒体中的人气形象进入主流媒体,拓展职业生涯。

与此同时,在温布尔登……

2008 年,14 岁的劳拉·罗布森(Laura Robson)赢得温布尔登网球赛少年组冠军,成为 1984 年以来英国第一位温网冠军。她夺冠的消息在英国铺天盖地,也证明了民族认同和性别建构话语通过体育报道相互衔接。英国媒体有很多年都对网球漠不关心,虽然最近安迪·穆雷(Andy Murray)大受欢迎,在一定程度上提升了网球报道的关注度,但报纸充其量也就是报道一下重要的国际网球赛事。免费电视也忽视了这项全球体育运动。每年夏天,为期两周的温布尔登网球赛成为 BBC 各个平台报道的重点,其关注英国网球的年度讨论,希望能够有英国本土选手进入比赛的决赛阶段。

围绕劳拉·罗布森夺冠的媒介话语主要有两个议题,一是温网作为英

132 国国家身份的标志性地位(温网在伦敦举办,由英国草地网球协会组织,这种身份一直与英格兰联系得很紧密),二是媒体对英国本土球员的关注,无论是主流大报还是大众小报都在热议罗布森的胜利。《星期日泰晤士报》2008年7月6日头版刊出《终于! 英国人赢了温布尔登》(*At Last! A Brit Wins Wimbledon*),而《星期日镜报》2008年7月6日的体育版则惊呼《温布尔登奇迹:英国赢了》[*Wimbledon SHOCK:Brit Wins Single Title(Honest)*]。

其实,罗布森生于澳大利亚,只是最近才取得了英国护照,媒体不应该把她归为“英国人”。《星期日泰晤士报》的报道没有明显的讽刺意味,只是说她“生于澳大利亚,但在六岁移居英国后就是英国公民,并于去年(2008年7月6日)获得英国护照”;《星期日独立报》(*Independent on Sunday*)却很大方地承认了这种情况的讽刺意味。大卫·兰德尔(David Randall)写道:

> 当然,有些人看了劳拉的家谱,有理由怀疑她并不完全是英国人。据说她的父母是澳大利亚人,她生于澳大利亚,她的童年是在新加坡度过的,她的教练是荷兰人。但我们宣称她是英国人。她住在温布尔登,步行就可以走到英国网球俱乐部,在英国国家网球中心训练,代表英国队。此外,我们需要她。就是这样。(《星期日独立报》,2008年7月6日)

当年夏天,达伦·帕丁森(Darren Pattinson)代表英国国家板球队对阵南非队,媒体的报道却明显不同。

帕丁森出生在澳大利亚,出人意料地成为各种评论的焦点,其中包括BBC板球记者和英格兰队前队长以各种方式哀叹他在为英格兰打球时缺乏激情。对于什么话题能引起激烈的媒体辩论,英格兰队前队长、《泰晤士报》板球首席专栏作家迈克尔·阿瑟顿(Michael Atherton)有过一些反思。他的话值得关注:

> 这种背景,而不是个人和职业自豪感,是比赛的核心,这是一
> 133 个老生常谈的话题,对所有“非英国”运动员都适用。它的终极形式就是民族自豪感。1995年,罗伯特·亨德森(Robert Henderson)在《威斯登板球月刊》(*Wisden Cricket Monthly*)上发表过一篇文章,题为《与生俱来吗?》(*Is it in the Blood?*),文中对“非英国”运动员能

不能表现得“像个英国人”提出质疑。德文·马尔科姆（Devon Malcolm）和菲利普·迪福瑞特斯（Phillip DeFreitas）对他进行起诉并获得了成功。

有种观点认为，英国式教养使中产阶层的责任感更强，我从来都没觉得这是真的。1995年，在老特拉福德球场，在南非长大的罗宾·史密斯（Robin Smith）被西印度群岛队的快速球投手伊恩·比肖普（Ian Bishop）一球砸中面部，颧骨碎裂，血迹斑斑，躺在担架上被抬下场。英格兰当时处于下风，我记得当时我们还差4分才能达成某个小目标，史密斯拒绝去医院，直到我们锁定胜局，他不用再次上场击球。那是最深刻最急切的责任感。……问题不在于教养，而在于责任感。如果帕丁森只是在诺丁汉队短暂逗留，然后就打道回府，回到澳大利亚，远离我们的视线，那么他的选择将会被诟病。但机会和选择不应该被怀疑。如果他现在履行了责任，就应该受到欢迎。

你在哪里长大，的确也是重要的。在过去几十年里，英国归化了来自南非[艾伦·兰姆（Allan Lamb）、史密斯（Smith）、彼得森（Pietersen）]、津巴布韦[格雷姆·希克（Graeme Hick）]、澳大利亚[安布罗斯（Ambrose）、豪里奥克兄弟（The Hollioake brothers），杰伦特·琼斯（Geraint Jonnes）]以及西印度群岛地区[格拉德斯通·斯莫尔（Gladstone Small）、艾洛克（Ellcock）、罗兰·布彻（Roland Butcher）]的运动员。这不是耻辱的点名表，而是值得骄傲的光荣榜。（《泰晤士报》，2008年7月24日）

《星期日独立报》（2008年7月6日）将劳拉·罗布森称为“劳拉，温布尔登公主”，并在头版报道了她的“成功”。大多数的记者都是男性，但也有一些例外，《卫报》女记者埃莉诺·普雷斯顿（Eleanor Preston）在关于前儿童网球明星特雷西·奥斯汀（Tracy Austin）的专栏中就告诫英国人，如果真的想要培养一个长期成功的球星，就不要打扰罗布森。

女性掌权？

变化正在慢慢发生，或许斗争的主战场将超越媒介表现和角色模型，进

入新闻编辑部。在过去十年左右的时间里，女性体育记者在纸媒和广播电
134 视媒体中越来越受欢迎，但纸媒中女性体育记者的职业境遇依旧不是太好，她们也只能接受现实。在从事体育新闻生产的媒体工作者中，女性仍然是少数。

事实证明，BBC 广播第五频道，即新闻和体育频道，也是推动女记者直接参与体育新闻报道的重要媒介渠道。在广播行业工作的女性难以进入封闭的男性世界。在纸媒中，传统大报和流行小报都雇用了越来越多的女性体育记者，但女性在低端市场的流行小报中面临着特别激烈的竞争。体育历来是男性的展示空间，由男性报道新闻，由男性观众发表意见。史密斯在 1995 年做的调查（Smith，1995：37）显示，“女性记者能否进入男性主导的体育新闻领域，在很大程度上取决于报纸的类型”。同样，随着女性体育记者数量的缓慢增长，她们打破了体育记者行业中女性禁止入内的陈规，成为新一代女记者的榜样。

研究（Boyle，2006）表明，虽然在英国女性体育记者的数量很少，但总的来说，她们并没有感受到歧视。不过她们也意识到，一旦犯错，对于男同事来说，它可能被容忍，但是女性就会被别人揪住不放。此外还有一点非常突出：如果女子赛事不能获得更多的电视报道，那么它们就会被认为没有受众价值，也不会引起纸媒的关注。

有趣的是，2007/2008 赛季只有《观察家报》的一位女记者报道了维多利亚·彭德尔顿那张有争议的照片。而关于丽贝卡·罗梅罗的文章是由体育记者欧文·斯洛特（Owen Slot）写的，配发的文字明显不是出自女记者之手。文章的开头是这样的：

> 在接下来的三个星期里，这个版面上将会出现大批优秀运动员，但我保证：你不会发现像丽贝卡·罗梅罗这样性感撩人的运动员。她在自行车上的裸体并不好看。（《泰晤士报》，2008 年 8 月 2 日）

135 2007 年，女性在电视体育中的地位有了突破，杰姬·奥特利（Jacqui Oatley）成为 BBC 体育集锦栏目《比赛日》的第一位女性评论员，报道了英超联赛中富勒姆队和布莱克本流浪者队之间的比赛。然而，离女性体育评论员成为主流仍然很遥远。事实上，人们对奥特利也褒贬不一，其中的评价者就

包括大卫・巴西特(Dave Bassett)，他管理过多家英超足球俱乐部，现任天空电视台评论员。

> 我完全不同意，我认识的每个足球圈里的人都反对。但问题是，没人敢承认这一点。我知道这迟早会发生。现在，足球世界要保持政治立场的正确。我完全不介意女性主持足球节目，像克莱尔・汤姆林森(Clare Tomlinson)这样的就很好。但评论不一样。你必须对足球和战术有很好的理解，你必须要亲自参加过比赛。也许BBC正试图创新和突破，但是我认为它破坏了节目的可信度，要是她解说周末的比赛，我是不会看的。我认为女人不应该从政，女人也不应该当足球评论员。我的妻子也是这么想的！(《每日邮报》，2007年4月18日)

对以前那些著名的足球评论员来说，例如BBC的约翰・莫森或ITV的布赖恩・摩尔，必须踢过球赛(假设他达到一定水平)才能胜任足球评论员的说法根本是无稽之谈，他们两人的球技跟公园里那些踢着玩的人差不多。

尽管已经取得了进展，但要想抛开性别成见，将体育节目的女主持人同电视节目主持人和记者一视同仁，还有很长的路要走。

男子气概和体育

20世纪90年代，体育学界曾经运用女性主义批判视角，研究男性在体育和媒介中的地位与表现形式。人们越来越关注体育和媒体机构中男性等级制度的构建，以及体育报道中关于男性和男子气概的主导话语。

研究者在关注男性的同时，也关注女性作为运动员和媒体专业人员所面临的各种不利因素，密切观察了"男性霸权"(Connell，1987)构建和维持的 136
结构语境。特别是在迈斯纳和萨博(Messner and Sabo，1990)、迈斯纳(Messner，1992)，还有霍内尔(2002)的研究中，他们从历史和经验的视角阐明了体育中文化和象征力是如何界定并证实人们对男子气概的推崇的。此外，这些研究延续了康奈尔(Connell，1987)的观点，将体育中男子气概的界定同其他有关男子气概和女性气质的观念相联系。男性身份的问题意识有可能为体育媒介研究带来新的方法，将体育文本生产、分配和消费同宏观的流行文化权力进行跨学科整合。

对于性别认同的呈现,媒介体育是一个权力话语场域,某项体育运动的地位由男性话语主导,其建构方式取决于男性对它有没有兴趣。这是一种二元对立的社会价值观念,体育中充满男性价值观。远离男性体育亚文化的男人可能会被认为是性格上的娘娘腔,女性特质被视为一种负面的、柔弱的属性。因此,男性体育亚文化对厌恶女性和反对同性恋行为有着双重影响。

第五章提到,媒体集中关注男性体育明星,有一种观点与之相呼应,它认为体育中的男性身体素质具有积极价值。缺乏运动能力会让男性在家族和同僚压力下缺乏自尊,产生失败感。同样,如果在运动中缺乏成功的决心,运动员可能被媒体批评,媒体会责怪他们没有表现出足够的决心和勇气去实现目标。

像力量和强健这样的男性特征能够重申男性神话,在体育和媒体报道中普遍受到欢迎。1999 年 3 月,利物浦球员罗比·福勒(Robbie Fowler)向切尔西后卫格雷厄姆·勒索克斯(Graham Le Saux)摆动臀部以嘲笑其性取向传言,这让人们对运动员的男子气概产生了质疑,而社会对同性恋群体的偏见扩大了这种恶习的影响。

勒索克斯不是同性恋者,只是被认为偏于柔弱,他出身于中产阶级,有些人可能认为他比一般的工人阶级背景的球员更有教养和文化气息。在这
137 个例子中,性别、性取向和阶层之间的复杂关系显示了男子气概会在不同的社会群体中产生不同的感知。勒索克斯可能更符合广告营销中有风度的中产阶级“新人”形象,而福勒的挑衅行为可以说来自媒介设置的“新热点”,显示出传统工人阶层男性文化对同性恋的反感。从赛场退役后,勒索克斯反思了关于他性取向的流言蜚语,其中也包括大卫·贝克汉姆对他的冷嘲热讽。贝克汉姆作为“同性恋偶像”的地位似乎与他在球场上的行为相矛盾。正如勒索克斯所说:

> 有数不清的球员说我是同性恋,或者对我进行各式各样的辱骂,但和他在一起能让我停下来思考,“哇”,即使是像他这么聪明的人也不明白。(Samuel,2007)

2007 年,勒索克斯的自传《离开球场:一个与众不同的足球运动员》(*Left*

Field:A Footballer Apart)在《泰晤士报》上连载。贝克汉姆否认曾对他做出过评论,勒索克斯的电视评论员生涯随后也无疾而终了。

人们对体育运动中男子气概的含义争论不休。男性对体育运动的炫耀性消费与男性形象和男性气概的变化密切相关,这在英国足球中表现得尤为明显。这从 20 世纪 80—90 年代男性“时尚”杂志的泛滥中也可以看出(Nixon,1996),而且足球作为流行文化还发生了一些微妙的变化(Redhead,1987,1991)。

年轻的男性球迷不仅像他们的父辈和祖父辈那样,延续着支持某家足球俱乐部的世俗男性仪式,还为这种世俗文化带来了更为混乱、更为消费主义的生活方式。在这种生活方式中,对时尚的关注与对这项运动的热情密不可分。足球场上的“时尚之战”源于 20 世纪 70 年代末至 80 年代初足球与流行音乐的融合,后来男性大众对个性服饰的青睐也是重要的推动力。

年轻男性消费模式转变,强调“视觉”和外表的风格,但这并不能证明性别政治的广泛变革。体育,在控制男性关系上再次扮演了关键角色。在足球场上出名能在同龄人中获得地位和认可,通过骄傲、荣誉和优越感取得男 138
性霸权,也将男性与特定社群联系在了一起。

运动和男性暴力

长期以来,足球球迷是体育暴力问题的核心议题(Dunning et al.,1988)。媒体鼓吹道德恐慌,关注球场暴力。然而,体育中的暴力行为在广义上也是男性暴力的一个重要载体。许多体育运动基于有攻击性的价值观,它们需要激烈的身体接触,比赛中经常有故意施加的伤害或损伤。

体育中的暴力行为被喜好窥视的电视镜头进一步合法化。就像萨博和加里·詹森(Sabo and Curry Jansen,1998:209)所说:“在电视行业的商业规则中,运动员在比赛中的流血牺牲和戏剧中的暴力行为作用相同。”

体育、男子气概和男性暴力的仪式化表达与联系,最为明显地表现在电视对拳击的报道上。媒体对男子体育的报道强调男性体力和力量。就像康奈尔(1997:52)所说:“至少在我们的文化中,男性和女性的身体意识是解释性别文化的核心。”

因此,体育暴力的合法性在性别秩序的权力轴心上找到了平衡。在性别秩序中,身体上的争斗、流血和瘀伤被认为是男性的“本能”,这对女性来说则是陌生的。正如康奈尔和其他人进一步得出的结论,基于生物决定论的“先天的男子气概”之类的媒体报道是虚构的,没有科学依据。

拳击和男性

没有任何运动像拳击一样,在这种运动中,男性身体成为武器或战斗机器。拳击已经引发了来自社会学(Wacquant,1995;Sugden,1996)、心理学(Oates,1994;Beattie,1997)、文化研究(Sloop,1997;Baker,1997;Jefferson,1998)、女性主义分析(Hargreaves,1997)和体育新闻(MacRae,1997)领域的批判研究。贯穿这些研究的中心议题是通过拳击再现男性身份。

139 有关拳击的批判研究不能缺少对性别差异和体育发展的建设性分析。拳击作为“男子气概的标志性体现”,关于“男性身体的表现和他们的心理基础”可以告诉我们很多(Jefferson,1998:78-79)。杰弗逊还指出,拳击手,特别是迈克·泰森,因其“意志”和“身体的坚韧”被定义为“硬汉”。

这种将拳击视为独特的、本质主义的男性领域的描述,主要是对力量、凶猛的竞争精神和勇气的隐喻。这些话语在媒体对拳击的报道中得到再现、传播和强化。1995年2月,英国拳击手奈杰尔·本(Nigel Benn)和美国拳击手杰拉尔德·麦克莱伦(Gerald McLellan)争夺世界拳击理事会(WBC)“超级中量级”冠军,那场比赛也是英国电视台播出的最残酷的赛事之一。

在战斗打响的前一周,本并不被看好,他的挑战者麦克莱伦被《观察家报》(1995年2月19日)的体育记者凯文·米切尔(Kevin Mitchell)称为“拳击手中的斗牛士”。然而,我们进一步观察到,“本在他陷入困境时才最危险”。被称为“黑暗毁灭者”的英国拳击手绝地反击,令人联想到“黑暗”和“硬汉”的形象,本在那场恶战之前已经血战过英国超级中量级冠军克里斯·尤班克(Chris Eubank)。这也印证了男性话语、种族和国籍之间的复杂联系。在设置大战场景和角斗方式之前,媒体经常使用绰号来宣传拳击手,强调拳击手拥有的破坏性能力。

在战斗中,本遭受了一系列沉重的暴击,他在首轮比赛时就处于被动状态。英国拳击手在场上被不断猛击,直到生命受到威胁时比赛才被叫停。麦克莱伦看似就要胜利了,但在第九轮时,本一击命中,美国人头部受伤,优势来到了本这一边。在支持者和给对手造成的伤害的刺激下，本出拳凶猛，麦克莱伦被击倒，双膝跪地遭到淘汰。在本和人们庆祝胜利时，麦克莱伦陷入昏迷被抬出场外，他因这场比赛而脑损伤了。

近 1300 万观众观看了英国电视台 ITV 的比赛直播，见证了两人的毁
灭——本筋疲力尽，住院观察。赛场气氛激烈，在本令人难以置信地逆转比 140
赛态势之后，评论区的瑞格·特里奇（Reg Gutteridge）和前职业拳击手吉姆·瓦特（Jim Watt）都激动不已。后来，这场现代最激动人心的拳击比赛被体育媒体纷纷报道。一些记者确实反思了拳击比赛的残酷，并努力将他们对这项运动的依赖和参与同“男性艺术”相提并论，他们也担心拳击比赛对拳手造成的伤害会影响这一运动的合法化。这场比赛一年半之后，本在自己最后的一场比赛中被史蒂夫·柯林斯（Steve Collins）击败。《独立报》的拳击记者哈里·马伦（Harry Mullan）认为，本与麦克莱伦的比赛是“我见过最野蛮的 10 轮”（1996 年 11 月 11 日）。当本过早地承认输给柯林斯时，在曼彻斯特的纽内克斯竞技场中，嘘声一片，观众认为这是一场“不够英雄”的表演。《卫报》的凯文·米切尔也在拳击场见证了本和麦克莱伦的战斗，几年后他总结说：

> 在拳击台上，我们有充分的反思，但时间很短，而且看到本和麦克莱伦为了钱和头衔甘冒生命危险，我们会怀疑这样做是否道德。道德家认为这个问题应该在赛前而不是在比赛中被提出。但我们不是。我们向我们的弱点投降了。（Mitchell，2001a）

ITV 的加里·诺邦（Gary Newbon）做了赛后报道，表达了他对拳击运动的担忧，还有他作为职业体育播音员所面临的困难：

> 我的主任并没有意识到，这不是他的错。所以我说：“这很严肃，真的很严肃。”每个人都有点激动，然后我们都意识到出了问题。（Mitchell，2001a）

媒体对比赛大肆宣扬，夸大了观众对比赛的期望。“血的欲望”使人们产生兴奋感，这比拳击手的相互伤害更具有破坏性。拳击的悲怆令人震惊，这从米切尔对比赛的反思中就能看到：

141 > 拳击场上的能量,像黑夜的闪电一样穿越人群,他们是如此欢腾,为了狂欢挥金如土。这就是他们花钱的原因,这就是他们来到多克兰而不是在家里电视上看比赛的原因。这就是为什么我们进行比赛,为什么我们观看那些比赛的原因。在胜利的时刻,你不需要提问。事实上,也从来没有人提问。我们只是知道。(Mitchell,2001a)

华康德(Wacquant,1995)和萨格登(Sugden,1996)对拳击手和拳击文化做了民族志研究,拳击手充分意识到"打拳击"对他们身体的损害但还继续"打拳击",是因为他们在社会和心理上已经"适应"了。拳击"在你的血液里",拳击专家常用这种描述来解释自我毁灭的冲动,这似乎会激励他们——努力证明自己就是媒体所描述的奈杰尔·本式的"拳击手"。

男性勇气和娱乐

也有一些更加愤世嫉俗的观点,认为拳击这个职业就是一种挣钱的手段、一种摆脱贫困的方式,能给人成为媒体焦点的机会。同样,只要拳击能够吸引大量观众,它就将继续成为全球卫视和有线电视网络追逐的热点。就像布莱恩特等人(Bryant et al.,1998:253)对世界重量级拳王争霸赛的观察:体育中的暴力"很有市场"。

本和柯林斯的比赛由弗兰克·沃伦(Frank Warren)和唐·金(Don King)推动,是大西洋两岸电视人共同策划的十小时拳击盛宴的一部分。这场比赛被称为"审判之夜",由六场拳王争霸赛组成,三场在曼彻斯特,三场在拉斯维加斯。三场英国比赛的版权属于天空体育,另外三场美国比赛在天空电视台付费频道(Sky Box Office)可以收看,平均价格是9.95英镑(比赛当天涨到了14.95英镑)。约有42万人次付费收看了比赛,直接为BSkyB带来超过2500万英镑的收入,占到这场拳击盛宴总收入的50%。

"审判之夜"对拳击粉丝来说,预示着一种电视整合传播的新体验。与BBC呈现的拳击严肃时代相比,围绕这一赛事的大肆宣传与世界摔跤联合会(World Federation Wrestling)的做法有更多的共同点,它既是技巧表演,也
142 是体育运动。现在拳击的"主要"表演者是世界轻量级冠军、被誉为"拳击王子"的纳西姆·哈麦德(Naseem Hamed)。哈麦德以一种夸张的方式登上拳

击台:在激光、彩灯、干冰和动感舞蹈音乐的陪衬下,他翻个筋斗,越过绳索,登上拳击台。这是他为了取悦观众和摄像机镜头惯用的标志性动作,就像《卫报》(1996年11月8日)体育记者加文·埃文斯(Gavin Evans)所说的,"拳击台就是现代角斗士的竞技场"。

在"审判之夜"的筹备阶段,埃文斯说,哈麦德表现得很兴奋,肾上腺素激增,准备"上演一场大戏",他似乎很享受击败对手的"愉悦预期"。哈麦德敏锐地意识到了自己的特质,这不仅是因为他的英国阿拉伯穆斯林的身份。他的体能和爱出风的性格也是粉丝喜欢他的原因。正如哈麦德在赛前接受采访时所说:

> 这不是关于拳击的,对不对?这是关于今晚在电视上看这个小家伙打拳。他是如此闪耀,如此自大,你想让他吃点教训,但他总是赢家。很多人都这么跟我说。(《金融时报》的采访,1996年11月9日)

但拳击不仅仅是个性展示和明星表演。

与不拘小节的平庸小报相比,埃文斯在《卫报》(1996年11月8日)上的新闻特写显得更加深思熟虑。他对拳击"肮脏现实"的自我反省,揭示了拳击"繁华背后"的真实经验:

> 拳击散发出一种气味,一种感觉,这种感觉是摄像机捕捉不到的。除非你打过拳击,或者至少在现场看过比赛,否则你很难对那里发生的事情有真实的了解:当身体碰撞、扭打时,你会闻到汗水、鼻涕和血的味道;大多数拳击手个头都不大,但他们挥拳的力度会让你惊讶;勾拳击中腹部时发出"砰砰"的撞击声,拳头击中嘴巴或鼻子时头部剧烈震颤。疲惫、专注、兴奋,这一切都顺其自然地发生着。对于主流体育世界的参与者来说,没有哪一种感受比这更加强烈。

电视炒作同以上所说的拳击运动的"现实感"交织在一起,经过电视转 143
播的拳击比赛其实降低了这项运动的残忍程度,更注重欢庆男性的拼搏和明星的勇猛。

赛前称重的规则、有威胁的对视、勇气和竞争精神、胜负双方的展示,这些戏剧性的元素构成了拳击的体育故事。拳击场上的疼痛、破坏性和偶尔的死亡被掩盖,保留下来的是拳击的文明性。被强调的是刚毅和男子气概,而不是原始的暴力。

小　结

对待女性参与体育的态度已经有所改变。例如,经过多年的争论后,2007年的温网,继美网和澳网之后,为男性和女性运动员支付了等额奖金。与此同时,伯恩斯坦和盖里对以色列篮球和电视报道的研究(Bernstein and Galily,2008)显示:

> 以色列的例子告诉我们,如果电视像第五频道一样,认真致力于促进女性体育,就能够提升女性的体育意识,但凭一己之力无法改变周围的现实,包括根深蒂固的不平等和偏见。(Bernstein and Galily,2008:190)

女性体育的边缘化也许是体育中父权意识形态最明显的表现。男性和女性的生理差异造成了身体资本的不同,在体育运动的性别价值上显示出巨大反差。若女性肌肉发达则会被认为是讨厌和不人道的,而男性的力量和勇猛则会得到英雄般的礼赞。

体育中的成功和力量成为男子气概的标志性象征。女子拳击显然破坏和挑战了这样的刻板印象,它试图拉拢典型的男性体育,为女性力量和身体能力高唱赞歌。然而,即使经过一个世纪的发展,女子职业拳击要想获得更广泛的认可还有很长的路要走。除非女子拳击能够被电视疯狂追逐,否则就会继续被视为小众项目。不论是拳击台上的"花花公子女郎",还是《太阳报》第3版上摆出拳击姿势的半裸模特,女性和拳击的主导形象不过是性感的陪衬而已。

第八章　跨国竞赛:媒介化的体育与民族身份

摘要

体育在媒介中如何再现民族身份。

电视和媒介如何再造和改变人们对民族刻板印象和体育的既有认识。

民族文化身份建构中的媒介和体育的相互作用。

关键词:民族身份;电视;体育运动;政治文化

体育是荣誉的战场,也是心灵的疗愈。人们认为体育可以连 144
接不同的文化、宗教和政治制度,有时候,它的确做到了。但是更多时候,体育不过是将这些元素短暂地聚集到一起,使敌对者之间多了一点相互理解的可能,或是至少不再那么憎恨对方。(体育作家凯文·米切尔,《龙爪扼喉,我心惊忧》,《体育观察家杂志》[①],2008年8月3日)

引　言

体育具有观赏性,符号、胜利、竞争、虔诚的粉丝,还有团体项目中不可或缺的集体拼搏,它们使得其他文化形式无法像体育那样成民族特征,甚至

---

① 《观察家报》的体育月刊。——译者注

扩展成民族身份的象征。例如,盖尔式运动会上爱尔兰式曲棍球或足球凸显了爱尔兰特质(Humphries,1996,2007);分析英国和意大利足球文化的不同,能够对两国文化生活进行比较(Vialli and Marcotti,2007);足球在苏格兰文化中具有整合作用(Cosgrove,1998;Giulianotti,2005a);板球或橄榄球象征着英国风格(Paxman,1998;Marqusee,2001;Tuck,2003)。体育仪式和庆典,尤其是全国性和国际性体育赛事,具有远超赛事本身的重要象征意义。大部分的象征意义附加于体育及其亚文化。然而,正如第四章和第五章提到
145 的,体育通过与各种形式的媒介接触,完成再现、建构和传播,其中就贯穿着意识形态。

报纸、杂志和书籍与视觉资料和网络媒体结合,共同协助界定体育的社会和政治地位,连接体育、政治以及身份和意义的意识形态话语。这样的例子不胜枚举。据报道,英国奥运团队的成败是英国国际地位的直观晴雨表。对国家代表队及其成员来说,体育危机往往与更广泛的政治或文化动向相联系。1978 年,苏格兰国家队在足球世界杯中不幸落败,影响了 1979 年苏格兰权力下放公投,当时未能建立苏格兰地方议会。[①] 2001 年,在芬兰举行的北欧世界滑雪锦标赛爆出兴奋剂丑闻,两年后的意大利滑雪世锦赛上,又有 7 位芬兰滑雪运动员滥用兴奋剂,这引发了媒体对芬兰国家认同和“国家耻辱”的广泛争论(Laine,2006)。

在英国,带有国家维度的体育报道似乎跟体育关系不大。布莱恩和奥唐奈(Blain and O’Donnell,1998:41)认为:“通常它对国家本身影响不大,体育事实上是偶然事件。”但是,体育人物和比赛成败很容易影响甚至决定更广泛意义上的政治和文化特质,想要弄清楚这个问题,我们需要检视体育、媒介和民族认同感之间的关系,概括和归纳一些主要问题。然后,通过案例重点进行分析,最后拓展开来,讨论媒介体育全球化趋势和集体身份认同的联系。本书最后一章将展开探讨这一问题。

---

① 1979 年和 1997 年,苏格兰曾就推动建立拥有部分下放权力的地方议会分别举行公投。前一次未能获得规定比例的赞成票而未能通过,后一次以压倒性多数票通过成立苏格兰地方议会。——译者注

媒介、话语和身份认同

在政府看来,体育赛事是打造“民族性格”的重要场域,举办大型体育赛事的计划通常伴有特定的政治目的(Cashmore,1996:235-257)。霍利汉(Houlihan,1994)为此分析了体育、政治与国际事务之间的关系。他指出:

> 不论是对政府还是对非政府组织而言,体育都有政治利益,在 146
> 国际体系中一直是可利用的主要资源;它有时还是开展外交和执行政策的首要工具,更是一种更广泛、更全面的政治策略因素。(Houlihan,1994:209)

这样的例子有很多。杜克和克罗勒(Duke and Crolley,1996:24-49)研究了1939年到1975年弗朗哥统治下的西班牙足球的政治化。弗朗哥并不是唯一一个试图将体育运动和足球联系起来的人,因为足球在全世界都很受欢迎,并且与特定的政治体制联系在一起(Hoberman,1984)。这个过程在国际体育和全球体育赛事,如奥运会或世界杯中表现得最明显。例如,2008年北京奥运会是中国政府国际形象战略的一部分,同时向世界传递了一个强大的象征信号——中国经济正在崛起。

苏联和德意志民主共和国等国家直接将国民健康与其在国际体育舞台上的成功联系起来(Houlihan,1997)。这种政治话语与体育的联系遍及当代欧洲和欧洲以外的地区(O'Donnell,1994)。赢得重大体育赛事的主办权,如2004年葡萄牙欧洲杯(Boyle and Monteiro,2005)、2010年南非世界杯、2012年伦敦奥运会和2014年格拉斯哥英联邦运动会,在政治和经济上都越来越重要,能够提升一个城市或国家的对外形象和声誉,这也是政治家们的观点,他们认为举办大型体育赛事在经济和文化复兴计划中发挥着关键作用(Roche,2006;Newman,2007;Panagiotopoulou,2007)。

掌权的社会利益集团利用体育,只是将其当作政治操控的一种形式,这既简单又傲慢,忽视了存在于所有民族文化中的矛盾、张力和斗争。体育可以是文化斗争的舞台,被压迫群体用体育进行象征性抵抗。大多数英国的
体育项目,如板球,被西印度群岛和其他前英国殖民地当作一种表达和庆祝 147
本土文化的方式就是这方面的一个例子(Malac,1995)。

霍伯曼(1984)等政治学家认为，体育活动本身跟意识形态并无内在联系。然而，体育作为一种以竞争为基础的文化形式，是唯一向政治和意识形态操控开放的领域。在当代社会，这个过程的中介就是媒介与竞技体育的密切联系。媒介与现代体育的关系也在帮助我们理解这个流行文化的特定领域。媒介化的体育是重要的文化领域，可以归化社会关系的各个方面。现在，大多数体育文化都通过电视、广播、印刷品或在线媒体进行传播。在这个传播过程中，如果政治或经济环境合适，媒体就不仅是简单地传播，在许多情况下它们可以建构，有时甚至是创造身份话语(Whannel，1992；Blain et al.，1993；Brookes，2002；Blain and Boyle，2009)。

在国际体育竞争领域，这绝对不假。体育成为各种集体身份的象征性延伸。国际媒介体育也可以变成一个舞台，让那种国家或种族优越论大行其道。正如休·奥唐奈(Hugh O'Donnell)在他关于建构国际体育刻板印象的研究中提到的：

> 在国际层面，体育的功能是提供一个场所，发达国家可以展示自我，打造他们喜欢的神话或其他刻板印象，庆祝那些在他们眼里使他们变得更现代、更先进、更优越的品质……这个过程经常会程式化地贬低其他国家或民族。(O'Donnell，1994：353)

虽然神话的强化过程大部分是在媒体对体育的传播中实现的，但这些话语的源起需要进一步被分析。

首先，媒体机构自身屈服于一系列经济、文化和政治压力，这严重影响了其对事件意义的选择和建构。例如，针对同样一场英格兰球迷骚乱，考虑到不同地区读者的文化定位，英格兰地区的《太阳报》的报道内容可能就和苏格兰地区的《太阳报》不一样。

148 在与种族有关的报道中，例如关于德国摩托车赛车手，有时大众化报纸的处理方式就跟ITV这样的商业媒体有所不同(种族主义色彩更加微妙)。换句话说，采用何种身份的特定话语在一定程度上是由一系列因素决定的，如目标受众、媒体机构和资金来源，以及当时的政治和社会态度。在这种背景下，罗西等人(Rosie et al.，2004)认为，随着媒介市场受众被细分，媒体不再像以前那样根据不同的“参考架构”对不同地区(苏格兰或英格兰)进行有区别的政治性报道。

其次,由施莱辛格(Schlesinger)提出的观点值得注意,“不应该在一开始就假设传播对集体身份和文化产生影响,而是应该从集体身份认同本身开始,探究它如何被分析,在它的建构中有哪些重要的传播实践”(Schlesinger,1991:150)。将媒介放在认同形成过程的中心其实是一种误解。然而,在各种话语的建构和重组中,媒介也许是一个关键的场域(很多观念和价值系统在此得到合法化或边缘化),但媒介在话语或身份认同方面不一定是主导者。

再次,尽管近几十年来媒体的国际化使得全球体育赛事的曝光率比以往任何时候都要高,但此类赛事的报道和策划却没有通用的普遍模式。在通常情况下,我们只能通过国家媒体了解国际赛事,而国家媒体又与特定的商业和文化市场相互妥协(Boyle and Monteiro,2005)。

最后,虽然这些国际媒介事件的象征性可能很重要,但它们不能脱离更广泛的政治或经济背景,在某些情况下,它们会强化甚至挑战国家神话和文化认同的叙事(Alabarces et al.,2001)。南非重返世界体育大家庭,特别是1995年橄榄球世界杯的成功举办,就是体育活动与政治言论相联系的一个明证。纳尔逊·曼德拉总统(Nelson Mandela)明确地将自己与羚羊队联系起来,将它作为“新”的多种族民主南非的象征(尽管队里只有一个黑人球员)。有报道指出:

> “一个团队,一个国家”是南非世界杯的主题。这一次它似乎 149
> 不仅仅是一个公关噱头。在比赛前夕,曼德拉总统和队员们一起度过了三个小时,昨天他推迟了原定的离场时间。他号召“他的孩子们”,也就是他所说的“队伍”,努力争取胜利。“我们被深深打动”,总统说,“我们已经认定了这些年轻人。”(《卫报》,1995年5月26日)

在整个比赛期间,曼德拉抓住所有机会,用球队的胜利证明南非正在发生积极的政治方面的改变,并通过国际媒体报道向全世界展示南非的正面形象。

然而,斯蒂文德和斯特雷利茨(Steenveld and Strelitz,1998:625)认为南非在世界杯比赛中的团结表象缺少长期效应。“即使在比赛期间出现了团结一致的情况——就像媒体和政府试图让我们相信的那样,但这只是一种暂时现象,并不足以创建一个集体自我认同的基础。"12 年后,南非队在 2007 年世界杯决赛中击败英格兰队,但南非队中只有两个黑人(比 1995 年多了一个),这说明现代南非白人和黑人公民"在很大程度上仍然处于相互隔离的世界"(Russell,2007)。令许多评论家意外的是,2007 年南非的黑人城镇为世界杯决赛的胜利欢欣鼓舞,这证明体育的文化力能够带来具有高度象征意义的时刻,虽然这一时刻十分短暂,但仍然令人信服。

2007 年 7 月,伊拉克国家足球队在雅加达亚洲杯决赛中击败了沙特阿拉伯,伊拉克罕见地出现了欢庆场面(尤其是考虑到国家内部的民族矛盾),什叶派的支持者走上街头,欢呼逊尼派前锋尤尼斯·马哈茂德(Younis Mahmoud)的名字。然而,团结是短暂的(《经济学人》,2007 年 8 月 4 日)。几天后,60 人在巴格达的两起爆炸事件中丧生。虽然伊拉克的政治僵局和冲突在足球比赛胜利后有了非常短暂的缓和时间,但很快又故态复萌。

150 然而,不能否认的是,在某些情况下,这类事件能够塑造并反映社会、政治和经济领域的广泛变化,我们不能低估其在现实世界中的象征力。

至少,这类事件在特定情况下可以创造所谓的"舆论环境",在这种环境中,根深蒂固的结构性变化更容易发生,但必须明确媒介报道所处的具体语境。这并不是要否定媒介在集体身份认同中的作用、重要性和影响(这通常是一个界定边界的过程),而是要提醒我们,这种影响取决于特定社会环境和特定时刻中的一系列具体因素。我们同意阿德里安·梅勒(Adrian Mellor)的说法,他认为:

> 人们创造自己的文化,尽管不是在他们自己选择的环境中。在这些环境中——人们在其中活动并接受引导——存在着媒介呈现的结构,但也存在着阶级、种族和性别的结构,这些都建构在与之相适应的经济和政治战略之上。这些都是客观现实。它们不仅存在于话语之中。现实环境和影响要超越它们在媒介中的呈现。但是人并不仅仅是由环境建构的。(Mellor,1991:114)

英国的体育、媒介和认同

英国体育环境需要协调不同组成部分(例如苏格兰和英格兰)之间复杂

的政治和文化关系——在苏格兰议会、威尔士议会和北爱尔兰议会成立十年后，这种情况在新闻和时事报道方面变得更复杂了（BBC Trust，2008；Fraser，2008）。

在一定程度上，由于体育活动的普遍性，体育已经成为重要的文化舞台，能够把英国内部多种集体认同整合起来。理查德·霍尔特（Richard Holt，1990）记录了体育是如何创造时机，以调和英格兰、苏格兰和威尔士的政治历史和经济关系的：

> 体育运动是这种集体愤懑的重要发泄渠道……足球给了苏格
> 兰人一种对抗"宿敌"的方式，而英格兰人和威尔士人则痴迷于英 151
> 式橄榄球。文化认同是一个双向的过程。（Holt，1990：237）

这种观点很重要，文化认同是一个持续的过程，受到政治、经济和文化的制约。它还强调了地方主义的概念是相对的。例如，在苏格兰，国家媒体就是苏格兰媒体，而不是总部在伦敦的英国媒体。毫无疑问，英国媒体的体育报道中呈现的"英国"究竟指什么，取决于对国家这一概念的界定，还有沉浸在媒介话语中的观众或读者的文化和阶级立场。

不能否认，电视对体育的传播作为一种文化形式，在文化认同的形成中发挥着作用。如果把这个过程看作单向的，就低估了塑造集体认同的其他因素，任何"官方"话语都可能会受到某些群体的抵抗。

体育的国家认同话语在不同运动项目中也是不同的，比如个人项目就跟集体项目不一样，个人项目所附加的阶级内涵和媒体领域的形象都与集体项目不一样。"民族文化"内部存在的矛盾和紧张，很少在国际体育层面得到明确表达。施莱辛格（Schlesinger）认为：

> 民族文化不是简单的共享符号的仓库，所有人都站在同一关系中。相反，它们是观点论争的场所……还可能根据社会划分的内部结构以及权力和统治的关系，在国家内部层面重现"我们"和"他者"之间的区别。（Schlesinger，1991：174）

因此，虽然我们不认可媒介中心论，但媒介的确是认同形成过程的重要组成部分。

体育迷和国家认同:苏格兰/英格兰

152 我们在本书第一版(2000年出版)中以1996年英格兰欧洲杯为例,分析了苏格兰和英格兰之间的政治关系在媒体报道中的呈现。十二年后,我们依然要通过那一体育事件,重新审视这一关系。

2008年,苏格兰民族党成为苏格兰议会中的第一大党派,维护统一的英国工党政府(时任英国首相的戈登·布朗热衷于强调国家政治认同对于维护"英国"的重要性)同苏格兰议会、威尔士议会和北爱尔兰议会之间的政治局势愈加紧张。很多时候,紧张局势通过象征性的媒介景观表现出来,媒介报道的地区差异明显增加。英国不同地区领导者对医疗卫生、教育和经济福利的观点相左,关键决策(如广播政策)中的权力平衡取决于英国国会,而有些决策权(如卫生、教育)则下放给了苏格兰议会。

在这种政治背景下,体育报道和体育文化如何才能在更广泛的文化领域里发挥作用,或者说,在苏格兰和英格兰的关系中,政治和文化的转变如何才能形塑体育话语?我们认为,体育话语中的政治性是不可能消除的。任何体育媒介文化都植根于特定的社会,它的态度、恐惧、偏见、希望和期待都通过体育话语清晰展现。在这种情况下,赛场上所发生的事当然只是新闻报道和体育生活的一部分,但也可以成为各种个人和集体身份构成范式的重要区别。

为此,在苏格兰和欧洲媒体上,苏格兰国家足球队的支持者自称为"格子军团"(Tartan Army),苏格兰和欧洲媒体对这些支持者的描述不仅是一种媒体建构,还凸显了媒介话语与观众之间的复杂关系。

苏格兰国家队的支持者在国外成为欧洲足球大军的一部分,他们也许是最注重形象的球迷。苏格兰球迷被媒介渲染成"欢乐"的国际主义者,与阴沉傲慢、咄咄逼人的英格兰球迷形成鲜明对比。在面对记者和摄像机时,苏格兰球迷身穿民族服装(苏格兰短褶裙、格子呢服装等),态度温和友善,
153 在媒体面前明确道出自己是苏格兰人,而非英格兰人(Giulianotti,2005a)。

我们认为,只有定位到具体的社会经济、政治和历史背景中,才能理解国家和国际体育的媒介化。媒介化的体育能够使存在于政治或文化生活其他领域的态度和价值观得到复制、强化,甚至正常化。布莱恩和奥唐奈

(Blain and O'Donnell,1998:51-53)认为媒介化的足球与社会之间存在三种关系。

> 足球是社会的标志。换句话说,足球上的成败是国家整体认同感的一部分。它还是一种社会延伸:体育的失败被视为社会整体的失败。最后,足球可能是社会的幻景,例如,苏格兰国家队"至少在一定程度上只有它自己认为自己是国家队"。(1998:53)

这类报道反映了不同国家政治和经济现代化水平的不同,如西班牙和德国将足球视为其整体认同的一部分,而在英格兰/英国这样现代化程度不够的国家,体育的落败就影射着国家的衰落。

我们认为,在媒介(尤其是纸媒)的国际体育报道中,这种观点是成立的。然而,我们必须考虑到媒体行业的复杂性,体育的话语动员中包括不同的商业或意识形态目的,针对不同的目标受众群体。换句话说,媒介化的体育跟社会之间的关系并不像人们最初料想的那样边界清晰。

上述三类关系适用于媒体的不同领域。国家的政治和经济发展同文化自信和判断力之间存在重要联系,但是经济形势的显著变化往往会产生更加具体和直接的影响。

因此,一个国家过去、现在及未来的形象共同强化了媒介体育话语。简
而言之,在某些特定的政治、经济和文化时刻,国家形象可以围绕一项体育
运动或赛事而聚集在一起,并在体育和媒体机构(如早些时候讨论的南非橄 154
榄球世界杯)中得到展示。在其他时候,它们可能更加多样化,甚至矛盾重
重,但总是源于特定社会的张力,处于变革和延续之间。在某些情况下,体
育承担着国家期待,而在其他时候,它还被政治和经济环境左右。

体育国度:苏格兰,2008 年 5 月

我们援引两则同苏格兰有关的媒体报道。2008 年 5 月 14 日,欧洲杯决赛在曼彻斯特举行,比赛双方是格拉斯哥流浪者队和圣彼得堡泽尼特队。一天之后,即 5 月 15 日,前凯尔特人球员、经理汤米·伯恩斯(Tommy Burns)去世的消息传出。两个事件都被苏格兰媒体、英国媒体和国际媒体广泛报道。我们认为,围绕这些事件的报道阐明并揭示了体育话语在公共媒

介文化和民族特征上的深层次特点。

两个例子中的媒介事件建构方式也告诉我们,在全天候新闻的媒介文化中,信息收集和传播的实质正在发生变化;在当代体育媒介文化中,新闻管理和公共关系至关重要(Boyle,2006)。

在球场上,泽尼特队 2∶0 击败了流浪者队。比赛当晚,曼彻斯特警察和流浪者队球迷之间发生了暴力冲突,这一事件成为之后数天的体育头条。

街头恐慌

警方估计,前往曼彻斯特观看决赛的流浪者队球迷人数为 10 万到 20 万,城市“入侵”般的规模在英国足球史上前所未有。而格拉斯哥队和曼彻斯特队的球迷人数相当,也就是说,很多球迷是没有比赛门票的。对 5 月 14 日晚上发生的冲突,人们说法不一。一些球迷说,球迷区的一个大屏幕在比赛开始前发生了故障,这是触发暴力的一个原因;也有球迷说,流浪者队
155 球迷之间的争吵助燃了战斗氛围,防暴警察被迫进行干预。大量球迷在比赛之后通过网站和在线论坛参与讨论,或在网络评论区直接回应新闻报道。

无可争议的是,令人震惊的暴力场景被警用录像机、监控摄像头和手机视频记录下来,被媒体播出或上传到互联网,流浪者队球迷、防暴警察、警犬和被肆意毁坏的车辆,全世界都见证了那场冲突。尤其是一群球迷袭击警官米克·里根(Mick Regan),差点将他打死,这一事件成为那晚的暴力冲突的标志性媒介画面。媒体随后对里根警官和解救他的人进行了电视采访。像许多关于那个夜晚的报道一样,最初有新闻报道说救他的人是流浪者队的球迷,后来证实这是完全错误和不准确的。一位来自曼彻斯特的路人汤姆·巴兹利(Tom Bardsley)救了里根警官。苏格兰的流浪者队球迷身穿俱乐部服装,参与了多起暴力事件,尽管他们声称犯罪的只是少数流氓,那些人既不是流浪者队的支持者,也不是苏格兰人。

《苏格兰星期日报》(2008 年 5 月 18 日)的记者汤姆·英格里希(Tom English)写道:“那么多神话,那么多虚伪,那么多假设……就是没有证据。”他指出,流浪者队首席执行官马丁·贝恩(Martin Bain)和有些报纸,如《每日记录》(2008 年 5 月 15 日),一开始说“为首的闹事者都没有穿流浪者队的球衣,也没有苏格兰口音”,但是,只要上 YouTube 看看视频,瞧瞧网上疯传的

那些流浪者队球迷同警察混战的场面，人们很快就能发现这种说法是假的。在新闻全天候的时代，人们要求即时的解释、评论和反应，而那些来自“前线”的报道却道听途说，没有对事实的准确性进行任何系统的审查。

流浪者队球迷施暴的照片在网络世界公开展示和传播，也对格拉斯哥、苏格兰和苏格兰人的形象认同产生了负面影响。一些球迷认为，考虑到球迷的人数，媒体夸大了暴力冲突的规模（流浪者队和斯特拉斯克莱德区的警察都严重低估了球迷的数量）。然而，随着有关袭击和暴力冲突的视频在媒 156
体上流传开来，新闻评论员需要多发表一些逆耳忠言，认真反思这些事件与苏格兰民族认同之间的关系。

《星期日先驱报》（*The Sunday Herald*）[①]（2008 年 5 月 18 日）的社论将问题的核心归咎于苏格兰酒文化，讨论了酗酒问题对苏格兰文化生活的影响。该社论还指出了一个非常现实的问题，苏格兰城镇的街头暴力经常是由酗酒的年轻男性引起的。还有媒介评论家认为，曼彻斯特事件暴露了苏格兰暴力文化的腐朽核心，它在某种程度上与想象中的文明历史中断了联系。伊恩·贝尔（Ian Bell）在《星期日先驱报》发表了一篇题为《苏格兰之花？三思而后行》的文章。

> 我相信他们所说的，这是一个古老的、成熟的民主国家。雅典人之后，一些人认为我们为人民做了更多。这很好。但是当我看到一些胖子穿着汗湿的运动服、拿着大棒，打破了曼彻斯特的平和与体面，我能说什么？这可不是什么好事。我们没有培养好我们的年轻人。我们沉迷于那些对成年人来说根本无关紧要的事情。我们把建国误解为一种幼稚的报复。我们永远不会说：够了，可以了，不要再来烦我了。（《星期日先驱报》，2008 年 5 月 18 日）

这些评论对公共关注度很高的体育事件（通常体育版中不会登载这些）进行了反思：有关体育文化的报道应该如何阐释社会态度和民族特性。

鉴于多年来英国球迷的暴力恶名，英国记者将曼彻斯特和莫斯科之间的事件相提并论也在情理之中。曼彻斯特球迷冲突事件一周后，欧冠决赛

---

① 成立于 1783 年的苏格兰大报，是世界上经营时间最长的全国性报纸，也是世界上第八大最古老的日报。——译者注

在莫斯科举行,两支球队(曼联队和切尔西队)都来自英格兰。吉姆·怀特(Jim White)在《每日电讯报》上记录了英格兰球迷对莫斯科的"占领":

> 与上周曼彻斯特的格拉斯哥球迷骚乱不同,这是一次几乎完全和平、安静甚至放松的占领。只有一两条负面新闻,英国球迷受到当地小流氓的骚扰。但是没有什么暴力的回应。(《每日电讯报》,2008年5月22日)

157 曼彻斯特球迷骚乱经过媒体报道让世界看到了苏格兰人暴力酗酒的阴暗面。就在那一周,51岁的汤米·伯恩斯罹患癌症去世。伯恩斯是凯尔特人足球队的第一任教练,从小就为凯尔特人队踢球,在20世纪90年代负责管理凯尔特人俱乐部。他还曾经协助贝尔蒂·福格茨(Berti Vogts)和沃尔特·史密斯(Walter Smith)管理苏格兰国家队。伯恩斯因对家人的爱、他的天主教信仰以及对凯尔特人俱乐部和足球的激情而知名。在他的葬礼上,凯尔特公园街道两旁聚集了成千上万的球迷,这凸显了像伯恩斯这样的英雄所发挥的作用,他们会继续影响普通球迷的生活。

这种说法是有根据的。凯尔特人俱乐部的主席约翰·里德(John Reid)和首席执行官彼得·拉威尔(Peter Lawell)强调了伯恩斯对"凯尔特家庭"的重要性,他不幸英年早逝,全世界的凯尔特人队球迷都在哀悼他们深爱的队员。凯尔特人队的经理戈登·斯特拉坎(Gordon Strachan)在新闻发布会上难忍悲伤,谈到了他与伯恩斯共度的最后几个小时;伯恩斯的好友、流浪者队助理经理艾丽·麦考伊斯特(Ally McCoist)也公开哀悼伯恩斯。这些具有高度的象征意义:在关键时刻,体育运动超越了根深蒂固的门户之见,尊严和荣誉依旧维系着体育运动的社会存在。苏格兰体育名宿、凯尔特人队球迷以及许多流浪者队球迷对伯恩斯的缅怀,公开展示了苏格兰人自尊、宽容的性格。这与曼彻斯特的冲突事件形成鲜明对比,也提醒我们,体育文化及其广泛的媒介化是一个引人注目的公共领域,建构着民族性的各个方面,尽管它们有时会显得矛盾。

永远的英格兰

理查德·韦特(Richard Weight,1999)认为,在1996年欧洲杯和1998年

法国世界杯上，大量英格兰队的支持者携带圣乔治十字旗[①]而不是不列颠国旗，这是一个重要的信号，表明英格兰人的文化身份意识和英国内部政治形势也在发生变化（英格兰人一般不会去刻意区分不列颠和英格兰）。加兰（Garland，2004）指出，在2002年世界杯上，英格兰国家队位列八强，通俗小 158
报将其称之为英国多元文化勠力同心的典范。塔克（Tuck，2003）等人评论说，英格兰国家橄榄球队及其主要赞助商（如耐克）的市场营销策略中出现了一种英格兰独特的"民粹主义"话语；而如罗宾逊（Robinson，2008）这样的一些学者认为，国际足球运动已成为越来越重要的公共媒介领域，清晰地传达出英格兰民族文化的认同焦虑。我们都知道，英格兰人终于意识到了这样一个事实：英格兰的身份认同不等同于整个英国的身份认同。因而，体育作为一种文化形式其象征意义越来越重要，通过体育，英格兰身份被表达出来。

讽刺的是，威尔士、北爱尔兰和苏格兰都有各自的文化传统，当政治上无能为力时，它们便将民族情绪附加在体育话语上。在21世纪的第一个十年即将结束之际，英格兰人开始理解英国政治权力下放后的复杂政局。事实上，就像我们十年前所预测的那样，媒介化的体育已经成为另一个舞台，在这个舞台上，英格兰感受到了苏格兰的政治影响，不满情绪越来越强，而媒介对21世纪英国政治生活复杂性的报道显得力不从心，也助长了这种不满情绪，我们会在结论部分继续分析这一点。

全球化和体育新时代

21世纪以来，体育景观的一个主要变化是体育和全球化的关系成为争论的中心（Andrews and Grainger，2007；Andrews and Ritzer，2007；Giulianotti，1999，2005b；Miller et al.，2001；Rowe，2003a）。在这一节中，我们想要弄明白全球化究竟有哪些作用，它们如何影响体育和身份认同。政治和文化影响改变了时空关系，全球化对体育进行了重塑，这已是不争的事实（Jarvie and Maguire，1994：230-262）。虽然足球世界杯和奥运会是全球性的文化事件，但它们也对民族和文化认同产生了复杂的影响（Blain et al.，1993）。

---

① 即英格兰国旗，白底红十字图案。

159 最终，任何对身份认同的形成过程产生影响的因素都是由其所在的特定历史、经济和政治环境所决定的。就像霍利汉（Houlihan，1997：135）所说："体育运动，还有它与全球文化、种群和国家认同之间的关系组成了一幅图景，创造了一种印象，让人认为体育可塑性强，能够被附加上文化象征意义。"他认为，体育项目或运动盛会的影响可能是激烈的和强大的，但持续时间相对较短。

罗（2003a）认为，归根结底，体育蕴含着固有的国家架构和竞争维度，不能简单地将它当作一种文化形式，奢望体育可以实现文化全球化的宏大目标。其他学者分析了罗的观点（Andrews and Grainger，2007；Andrews and Ritzer，2007），认为罗关于体育话语、制度和文化实践的理解，将地方性和全球性二元对立了起来。还有一些研究从社会语言学视角出发，"地方"和"全球"的曲解（全球化、归属化、本土化、本地化等，提法不一）被用于论证体育的全球化和地方性之间的相互作用，这些比罗提出的二分法更加复杂。

体育话语和实践在地方、地区、国家和国际之间一直相互影响。文化不可能进入密闭的隔绝空间，体育也一样。罗（2003a）一直认可并强调这种相互作用，我们赞同他的观点，随着国际媒体系统和网络发展速度越来越快，体育也成为越来越重要的媒介内容，但是特定的国家架构并没有消失。已经变化了的——安德鲁斯和格兰杰（Andrews and Grainger，2007）概述了这个过程——是体育在某些程度上已经发生了改变，但不是全部，虽然体育文化的地域性和具体元素在表面上维系着粉丝和支持者，但全球商业利益已经成功地扩大了自己的影响。我们认为，这并不是一个新出现的发展过程，在进入 21 世纪以来的十年里，它的发展速度明显加快，体育组织和媒体营销的模式也因地制宜地发生了转变。

2007 年，新的印度板球锦标赛借鉴了英超联赛所用的营销技巧。正如
160 本书前面所说，媒介体系的商业化（作为政治和经济决策的产物）表明随着体育平台中体育内容（通常是任何体育内容！）的爆炸式增长，体育的商业价值持续增加，媒介传播模式由传者主导变为需求主导，竞技体育从中获利巨大。互联网也成为一种普遍的交流手段，体育文化产业的国际利益网络得到巩固。出现这种情况的部分原因是经理人、经纪人、体育营销人员、公共关系组织、媒介体育顾问、运动员和商业赞助商的大量增加，他们的专业技能、知识、商业模式和商品遍布全球，甚至遍布各种体育项目。这一国际进

程塑造了体育文化，在国家和国际层面上对体育管理机构产生了影响。

然而，这并不是在否定一个事实：体育要想在身份认同的形成中发挥作用，仍然要依赖地方、地区和国家的支持，这本质上跟罗（2003a）的观点是一致的。在“全球化”时代，体育信息越来越多，身份认同和媒介认知的矛盾模式也会越来越普遍。

全球化过程也导致了文化均质化发展，这只是问题的一部分。在像苏格兰这样的小的地区，足球和媒体行业遭遇来自欧洲和全球的外部压力，但这并不一定会导致苏格兰体育遭到文化侵蚀或呈现标准化（Boyle and Haynes，1996；Haynes and Boyle，2008）。事实上，人们对所谓的地方或区域文化的兴趣重新燃起，当然，这往往发生在全球媒体利益所允许的范围内。

阿伦德尔（Arundel）和罗奇（Roche）（1998）详细研究了英国（确切来讲是英格兰）英式橄榄球联盟，他们的观点令人信服：全球媒体和体育的相互作用正在改变这项运动的地方传统。有人提出，既不能过于乐观地认为这是地方传统和差异的复苏，也不能简单地将其归结为“某种由全球媒介力量推动的文化同质化”（第 84 页）。

在苏格兰，全球化与地方体育文化形式的相互作用在某种程度上源于经济利益的实现，媒体可以关注其他地区媒体没有报道的苏格兰热点话题。
BBC 苏格兰频道（BBC Scotland）①和它在苏格兰的主要竞争对手——苏格兰 161
电视台（Scottish Television），都热衷于宣扬自己制作的节目具有明显的苏格兰特色，而体育，尤其是足球，更是电视节目的重要组成部分。

然而，在需求主导的时代，监管机构曾经强加于广电媒体的权利和义务管制趋于松懈，大部分苏格兰竞技体育的内容都在私人付费电视平台播出（Haynes and Boyle，2008）。21 世纪英国媒介体育的本质是，要收看竞技体育赛事，你就得多付钱。只有被赋予重要的国家意义时，这些赛事才会成为免费电视节目，其市场的中心地位才会被削弱。然而，政治权力下放之后，苏格兰虽然有自己的议会，但在传播政策上没有自主权，被排除在英国的“国家”列表之外，例如，苏格兰电视台就没能播放 2010 年世界杯足球赛（在天空电视台和塞坦塔体育台播出）。

---

① BBC 在苏格兰的分支机构，提供广播和电视服务。

苏格兰民族党政府冒着风险，将其政治话语（寻求苏格兰独立，译者注）公之于世。在这个过程中，苏格兰民族党政府强调了以市场为导向的数字时代的信息悖论。越来越多的英国主流媒体开始面向特定的受众群体，以伦敦为大本营的英国报纸不会报道苏格兰体育（只有在苏格兰地区发行的报纸上才有），位于伦敦的 BBC 也不会报道苏格兰体育新闻。事实上，苏格兰新闻一般来自其他传播渠道，而不是地区或国家媒体（BBC Trust，2008；Fraser，2008；Rosie et al.，2004）。人们上网搜索可以找到更多关于苏格兰特色体育的信息，例如简式曲棍球（shinty）①（同样也可以在英国通过网络了解美国体育信息），但主流媒体就不会报道这类信息。

即使是奥运会或足球世界杯这样的国际赛事，其在地方层面得到理解也是很重要的（地方可能意味着整个国家）。从广义上来说，在某些情况下（例如在政治上和制度上呈现多样化的英国），地方变得越来越本地化，同时，国际信息也可以通过网络被追踪。我们需要警惕媒体在跨国传播时对某些独特文化特征的侵蚀。爱尔兰的特殊体育项目，像盖尔式足球（Gaelic
162 football）和爱尔兰式曲棍球（hurling），受到的来自国际体育营销和组织技巧的影响（全球化的影响？）持续增强，但从本质上来说，爱尔兰体育依然植根于特定的地区认同与竞争。

后续研究（Boyle，2006）强化了布莱恩等人的早期观察，即：

> 事实上，体育新闻很不均衡，可能更倾向于报道国内热点，强调差异，但它同时也实践着大同世界的理想，正如我们所见，众神栖居之地——奥林匹克。（Blain et al.，1993：196）

然而，回顾 2000 年以来有关全球化的争论，我们认为需要重申施莱辛格之前对国家认同的论述。

> 更准确（但不那么挑衅）的说法是，它是争论的场所，是变革实践的对象。无论如何，针对民族文化的论断绝不能排除跨国文化或全球文化这一现实存在……坚持“非此即彼”的对立思维，只会

① 简式曲棍球，一种用棍子和球进行的团队游戏，现在主要分布在苏格兰高地和苏格兰大城市的高地移民中，但它以前在苏格兰，甚至在英格兰和苏格兰高地人迁移的其他地区也流行了很长一段时间。——译者注

引发无谓的辩论或政治空谈，但却缺乏分析性。（Schlesinger，1991：305）

苏格兰媒体感兴趣的是凯尔特人队与流浪者队之间由来已久的竞争，这说明，虽然媒体和体育组织受制于全球经济压力，但在某些情况下，地方特色文化也会出现局部复苏。当然，这并不是纯粹的“地方”语境，社会发展不可能同外部文化环境隔绝，体育也一样，它始终与国际（甚至全球力量）有联系。如果特定的市场与政治文化空间一致，这种联系就会显得更加真切。

小　结

由于个体或集体所处的空间位置不同，因此关于全球化和地方性的争论不能简单地局限于个体或集体语境之中。正如施莱辛格所指出的，应该从具体实践的视角看待身份认同的形成：

这样的视角要求我们认识到身份认同不是集体行为的先决条 163
件，而是不断建构和重建的范畴。（Schlesinger，1991：173）

从这个角度来看，我们必须意识到媒体在这一进程中所处的地位，并注意在特定情况下，它们的重要性也会随之变化。

苏格兰和整个英国在过去几年里经历了政治变革，体育和媒介机构的变化有时显得相对落后。苏格兰议会没有对传播政策的控制权，在国际体育赛事和媒介报道中缺乏影响力。在数字化时代，体育仍然深深地植根于地方、地区、国家和国际身份认同。正如第三章提到的，体育商业的全球化带来了其内在的张力，也造就了拥有全球粉丝的体育组织，如英格兰足球超级联赛，这些组织期待着能够与不同的本体进行对话。

然而，体育媒介市场面临着日益激烈的竞争，政治变革加剧，对受众的争夺也很激烈，高调宣传国家间的竞争也是吸引观众的一种手段。不论这种现象是愈演愈烈还是日渐消弭，我们仍然相信，随着媒介产业（尽管其具有复杂性和矛盾）全球化的高歌猛进，体育仍将是从文化、政治及商业角度标记边界、身份和市场的重要标志。

第九章　体育报道:新闻学与体育

摘要

体育新闻在媒介产业中的作用。

印刷媒介、网络媒介和广电媒介中的体育新闻的区别。

体育新闻学理论的实践应用及其对体育报道的意义。

关键词:新闻学;电视;印刷媒介;体育运动

---

164 体育新闻报道已有三十余年的历史,但它仍会被质疑是不是一份适合成年人的好工作。我安慰自己,跟政治类或经济类报道相比,在体育报道中更容易找到真理。体育真理可能显得过于简单,但却不容小觑。[休·麦吉尔温尼(Hugh McIlvanney),体育记者,《竞技场》(*Arena*),BBC TV,1991]

默多克告诉《华尔街日报》的高管们:"压缩新闻版面,扩充体育内容。"(鲁伯特·默多克第一次主持《华尔街日报》董事会时的新闻报道标题,《新闻公报》,2008 年 1 月 17 日)

引　言

尽管媒介文化已经高度视觉化了,但对于体育迷而言,印刷媒介(纸媒)依旧是信息、八卦及各种观点的重要来源。阅读体育新闻能给数百万报纸读者带来欢乐,2000 年以来,随着媒介体育的扩张,报纸不得不依赖体育吸引新的读者群。这一章主要阐释数字媒介时代体育新闻的变革。体育产业在政治、经济和文化方面的影响越来越重要，这也要求新闻业对新环境做出应对。本章还概括了体育新闻从业者所面对的挑战。例如，网络新闻的崛起是如何改变传统的体育新闻的？不断增加的全天候媒介新闻议程在多大程度上改变了体育新闻的性质？用户生成内容的流行是否标志着传统新闻实践形态的终结？

这一章也关注主要体育组织和公司在数字化体育媒介时代是如何改变 165
自身媒体策略的，并且分析这些变化对体育新闻业整体以及体育记者个体的影响。体育新闻所面临的许多问题在其他新闻领域也很明显，全球化、数字化和市场化力量催生了新的挑战，重构了媒介产业和新闻学界。为此，本书在第二版中更新并拓展了之前的研究内容（Boyle，2006）。

体育新闻学：专业意识形态

我们在第二章已经讨论了，电视体育的引入对体育记者产生了深远影响，他们发现自己传播的其实是二手新闻。体育新闻已经成为现代体育商业化的中心，体育新闻学也大力促进和服务于那些具有上百年历史的著名赛事。

体育给报纸带来源源不断的新闻和小道消息，也造就了体育新闻工作者队伍。从历史上看，体育记者往往在极端条件下工作，忍受狭窄的新闻机房和英国变幻莫测的天气。此外，在报纸的等级体系中，体育记者被认为是"失败的"新闻记者，在编辑部经常遭受轻视，并且体育在广义的新闻价值体系中被认为是鸡毛蒜皮的小事（Boyle，2006；Rowe，2005；Steen，2008）。

这些假设的背后是社会阶级问题。例如，足球是工人阶级的运动，板球则更多地属于中产阶级或上流社会，二者的阶级差别也体现在体育报道中。在英国，对板球或橄榄球的报道可以使用比较文学化的语言，但类似的文体就不能用于对足球这样的大众体育项目的报道中。

这种轻视对体育记者行业产生的负面影响是越来越多的媒介资源被分配给逐渐增多的国际体育报道。体育记者往往要隐瞒身份，跟着英国球队一起参加国际赛事（Wooldridge，2007）。

在国际航班出现之前，体育记者需要花费数周时间忍受舟车劳顿，那时 166

只能通过电报传递报道,一场澳大利亚的灰烬杯板球比赛需要通过快递送到北美,然后再由横跨大西洋的电缆传到英国。随着当代体育赛事在全球的发展,其对媒介资源的需求持续增长。即使在2008年全球经济萎靡的艰难环境下,伦敦的许多全国性报纸仍不惜重金,加大了对北京奥运会的报道投入。大量媒介资源集中到在线业务,媒体网站也开始引入视频内容。由于时差问题,报纸的新闻报道大约会出现24小时的延迟,考虑到这一点,各大报纸都为北京奥运会派出了强大的记者团队——《泰晤士报》14人,《每日电讯报》19人,《卫报》和《观察者报》各15人(《新闻公报》,2008年8月1日)。由于金融危机在苏格兰报业内的蔓延,苏格兰的报纸只派出了4名记者参加北京奥运会,为其历史上最小的重大体育赛事报道团队(Allmediascotland.com,2008年7月31日)。

不同的体育项目有各自的报道方式,记者会被分配到具体的组织或赛事中。“节奏”是场内记者预测比赛信息的一种方法,一名体育记者很少报道多于两种或三种的体育运动。在许多情况下,一名记者在整个职业生涯中都会报道同一项运动,他们从不寻求机会或被要求进入其他体育领域。这对物力和人力有严格的限制。此外,对于体育报道的篇幅也有严格的规定。

在英国日报和星期日报纸的体育新闻中,职业体育赛事与业余体育赛事相比占统治地位,团体项目能得到多于个人项目的报道,男性体育赛事比女性体育赛事更受关注,高度商业化的体育项目在大型赛事中备受瞩目,城市体育报道实际上挤压了乡村或“户外”运动的报道,而传统体育项目也明显比新兴运动项目有优势。

体育版的区别和程式化规定适用于各类体育报道。例如,尽管残疾人运动已经获得了广泛认可,但田径锦标赛还是比残奥会更引人瞩目。

167 同样,体育报道中还存在明显的性别偏见,男性职业体育赛事得到的关注度远远高于女性职业体育赛事(特别是明显遭到轻视的女子团体运动的报道)。尽管体育新闻媒体设定了许多带有偏见的门槛,但体育新闻的内容依旧丰富。体育记者毫不担心:不管报道哪项运动,每天都有体育新闻。

体育报道的内容、时间和地点,显然取决于季节性赛程。足球可以不受制于季节变化,一年里的每一周都有赛事报道出现在体育版上。在电视的推动下,这一进程进一步提高了足球、网球和高尔夫球等项目的全球商业化程度。

事实上，每逢举办足球世界杯或欧洲杯的年份，6 月和 7 月的体育新闻报道议程就会被打乱，足球报道成为重中之重，这就导致对板球、网球、高尔夫球和田径运动的报道被压缩。现在，无休无止的信息铺天盖地，从球星转会传闻到最新的球星战绩，这对体育记者的应变能力提出了更高要求，他们需要报道有价值的新闻，还要保证专栏文章的独特风格。

建构体育版

正如本章开头休·麦吉尔温尼所描述的那样，体育新闻记者不受重视，体育新闻被视为鸡毛蒜皮的小事。新闻机构、记者和读者将体育运动同宏观的媒介环境相提并论，毫无疑问，不同领域的新闻在报纸中的地位不一样。体育的地位很矛盾，它在新闻专业排序中位置垫底——有时被称为玩具部，但却是提高报纸发行量的利器。

媒体大亨鲁伯特·默多克很看重其接管的每份报纸的体育部门的组织和报道水平。他认为，将报纸的体育版迅速理顺并提供广泛的体育报道至关重要，这能够增加报纸发行量，保证给广告客户提供读者资源。这种理念也被用于他旗下的美国和英国电视公司，这些公司同样利用体育节目增加盈利。

在纸媒中，“小报”和“质报”之间是有区别的，“体育记者”和“体育作 168
家”也是如此。质报的“传者主导”风格走的是不媚俗、不从众的思辨路线，而“读者主导”的小报则出于市场利润最大化的考虑，采取玩世不恭的话语风格，力图从体育报道中获利。

这经常会影响体育报道的语言风格。在英国新闻业中，社会阶级问题贯穿报业的各个部门，报纸在体育领域也有各自的势力范围。虽然这些正在发生改变，但传统的惯性依然存在。体育记者布赖恩·格兰维尔(Brian Glanville)指出：

> 我认为，记者不可能兼顾“高质量”和“受欢迎”。原因之一是，对于大众喜欢的运动，如果追求“质量”，自娱自乐地进行写作，就只会曲高和寡。原因之二是，迎合大众进行报道，即使最大限度地

> 赢得了受众,也会被高度样板化,最终迎合了新闻样式却怠慢了读者。(Glanville,1999:257)

他指出,英国跟美国、法国和意大利不同,体育记者至今仍受限于质与量的二元对立。我们采访了一些在英国大报工作的足球记者,他们认为工作压力不是来自编辑,而是来自球员和管理者。

体育新闻的模式

商业和政治报道的方式被用于体育新闻,这就导致了许多扭曲的体育新闻架构。罗(1992)将体育新闻分为四个类型。如同新闻学中的各类模式和架构,体育新闻报道也可被划分为“硬新闻”“软新闻”“传统言论”“反身性分析”。与报纸的时事新闻相比,体育的硬新闻可能具有不一样的风格。

体育头条跟头版刊载的导读相辅相成,涵盖更多新闻内容,吸引读者购
169 买报纸。此外,体育新闻图片在介绍体育版的人物、美化其版式方面也有独特的作用,不仅是对新闻的画面呈现,还能充当叙述的补充,对动作进行简短描述。

硬新闻记录赛事,包括比赛分析、分数和结果,明确客观地描述比赛。罗认为,用严肃的风格报道体育赛事,会带来一种权威感,除了极少数例外,一般都用第三人称进行报道。然而,英国媒体将体育赛事的主观解读伪装成了客观报道。布莱恩和奥唐奈(Blain and O'Donnell,1998:45)对有关1996年欧冠联赛的英国小报内容进行了文本分析,认为这些内容对事件的解读通常是“受限制的、青年男性化的、习语化的、口语化的,并将其与小报常用的固定语言风格结合起来”。这与欧洲大陆专业体育媒体形成了鲜明对比,欧洲大陆的体育报道更强调针对性和技术复杂性(Blain and O'Donnell,1998:46)。

在报纸的硬新闻中,关于体育商业交易的最新报道扮演着一种边缘化的角色,却反而更容易成为“软新闻”的关注点。软新闻重视的是体育界重要人物的八卦和趣闻逸事,这些人可能是运动员、经理、教练、主任或管理者。在“娱乐信息”的范畴内,软新闻报道最新的独家内容,为“失败的”新闻记者提供日常工作的主要内容。正如我们在第五章中讨论的,强调英雄崇拜是建构和巩固明星地位的主要手段。

体育明星可能被更广泛的文化语境包围,他们虽然代表着各自所处的时代,但很少进入体育政治的矩阵,即使进入了也只是代表国家并且引发有关民族自豪感的共鸣(就像刘易斯·汉密尔顿或克里斯·霍伊所取得的胜利那样)。明星形象也可能是一种商业机会,赞助商或广告主的交互营销可以让明星吸引更多眼球。

想要聘请体育明星为运动装备代言,需要经过竞争,换言之,财富集中的运动也能给竞技精英提供致富良机,赞助费用高昂的赛事往往奖金也很丰厚。

体育并不总是轻松的。许多知名记者和体育专栏作家每天都在推敲具 170
有高度批判性的评论。罗提到的第三类体育新闻是“传统言论”,记者的主体性浮出水面。体育专栏作家具有独特的写作风格。这种报道类型运用一种不同于“硬新闻”的权威形式,其权威性源自专栏作家的经验或名人地位。

前职业体育明星成为报纸评论员,继续从事与体育相关的事业,这种情况早就不是什么新鲜事了。凭借对体育行业的深入了解,他们可以经常披露自己专业领域的最新动态,或者就某个问题发表评论,而不用担心被指责缺乏知识或经验。

传统言论也可能来自经验丰富的体育记者,他们会对体育发展态势进行评判,对最近的丑闻和变化进行批评。这种形式的报道至少承认了体育具有政治性。曝光体育领域的暗箱操作或不规范程序,例如涉及国际奥委会成员和申办奥运城市的贿赂丑闻,揭示体育的政治经济属性,这些做法会对受众产生直接影响,也能传递价值判断。

然而,这类批评很少得到社会公众的强烈关注。问题往往显得明确而有争议。体育的道德秩序守护者向来秉承一种理念,认为体育是社会文化福利,这个观点一再被重申,以避免体育因受到政治压力而产生改变。

最后一种体育新闻的类型,罗将其称为“反身性分析”,直接涉及体育的问题意识,避免了对体育庆典的简单化认识。体育的反身性分析对体育实践的现象学提出了质疑,对体育庆典与记者主观话语的一致性提出了批判。

在简述体育报纸的发展之前,我们想先概述体育新闻面临的一些重大挑战。

体育新闻中的政治经济学

我们认为,全球化、数字化和市场化是当代新闻生产和消费的主导力
171 量。许多体育项目在现代媒介时代日益全球化(Miller et al.,2001)。体育和媒介的融合,尤其是和电视的融合,有助于推动世界杯和奥运会等体育事件的发展和转型。体育新闻也深受影响。

体育作为一种文化形式,具有全球属性,这与现代传播的性质相契合,能够为全球文化身份或集体时刻提供某种可能的共享形式。然而在现实中,它们也可以成为表达冲突、紧张和地方文化身份的工具。体育竞技场成为各种身份的公开表达平台,这些张力往往是由经济、文化和种族因素造成的,在体育新闻报道中被进一步强化。

体育兼具全球化和外向性,但有时也呈现出强烈的地方化和内向性特征,因此当代社会中全球和地方媒体的互动问题,尤其是体育新闻话语,仍然是颇有理论价值的研究议题。

与全球化相关的是数字化。正如我们上面所提到的,数字化已经对各种形式的新闻产生了明显影响。在体育新闻领域,对体育控制权的争夺日益复杂,体育新闻的报道方式以及传受关系也在发生变革。

现有研究(Boyle and Haynes,2004)表明俱乐部和体育组织尝试通过互联网新媒体平台、数字电视和移动电话,向观众提供独家节目内容和新闻。这些尝试企图绕过传统的新闻传播组织架构,直接向受众传递信息。在数字化时代,体育产业试图通过知识产权(IP)控制、公共关系和其他媒介管理手段,实现自身形象监管。

随着体育赛事的商业利益相关者试图利用数字环境以越过新闻媒体,对于体育记者来说,接触球员和消息变得更加困难。在未来几年内,随着体育谋求更大的商业收益,新闻战线会被重新规划,而媒介机构(尤其是那些
172 没有获得转播权的媒体)也会坚持要求对体育产业的各个方面进行新闻报道。

英国和世界各地的体育和媒介产业都已经受到市场化的影响。新闻市场存在非常大的商业压力,英国纸媒更是长期处于下行态势,以消极的方式过度打造体育新闻。菲尔·汤森(Phil Townsend)是世界上最大的足球俱乐

部之一——曼联的传媒总监,他认为媒体对曼联的报道总会夸大一些无关紧要的细枝末节,这助长了足球运动员和记者之间"不信任的恶性循环"(《新闻公报》,2008 年 1 月 30 日)。

在另一个层面,随着近年来体育产业的全球化发展,对体育政治和经济的报道愈加重要。重要的政治、媒体和金融机构纷纷涉足体育产业。体育成为公共政策辩论的一部分,涉及赞助和市场营销等商业领域,同时,它也仍然是国家和地区认同形成的潜在文化力量。

英国媒体的严肃报道趋于衰落,体育报道的市场急剧扩大,从事体育报道和分析的记者明显增多。现在体育新闻与报道被越来越多的报纸视为品牌推广的关键因素,它们被重新定位以吸引新的读者。结合体育的全球扩张,对于希望进入体育新闻业工作的大学毕业生来说,数字媒体所提供的新机遇和体育日益增长的商业价值都有助于增加就业机会。当然,随着体育产业扩张,商业和政治利益的范围也相应扩大,我们空前迫切地需要严谨、独立的新闻报道。这对体育和新闻提出了重大的道德挑战。

新闻:更大的挑战

媒体机构的工作是培养记者。这看似显而易见,但实际上相当重要,媒体机构的市场运作直接影响着报纸、电视或网络上的新闻业态。英国前首相托尼・布莱尔(Tony Blair)的公关顾问、记者阿拉斯泰尔・坎贝尔(Alastair Campbell,2008)和调查记者尼克・戴维斯(Nick Davies,2008)对英国新闻提
出尖锐批评,他们认为新闻组织运作的商业限制对新闻标准产生了负面影 173
响。换句话说,尽管所有记者都面临着一些普遍的问题,但某些媒介组织却附加了内部的特殊限制。

我们也认为,许多英国体育记者面临的问题实际上与政治、商业等其他领域的记者面临的问题相似(Boyle,2006)。也许,国际体育报道的某些特定方面是独特的,但它与其他新闻领域的相似之处更多。

当然,许多问题现在由全球化、数字化和市场化力量所推动。这些常用的术语如何互动,如何在特定的国家和新闻市场中运作,是由体育新闻所处的具体文化和经济环境决定的。换句话说,全球化、数字化和市场化力量经常以不同方式、在不同环境和不同国家中对新闻产生影响。所以,英国和美国的体育新闻既有相似之处,也在新闻文化方面存在显著差异。世界各地

都有体育记者,但他们并不一样。

数字媒体环境中的体育新闻

英国体育新闻是新闻领域扩张和发展进程的组成部分,这也是它的核心特征。现在,24 小时滚动播出的新闻频道对体育新闻发布会进行现场直播,这在跨入新千年以前还是不可想象的事情。此外,体育迷和体育记者都可以将滚动新闻当作消息来源。这些改变加快了信息跨媒体传播的速度,本书随后将对此进行详细阐述。

174 数字化时代的另一个特点是信息传播的媒介协同效应。举例来说,虽然数字技术与体育报纸和广播早有合作,但其和更加重视市场盈利的媒体相互结合,促成了更多、更紧密的商业联合。在竞争日益激烈的多频道数字电视环境中,平面媒体能够帮助羽翼未丰的电视体育频道进行品牌推广。各种规模的媒体可以共享新闻资源,分担成本,同时促进报纸、广播以及在线媒体新闻和评论的交互传播。

这类编辑关系引发的问题之一是,电视是许多体育赛事转播权的所有者,体育新闻在多大程度上促进了报纸和电视的跨媒体整合?这些赛事会比其他活动更受推崇吗?网络会改变和影响新闻价值吗?跨媒体的体育新闻评论是否还有独立存在的空间?如果谁认为这样的商业发展不会影响编辑决策,那真是太天真了。

在英国,随着数字环境和更宽松的广播市场相结合,这样的协同发展将越来越多,这些编辑问题必须得到解决。体育记者正在遭遇之前“硬新闻”领域常见的道德困境。“硬新闻”指的是媒介机构对具有商业敏感性的问题进行报道。正如我们在书中一直主张的那样,体育新闻数字化时代,竞技体育日益依赖媒介组织。体育新闻处于一个高度竞争的环境之中,信息高速流动,媒体竞争激烈,大家都追求内容和评论,新闻和体育之间的传统界限越来越模糊。新闻缺乏明确的内容边界成为当代新闻界的核心特征。

网络体育新闻

网上从不缺少有用的体育内容。记者常以网络作为消息来源,特别是
175 吸引独家报道的运动队官方网站,它们通常是记者搜寻球员、经理或运动员言论的首选。尽管网上消息很多,但在体育新闻方面,强化现有媒介品牌仍

是制度层面的要务。

英国足球俱乐部的官方网站会把它们收集的信息和内部资讯分发给旗下的媒体平台。在门户网站异军突起的那段时期,某些设想产生了:顶级俱乐部拥有自己的内部采编团队,利用一系列官方数字媒体为俱乐部制作新闻内容,而这些独家内容通过用户订阅和广告产生盈利(Boyle and Haynes, 2004)。但现实情况是,市场和技术在某些情况下还不成熟,无法对体育新闻运作流程进行这样颠覆性的重组。关键问题在于上述新闻生产方式在信度和动机上难以具有合法性。与在媒体工作的体育记者相比,为俱乐部工作的记者只是以不同的方式宣传俱乐部而已。

但是,网络已经对新闻记者接近体育明星带来了严重影响。随着体育明星已经清楚地认识到明星形象在数字环境中的商业价值和重要性,他们的个人网站试图提供独家言论。

网上还有很多与体育有关的素材,体育迷在网站上留下大量的内容、评论和信息。通常,这些素材是对报纸评论或观点的反馈。然而,即使是不受监管的体育新闻市场,也需要一些权威元素,实际上体育迷获取信息的渠道并不单一,他们通过各种渠道(包括俱乐部官方网站)获取新闻,当然也包括 BBC 和 Sky 等知名媒体。

新闻采集速度的变化

体育新闻数字环境的特征之一是借力媒介平台的传播速度。BBC 记者通过搬运各类媒介平台的信息为 BBC 提供体育新闻。这种新闻节奏非常重要,它不仅能及时给读者提供新闻,挑战传统报纸的权威,还能给报纸提供 176
机会,让其可以通过网络对品牌进行宣传。正如前面提到的,在 2008 年北京奥运会期间,报纸使用网站进行初步报道,而纸质版则在第二天为读者推出深度报道。

新闻采集和跨媒体传播的速度也对新闻真实性的传统理念提出了挑战。在全天候新闻时代,抢先报道新闻的竞争越来越激烈,准确性和记者在传播中的基础作用也开始改变。

记者没有时间为受众进行审查、过滤和报道工作,体育新闻的工作变得更加困难。越来越多的体育记者以互联网作为新闻来源,这也使情况变得更加复杂。记者可以通过新闻通讯社获得消息,很多人也用它来检索信息和报道,而体育迷的帖子和网站信息并不完全可靠。还有,网络信息具有即时性,以前新闻发布会的消息要通过速记由报纸刊载,现在通过网络传播就可以实现即时发布。

时间压力一直是新闻报刊文化的一部分,但是现在只要新闻发布会一结束(可能是在电视或广播上直播),新闻机构就能通过网站在线转述和转发运动员发表的评论。体育记者对报道进行深入挖掘的机会变少了。与这一过程同步,商业化报道也成为体育新闻景观的一部分,这可能给体育记者带来困惑和潜在的问题。

声誉管理和体育新闻

时间压力对体育记者影响很大,以前严格的截稿期限逐渐消失,体育新闻已经实现多媒体、全天候报道。有损声誉的(假)消息或观点也可以通过互联网即时传播(Boyle and Haynes,2006)。

177 在日益注重个人媒介形象的时代,报纸中的报道被数字媒体快速收集和再加工,而体育人士动辄对报纸体育版中的争议问题提起诉讼。在过去,当这种情况发生时,其往往会被新闻记者爆料,并登在报纸头版中。这种新闻官司也蔓延到了体育领域,我们意识到,体育记者在报道时也会涉及复杂的财务问题。在这种情况下,对于那些进行调查报道的记者而言,越来越多的官司可能会起到恫吓作用。目前,体育新闻评论和观点(而不是事实)泛滥,新闻报道在公共领域传播速度加快,声誉管理的商业价值持续上升,涉及电视体育“评论员”的诉讼案件可能会增多。

媒体机构内部也会相互影响。2008 年,曼联主帅亚历克斯·弗格森爵士拒绝接受 BBC 电视足球节目《比赛日》的采访,因为另一个 BBC 时事节目《全景》对弗格森的儿子从事足球经纪人工作一事进行了指责。2008 年初,《太阳报》头版大肆报道切尔西球员的私生活,切尔西俱乐部立即禁止《太阳报》足球记者参加其每周的新闻发布会。

越来越复杂的公共关系以及围绕竞技体育和明星的媒介管理意味着记者参加新闻发布会所受到的控制越来越严,非正式地接触消息来源变得更加困难(Sugden and Tomlinson,2007)。积极的一面是,这使信息更加公开;另一方面,这也限制了记者“进入事件”并且向读者或观众透露内部信息的能力。对一些体育记者来说,如今他们只是传播越来越多(被控制)的信息,而不再需要走出去追踪新闻。

在其他新闻领域,公共关系的发展使得成为记者更加容易(传播大量信息),但保持独立和质疑更加困难。出于商业利益的考虑,接近关键运动员 178
的采访渠道被严格控制。影视娱乐行业的公关实践向体育领域(尤其是足球领域)迁移,这也是21世纪以来最显著的变化之一。体育明星现在可以通过精心设计的报道、标题和图片来控制他们的媒介形象,这不是代理人所寻求的对体育客户的控制,而是耐克和阿迪达斯等赞助商在力求打造同品牌相关的新闻。英国《运动》(*Sport*)杂志的编辑西蒙·凯尼(Simon Caney)认为:

> 对于报道许可,我的观点是,我们只能去适应这种程序,特别是关于足球运动员的报道。(作为一名体育记者)通讯录上的联系人就是新闻资源。你现在需要大约6个人的电话号码,比方说耐克的查理·布鲁克斯(Charlie Brookes)①和阿迪达斯的约翰·迪肯(John Deacon)②。……体育新闻在过去的20年里发生了巨大的变化。(《新闻公报》,2008年1月11日)

体育明星和记者之间的距离变得遥远,新闻性质发生了变化,公关宣传也增多了。记者尼克·戴维斯(Nick Davies,2008)认为,大量新闻报道由公关机构发布,通过英国媒体传播,这意味着面临挑战的并非只有体育新闻从业者。

"随时待机"的体育记者

如果体育记者所处的媒体格局发生了改变,他们与技术的关系和已形成的工作方式会也随之变化。办公室可以通过手机随时联系到记者,并指挥其工作;笔记本电脑和电子邮件方便记者给后方传回报道;无线技术可以让记者"在路上"写新闻,并发送至各类媒体平台。2008年的体育记者要写出比二十年前更多的报道,无论是线上还是线下,都有大量的新闻空间需要被填满。

---

① 时任耐克(英国)公司媒介部负责人。——译者注

② 时任阿迪达斯(英国)公司公共关系部负责人。——译者注

179 数字化体育景观的特点是传播的“持续性”和体育媒介内容的扩张。在数字化时代的英国，自由体育记者人数增多并受到倚重。在2000年以来近十年的时间里，随着杂志和非体育出版物等平面媒体的发展，报道体育新闻的自由记者不断增多。此外，报纸体育版也会经常邀请自由记者撰稿，尤其是在足球赛季。英国报业协会(Press Association)等通讯社扩大了在体育领域工作的记者规模，并为纸媒、广播和在线领域的一系列媒体提供服务。

关于纸媒的体育新闻经费投入，整个行业的情况往往极不平衡。尽管英国的一些全国性报纸的体育编辑辩称，与对手相比，他们的资源不足，但其他新闻部门却认为，体育部门的资源相对充足。事实上，在纸媒整体资源(和编辑人员)减少的时候，体育新闻的增长使得它成为新闻资源相对充足的一个领域，多年来在发行市场中一直受到欢迎，报纸的体育版发展态势良好。

体育领域：该死的出版？

最终我们想说，目前报纸和杂志中的体育文章激增。记者以体育为题材，反思职业生涯和更广泛的问题，而这一反身性写作理念源自美国。

当然，英国也有记者以机智的方式书写体育[这受到巴德·舒尔博格(Budd Schulberg)和达蒙·鲁尼恩(Damon Runyon)等美国体育记者的影响]。20世纪80年代，诺曼·梅勒(Norman Mailer)对拳击的诗意评论是美国体育写作的代表，借鉴美国模式，英国也出版了一些体育书籍，不过跟足球没有什么关系。当时最流行的要数小说家戈登·伯恩(Gordon Burn)1986年的作品《零钱：坏男孩、商业头脑和繁荣时期的斯诺克》(*Pocket Money: Bad-Boys, Business-Heads and Boom-Time Snooker*)。

180 伯恩带领读者进行了一场有关全球斯诺克巡回赛的幕后之旅，而比赛由电视、赞助商和金钱掌控。与美国的传统相一致，这本书介绍了20世纪80年代中期的英国社会中的斯诺克运动。斯诺克是一项由工人阶级球员主导的运动，在电视和赞助的推动下[由拥护撒切尔夫人的企业家巴里·赫恩(Barry Hearn)推动]，这项运动正在发生变化。2006年，伯恩又出版了一部体育题材作品《贝斯特和爱德华兹：足球、名声和遗忘》(*Best and Edwards: Football, Fame and Oblivion*)。他在书中描写了两位不同时代的标志性足球明星，审视他们对流行文化的影响，反映现代媒介文化中明星角色和功能的不断变化。

1989年，威廉·希尔年度体育图书奖（William Hill Sports Book of the Year）启动，这反映出体育类图书的增多。2000年以来，已有多本图书获奖，这也是体育记者梦寐以求的目标。以汤姆·汉弗莱斯（Tom Humphries，2003）和西蒙·休斯（Simon Hughes，2005）为代表，越来越多的球迷开始写体育对他们生活的影响。1992年，尼克·霍恩比（Nick Hornby，1992）发表了《极度狂热：一个球迷的生活》（*Fever Pitch：A Fan's Life*），之后这种写作方式便在英国兴起了。体育一直是美国作家叙事的一部分，最近英国作家的作品，如大卫·皮斯（David Peace）的《该死的联队》（*The Damned Utd*，2006）和约瑟夫·奥尼尔（Joseph O'Neill）的《尼德兰》（*Netherlands*，2008）以非常特别的方式，将足球、板球和小说这一文学体裁相结合，观察当代英美社会和文化生活中的特定时刻。

还有一些作品将体育置于更宏观的社会和文化背景下，如布彻（Butcher，2004）再现了塞巴斯蒂安·柯伊（Seb Coe）和史蒂夫·奥韦特（Steve Ovett）之间的竞争，描述了英国20世纪80年代的体育运动；汉弗莱斯（Humphries，2007）描写了爱尔兰都柏林和克里这两支球队之间的盖尔式足球比赛，它主导了20世纪70年代末和80年代初的爱尔兰体育。也有一些作品揭露了体育运动的内幕，例如保罗·基马吉（Paul Kimmage）的《坎坷的骑行》（*Rough Ride*，2007）及大卫·沃尔什（David Walsh，2007）和惠特尔（Whittle，2008）对自行车运动的描写。记者基马吉曾经是自行车运动员，他用"偷猎者变成猎场看门人"的有趣说法，讥讽自行车运动及其与兴奋剂和媒体的关系。写作体育类纪实文学作品已经成为一类产业，许多体育明星的传记都由记者代笔。

越来越多的人在参与体育运动的同时，针对体育发表引人注目的、有争 181
议的报道，这引发了一些关于道德和新闻影响的争论。记者发现他们无法和体育明星保持联系，因为：第一，大财团有意识地隔离精英运动员；第二，体育和新闻之间信任崩溃；第三，各类体育代理人重视对媒介形象的保护和管理。因此，同体育明星建立亲密的私交已经变得几乎不可能，除了一样——为运动员代写自传。

即便如此，这种体育媒介文化也已经有所变化了。大部分传记不是通过直接销售营利,而是通过向报纸出售连载权,吸引报纸对书中相关丑闻或争议进行报道。一般来说,高收入的足球明星并不热衷于参与这种活动。除了少数例外——埃蒙·丹菲(Eamon Dunphy)为罗伊·基恩(Roy Keane)代笔(Keane and Dunphy,2003)——大多数足球运动员的书平淡无味(Boyle and Haynes,2003)。但是,板球和橄榄球运动员的收入远远不及足球明星,因而这些运动的球员和经理人会出版传记作品也就不足为奇了。

2008年,英格兰橄榄球明星劳伦斯·达拉格里奥(Lawrence Dallaglio)和迈克·卡特(Mike Catt)因为在自传中爆出更衣室丑闻而受到批评,他们还抨击了当时的英格兰橄榄球教练的素质。随后,管理机构——橄榄球联盟(RFU)①便开始引入合同,禁止现役球员出版自传。英格兰板球国家队前主教练邓肯·弗莱彻(Duncan Fletcher,2007)出版的自传,被体育记者凯文·米切尔(Kevin Mitchell)称为"最恶毒的冬季娱乐读物"(《观察家报》,2007年11月4日),书中讲述了一些故事,包括英格兰球星喝醉酒后的不当行为。弗莱彻受到了严厉批评,因为他违反了"体育的沉默规则",透露了一些被认为应该只限于更衣室或训练场的事情。

数字化时代,所有的体育运动和出版商都在争夺媒体和公众的关注,在这样一个名利圈里,出售争议就可以获利;随着全天候媒体网络的拓展,揭
182 丑和爆料事件还会继续出现。同样,在这个打造和管理体育媒介形象的时代,体育记者会极力参与其中,我们可以预见,为控制独家体育报道而展开的竞争也会加剧。

小结:体育新闻到底是为了什么?

报纸面临的问题是如何适应网络受众不断变换的新闻搜索需求。在新的网络环境中,体育新闻将继续发挥重要作用。"传统新闻"衰落和博客崛起(用户生成内容)的过程对新闻权威的合法性提出了挑战。这些讨论大部分都集中在政治报道中,关注网络和博客的兴起对新闻政治的影响。

体育新闻领域存在一个由来已久的传统,那便是通过媒介平台发表与

---

① 橄榄球联盟(RFU),英格兰橄榄球联盟的管理机构,成立于1871年,在1886年世界橄榄球联合会(WR)形成之前是这项运动的国际管理机构。

“主流”体育新闻不同的观点，如 20 世纪 80 年代和 90 年代的一些体育爱好者杂志所做的那样。体育迷是最早在网络上建立社区和网络的群体之一，他们要么传播信息、组织活动，要么嘲讽“传统媒体”对他们所支持的项目或队伍的报道。

这一传统仍在延续，通过网络、数字化全天候新闻以及体育电视和广播频道发布的体育新闻并没有妨碍人们，尤其是在更深入地了解和反思体育新闻的受众细分市场中。因此，对于新闻机构而言，网络体育新闻的发展是数字新闻策略的关键部分，比如 BBC，当其他领域的新闻，如政治报道，遭遇困境时，纸媒的体育新闻市场还保持强劲。事实上，尽管网络体育报道发展迅速，但似乎并未显著影响读者对传统报纸的兴趣。

网络新闻的扩张给记者提供了更多报道机会，鼓励了体育新闻的自由撰写。在过去 5 年左右的时间里（指 2006 年以来——译者注），媒介机构的组织结构发生了变化，编辑和战略思维与体育内容相结合，体育新闻被用于跨媒体平台的内容生产以便产生规模经济效应。

数字化时代的体育新闻具有连续性和变化性。体育迷仍然需要不同类 183
型的信息，并且根据需要选择不同的媒体。在体育迷文化中，信息的传播速度就是生命。对于传统的传播方式来说，在比赛结果和突发性事件的报道中，网络和移动通信是理想的工具。网络对生活在国外的体育迷尤为重要，这样他们就能够跟他们支持的队伍或运动保持联系，这在十年前是不可思议的。

在英国，随着体育产业的经济和政治重要性不断增加，公关活动也不断增多，这对体育记者构成了挑战。他们所面临的挑战与其他领域的记者所面临的是类似的，记者仍然需要走出办公室，制播内容并代表读者和观众提出质疑。体育融合了娱乐、戏剧和新闻价值，给记者带来了特殊挑战，他们既需要在节奏日益加快的新闻环境中为人们提供信息和娱乐，同时还要应对知识日益丰富的受众。

21 世纪还会有更多引人注目的体育新闻。尽管电视体育兴起了，但纸媒的体育记者仍然是新闻报道中重要的文化讲述者。简而言之，体育新闻要报道、询问、解释，有时还要代表球迷参与体育项目。体育在当代流行文化中越来越重要，体育新闻的商业价值和体育记者的新闻选择也将继续升级。体育记者正面临挑战，在英国，他们要报道具有独立性、教育性和娱乐性的新闻,抵制日益商业化和私有化的媒介体系。在这样的环境下,体育新闻需要质疑、调查和呼吁,更加敏锐地解释体育领域内的各种权力、政治和商业文化。多年来,虽然有批评认为体育新闻缺乏调查性,但应该注意的是,体育新闻仍是一个规模虽小但发展迅速的文化领域。同样,调查性报道衰落是新闻领域广泛存在的问题,并不只存在于体育报道中(Davies,2008)。

第十章 体育消费:体育迷与观众

摘要

迷文化在体育文化中的作用。

社交媒体和媒介如何再现和改变人们对迷文化和体育的认识。

迷文化中媒介与体育的相互作用。

关键词:体育迷;社交媒体;电视;纸媒;体育运动

> 曼城足球俱乐部被接管的事实告诉我们:比赛可能在这里举 184
> 行,但即使获利丰厚,足球运动本身依旧被边缘化了,这已经成为一种普遍现象。我们不是俱乐部的主人,也不为俱乐部效力。我们只是观众。(White,2008)

引 言

做一个体育迷需要倾注大量热情。本书的大部分篇幅都集中在体育媒介的历史、政治经济、文本分析等方面。媒介和体育产业的核心人群是体育迷和(或)读者、观众,不论是对相对传统的方式还是对不断调整的媒介化形式来说,这些人都是体育的消费者。本章将考察媒介体育的消费并试图为电视体育提出一种基于经验的受众理论。在本章的后半部分,我们也关注体育、媒介和认同形成过程,分析体育迷与这个进程的关系,再次强调在迷文化和其他集体认同形成过程中,媒介并不是唯一要素。

男性体育仪式

通过电视收看体育比赛的观众被称为“沙发球迷”(armchair supporters),如何对他们进行界定,涉及电视体育的认识论问题。这种说法也带有常见的刻板印象,让人联想到为社会所不齿的虚构形象“电视迷”:坐
185 在屏幕前,喝掉四箱啤酒,吃掉大量快餐。这个形象将观众个体和精英化的体育迷混为一谈,误导了电视体育观众的认识,这是一种不正常的文化现象。詹森(Jenson,1992:9)在谈到一般“迷”形象时指出,这种行为经常被认为是强迫性的,是一种社交障碍的心理症状。“这种体育消费模式的懒散本质(孤立、孤独和自恋)让个人和群体蒙上了污名,而他们原本的目的是试图从现代生活的焦虑中解脱出来。”

此外,通过对体育迷的界定,詹森认为,在狂热之外存在一种自我扩张的界定形式,它支持“理性超越情感、受过教育的超越未受教育的、克制超越欲望、精英超越流行、主流超越边缘、维持现状超越选择改变”(Jenson,1992:24)。上述关于体育迷的保守形象看似与周六晚间定期观看 BBC《比赛日》等节目的 400 万名观众没有任何关系,但“沙发球迷”一词却让人联想起某些对立的观点。也许最常见的对立就是观看电视转播的被动体验和在体育场上现场观赛的主动体验。这种观赛体验的分离一直是体育管理层担心的问题,他们害怕媒体传播会使现场观众减少。就其本身而言,电视已经竭尽所能地将“沙发球迷”吸引到屏幕前。接下来,我们换个角度,从体育报道的男性视角来进行分析。

男性视角和电视体育

受女性主义精神分析电影理论的影响,最近出现的对体育报道中的男性视角的批评推动人们研究通过视觉愉悦和叙事建构男性主观性的过程(Nixon,1996)。观众被当成性别化的主体,占主导地位的男性凝视被描述为偷窥的、直接的和迷惘的。借鉴这种“质问式”方法或电影话语表达,莫尔斯(Morse,1983)提出收看电视体育节目涉及“男性凝视”,会引发同性恋欲望。
186 此外,正如体育评论员的叙述(第四章),电视体育直白地邀请男性观众加入

“体育世界”,也证明了体育是男性的领地。

罗斯和弗里德曼(Rose and Friedman,1994)对这种典型的男性主导视角进行了批判,他们认为,盲目迷恋男性身体构成“阅读和评价赛场表现的阐释过程”,电视体育男性视角的“分析话语”最后成为情景剧般的戏说。换句话说,莫尔斯的观点有启发性但缺乏深入的理论分析,电视体育可以被视为一种“男性肥皂剧”,突出“个人奋斗”“社会矛盾”和“道德冲突”等多重叙事。借用电影理论家克拉考尔(Kracauer,1926)的“转移”理论和莫伦斯基(Modlenski,1983)对“接受节奏”的重新解读,罗斯和弗里德曼认为:

> 最终讨论的落脚点是对男性消费和生产模式的重新界定:我们认为,电视观众在体育中表现出的转移、分化和其他消费导向,具体反映出后工业时代男性工人所需要的认知模式和技能。(Rose and Friedman,1994:26)

正如第二章和第三章所指出的,电视在体育的标准化和商品化过程中不可或缺,为了“理解”观众行为,新的技术层出不穷。体育评论员把观众与赛事的戏剧性联系在一起,就像电视连续剧一样,不断编写出有关球员、经理、俱乐部和国家的新故事。

在赛事转播中,主评论员描述比赛动作——增强现实感和直观性,副评论员或赛程播报员从旁协助。根据罗斯和弗里德曼的说法,这些叙述更具有思辨性,它的作用“就像肥皂剧里的八卦”。具体来说,男性观众被安插在这样的话语架构中,体育被视为一种男性领域(Rose and Friedman,1994:27)。由此,对比赛的呈现通过电视评论完成了重构,这也是电视体育中观众最喜爱的关键要素。熟悉的评论形式和风格,对特定球员和球队的情感认同,二者结合在一起,消解了电视屏幕的边界,激发了观众的参与热情。 187
同样,广播和电视中的早期赛事评论,尝试把听众当作朋友。但可以这样说,这个“朋友”显然是男性,就像奥康纳和博伊尔(O'Connor and Boyle,1993:116)对足球的见解:“就算女性被安排在电视转播足球比赛的话语中……也是一种边缘和非正式的存在。”

男性与这种话语相接触,将电视体育当作男性世界的延伸,我们稍后将以拳击赛事报道作为案例展开分析。超文本的电视体育成为男性在公共领域的社交工具,部分展现了“男性霸权”(Connell,1987)。因此,电视体育可以被理解为一个“开放文本”,而不局限于被用以分析男性观众和女性观众的区别。在这个“开放文本”中观看比赛的“对话行为”需要把多重身份、场景和“体育世界”的叙事相互结合,它的“接受节奏”具有转移性、片面性和间断性(男性喜爱体育类似于女性喜爱肥皂剧)。然而,体育迷应该对电视体育进行范式解读,关注明星、新闻和赛事之间的可能性,而不应偏离电视体育中实际存在的性别权力关系,这种关系在电视体育中得以显现,并成为“性别秩序”的主要特征(Connell,1987)。

正如我们在第七章中提到的,电视体育实践和话语继续隐含着男性化倾向。在这种情况下,伴随着将男性的体育实力等同于男性的优势,体育运动中的男性形象有助于文化价值的社会再生产。体育仍然是一个矛盾领域,在社会文化中被广泛压抑的男性情感(Rutherford,1996)得到了合法化的表达:在 1990 年意大利世界杯上,保罗 · 加斯科因(Paul Gascoigne)流泪的样子,最公开地“显示”了男性的悲伤[1996 年,加斯科因还在为沃克斯(Walkers)薯片代言的广告中自嘲了这一幕]。

在电视转播的足球比赛中,这种个性化时刻的呈现试图唤起观众的情感共鸣。在加斯科因的例子中,他为国家流泪,因此他的行为将阳刚之气、体育自豪感和国家认同感结合在了一起——这些都是球迷们熟悉的特征。女性主义研究者对“女性气质”的研究将性别作为理解电视观众的中心问题,从更广泛的关系连接和“解释性群体”的角度来看,这些研究并不能很好
188 地解读媒介文本(Radway,1984)。在媒介接受的背景下,我们可以使用类似的分析模式来研究男性对电视体育的接受。性别、气质和体育迷之间的相互关系是电视体育男性观众研究中的重要变量。正如利文斯通(Livingstone,1996:445)所说,观众如何讨论这些变量会影响他们对比赛的评价反馈、参与度以及观看动机。概述了电视体育的各类观点和男性观众的建构之后,我们接下来分析男性的社会和文化消费——这也是本书两位作者参与的“男性如何看待暴力”这一项目(Schlesinger et al.,1998)的一部分内容。

男性观看拳击:为什么研究男人?为什么研究暴力运动?

定性的受众研究的研究者试图理解观众使用电视的方式,他们相信个

人有能力与媒体积极互动以“满足”心理需求,同时也想通过观众的社群身份了解他们对电视的理解。

在英国广播标准委员会(Broadcasting Standards Commission)的“男性如何看待暴力”研究项目中,不同背景的男性参与了15个焦点小组的研究,以大致模拟“当面对一个共同的话题时,人们以何种方式谈论其在屏幕上看到的东西”(Schlesinger et al.,1998:5)。参与者观看了一系列暴力节目,他们对节目的解读和反应受到社会地位、种族、年龄、性取向和一般生活经验的影响。该项目的前期研究是“女性如何看待暴力”(Schlesinger et al.,1992),项目选择了一些节目来刺激小组成员讨论对妇女的暴力描写。在男性研究中,我们敏锐地意识到有必要扩大方案的范围,不仅包括男性对女性的暴力行为,也包括男性对男性的暴力行为,以及体育方面的暴力行为。体育运动,尤其是拳击运动的引入变得很重要,原因有以下几个。

首先,这有助于调查男性认同中男子气概的激发形式。正如我们在第七章提到的,体育和男性之间的联系是理解体育媒介风格的重点,研究者期 189
望能够弄清楚性别与特定类型电视节目相互联系的神话。其次,这有助于探究男性对暴力运动各方面的反应:残暴、傲慢、戏剧性和场景。为此,男性受试者观看了两场差异较大的拳击赛事,一场是竞争激烈和破坏性强的暴力运动(奈杰尔·本对战杰拉尔德·麦克莱伦),另一场则代表现代拳击的浮华和付费电视的魅力(拳击王子纳西姆·哈麦德对战雷米吉奥·莫利纳)。最后,选择运动作为刺激因素是出于研究方法的考量。男性受众研究仍然是媒介研究中被忽视的领域。在组织男性焦点小组进行讨论时,不仅招募受试者很困难,而且调研中男性参与者往往不愿意畅所欲言地表达观点和感受,这也会导致研究过程受阻。

体育恰好能够提供一个调查领域,让男性受试者在预设情景中自由表达,如果控制得当,讨论很快就能模拟人们日常生活中的与社会密切相关的非正式谈话。最后,直奔主题,这项研究的目的是探讨男性电视体育消费的总体情况,以及体育知识在日常社会关系中的流动性传播。在进行焦点小组调查前,受访者还要完成一份调查问卷,这份问卷调查他们的媒介消费和体育兴趣。在这项研究的88名受试者中,有80%的人强调体育运动是其最喜欢的电视节目类型,但只有不到10%的人在家里的电视上订阅天空体育频道,只有2人付费点播体育赛事。男性的媒介消费和偏好表明了性别和气质之间的刻板印象,调查承认了电视体育是一个男性领域。另外,值得注意的是,在参与和观看体育运动时,来自格拉斯哥和曼彻斯特的两组男性同性恋受试者表现出明显的不同。在这项研究中,男同性恋者将团队运动与占主导地位的男性霸权等同起来,体现了通过体育运动展现大男子主义(通常是暴力的)的观念。他们通过对身体接触性运动的反感和回避表达出对暴力的普遍厌恶。

190 虽然对体育暴力的反感并不是男同性恋者所独有的,但它确实表明男性身份的建构方式对在电视上观看体育暴力的体验和解读有重大影响。

残忍的兴奋

在小组讨论中,同性恋者极力主张他们不喜欢拳击,一些受试者将体育暴力等同于在公共场合和私人领域的其他暴力形式:

> 我想这些人会把暴力施加到同伴或观赛的其他人身上……因为不成熟的人可能会想要摆脱它,对的,那么,你的太太让我不高兴了,或是同伴……打吧,我会击败你。(同性恋白人男性受试者,30—39岁年龄段,曼彻斯特)

拳击可以在男性群体之间引发暴力,持这样观点的人并不多,虽然一名年轻的工薪阶层男性特别提到"有拳击比赛的酒吧就有暴力",但受试者普遍认为拳击可以充当男性侵略性的宣泄出口:

> 我看过几场拳击比赛,观众通常都很激动,我想是的,我认为这是一项能让人产生攻击性的运动。在电视上看是不是一样?虽然我不一定会明说,但是我的确感受到了攻击性。(中产阶级白人男性受试者,30—39岁年龄段,格拉斯哥)

并不是所有男性都对拳击运动感兴趣,但拳击被广泛理解为合法的暴力对抗。同时,也有男性受试者提出了一种悖论——他们在参与体育暴力的同时也感受到了暴力对道德观念的挑战:

> 即使我认为拳击是纯粹的娱乐节目,比赛结束后,我还是会坐下来说:"哦,狗屎,这太野蛮了!"但你知道吗?当我观看比赛时,

> 我认为这是纯粹的娱乐……我的意思是你觉得肾上腺素飙升……几乎……有时你能感觉到自己也跃跃欲试。(西非男性受试者,18—29岁年龄段,格拉斯哥)

在这项研究中,男性受试者认为本和麦克莱伦的激烈打斗是拳击运动 191
中最令人兴奋的部分。

正如前面关于体育叙事的介绍中所讨论的,人们喜爱媒介体育的重要原因是其偶然性、比赛结果的未知性以及在赛事中塑造人物的重要性。对胜利者和失败者、宠儿和弱者的认同,是电视体育观众体验的一个重要方面。同样,一名来自曼彻斯特的中产阶级男性观看了本的比赛后,这样说:

> 我认为事实上他在胜负之间摇摆……他看起来可能会赢,也可能不会。那种摇摆,就像你徘徊在地狱边缘。这是比赛。我在想什么,比赛,比赛,比赛,不是吗?(中产阶级男性受试者,30—39岁年龄段,曼彻斯特)

在研究中,绝大多数的男性受试者了解本与麦克莱伦的比赛,并且知道美国拳击手受伤事件。他们认为伤害是这项运动不可避免的一面,人们普遍认为拳击手很清楚拳击台上的危险。从研究中我们可以清楚地看出,相当多的男性喜欢拳击,因为它会带来原始的刺激。此外,尽管许多人认为这项运动的残忍令人发指,但他们并不支持对有关拳击的电视报道加以管制或禁止。

拳击:景观和娱乐

我们在第七章中注意到,媒体对拳击的欢庆掩盖了与这项运动有关的野蛮和暴力。在这项研究中,男性如何参与拳击电视报道的讨论引发了人们对电视体育娱乐价值的思考。特别值得一提的是,研究的重点转向了男性对英国天空电视台拳击报道的讨论。即使是不喜欢拳击的人也认为体育报道中所包含的娱乐价值使其吸引力合法化了。30岁以上的男性可能还记得20世纪70年代和80年代BBC控制了电视拳击比赛。一些男性认为,随
着时间的推移,电视报道发生了巨大的变化。天空体育对拳击的密集报道 192

被认为是公开的“窥视癖”,从某种意义上说,每一次出拳和击打都在影像中被一览无余。有些人不再看拳击比赛：

多年前,我热爱穆罕默德·阿里的拳击大战,我喜欢在黄金时段看电视,从中感受拳击比赛的刺激。但是,当我了解了拳击以及更多关于移动和出拳的技术时,我就不觉得它有趣了。(中产阶级男性受试者,30—39岁年龄段,曼彻斯特)

我认为他们必须当心天空体育,现在比赛的回放那么近,那么慢,那么准确,你能看到不同的摄影机角度。这让我变得非常不安。(中产阶级男性受试者,30—39岁年龄段,格拉斯哥)

人们认为,对当代拳击运动的大肆宣传,以及电视上纳西姆·哈麦德王子等明星的表演,是大型商业体育赛事不可或缺的一部分。

一些男性受试者认为,哈麦德故意采用“花哨”的打法,以确保长期处于巅峰状态,他强调的是“娱乐圈”,而不是拳击运动,“吸引赌客……那些通常不会看拳击比赛的观众”(中产阶级男性受试者,40岁以上年龄段,利兹)。

哈麦德的拳击比赛往往用时很短,有人吐槽在付费频道上观看拳击比赛的收费太高,因为这并不能保证物有所值。付费观看拳击引发了订阅天空体育的用户的批评,因为他们还要额外付费：

我必须承认,这跟我的想法不一样,这是按次付费。最近我们订了天空体育,差不多是整个节目包,我不会额外再花10英镑去看拳击比赛,因为我认为如果你已经为体育频道付费了,为什么还要支付额外的部分?(中产阶级男性受试者,30—39岁年龄段,格拉斯哥)

抵制为电视体育付费在这项对于男性的调查研究中显得格外突出,即便他们已经订阅了专门的体育频道。

193 针对男性观看拳击的研究进一步说明,电视体育消费很大程度上取决于年龄和性别等社会关系。年轻男性更有可能订阅天空体育,也更愿意到公共场合如酒吧去观赛。在社交场合中谈论拳击的男性明显更能融入广泛的流行文化,这是体育在男性文化资本中的一个重要方面。我们从中可以看出男性的公共和私人关系：男性积极参与电视体育，拳击连接着公共生活中的男性领域。

这项调研已经过去了十年，它还证实了体育通过包装吸引观众这一点。免费电视节目中几乎看不到拳击比赛，1999 年英国重量级拳王伦诺克斯·刘易斯（Lennox Lewis）获得 BBC 体育年度人物奖（Sports Personality of the Year Award），这让很多人大跌眼镜，因为 BBC 的绝大多数观众看不到刘易斯的比赛。但之前，数百万观众都能够收看亨利·库珀（Henry Cooper）或穆罕默德·阿里的电视拳击比赛。事实上，具有讽刺意味的是，2001 年 4 月，刘易斯的职业生涯接近尾声，为了让公众更多地认识到他取得的成就，BBC 转播了一次他与哈西姆·拉赫曼（Hasim Rahman）的拳击大战。刘易斯战败了，BBC 也失去了对职业拳击的信心。2005 年，BBC 与奥运金牌得主奥德利·哈里森（Audley Harrison）签署了一份多场比赛的转播协议，这是 BBC 最后一次与职业拳击手合作。当时哈里森刚刚成为职业拳击运动员，但他的比赛平淡无奇，观众也对他敬而远之。拳击迷们仍然坚定地支持付费电视，它的受众群体主要是年轻男性。

种族本能：体育迷和媒体

2008 年欧洲杯让英国电视台大伤脑筋，因为没有“本土”国家可以支持。BBC 在一段世界杯预告片中以轻松戏谑的口吻采访普通英国民众，请其回答“2008 年欧洲杯，你会支持谁?”这一问题。从工人到小学生，从鱼贩到出租车司机，人们的答案都出于与竞争球队似是而非的关联，或者仅仅是熟悉的刻板印象。虽然这部预告片很滑稽，而且其制作者还邀请观众一起“找乐”，但它确实反映了一个更严肃的观点，即体育迷同文化身份密切相关。在 2008 年欧洲杯上，有些英国观众可能会支持别的国家，但更普遍的情况是，体育迷的忠诚通常不会改变。

足球迷在英国甚至全球范围内，仍然一如既往地活跃。20 世纪 90 年代 194
以来，足球迷的结构发生了巨大变化（King，1998；Sandvoss，2003），足球消费扩展到一切跟足球有关的东西上——取消站票的体育场、体育频道的订阅节目、足球装备的仿制品，还有互联网——但在英国足球亚文化中，由来已久的延续性依旧存在于仪式、共同身份和足球参与之中。充满激情的足球吸引着观众,这一观点仍然强调了球迷们在观赛过程中的体验。有人担心取消体育场内的站票会破坏足球比赛的气氛,这有些言过其实。尽管在英国各地的足球场的看台上,那些狂热的,有时甚至是暴力的球迷不再出现,但仍有足够的证据表明,在如今的足球场中,围绕足球而想象出来的共同身份依然存在并欣欣向荣(Williams et al.,2001)。

20 世纪 90 年代,体育文化中球迷扮演的角色重新成为关注热点。正如学者和流行文化对足球球迷的评论,在 20 世纪 70 年代和 80 年代的大部分时间里,任何与足球有关的事情都会立即引发暴力和流氓行为。歌功颂德的传记类书籍(Redhead,2004)和无数影视作品记录了英国足球流氓在国内外的行径,爱玛·波尔顿(Emma Poulton,2007)将其称为“流氓色情”。足球暴力是真实存在的,它已经成为满足男性窥视欲的一种小众化娱乐形式。1989 年希尔斯堡事件发生后,媒体对球迷的看法产生了复杂的转变,这很大程度上受到了足球运动支持者协会的影响,包括足球球迷协会、俱乐部独立球迷组织和球迷杂志(Redhead,1991;Haynes,1995;Brown,1998;King,1998;Giulianotti,1999;Boyle and Haynes,2004;Williams,2006)。虽然对球迷进行民主管理的努力有待商榷,但决策还是有实际价值的(Brown and Walsh,1999)。得益于球迷的支持,20 世纪 90 年代以来,与前几十年相比,足球文化的公共形象大大改善。足球作为一种游戏、消费、爱好和谈论话题,已经成为日常生活中的公共实体。

然而,不断深入的体育全球化进程——尤其是在所有权、媒介报道和商
195 品化方面——有何影响以及它是如何影响着我们对体育和身份问题的理解的,这仍然是严肃的问题。2005 年,美国财团格雷泽家族收购曼联,引起了当地球迷的强烈不满。商业主义肆虐和外国人拥有俱乐部的所有权被认为是不民主的,即便俱乐部已背上了沉重的债务负担。曼联球迷抵制新发售的曼联季票,建立了“独立曼联球迷协会”(FC United of Manchester,FCUM)。无独有偶,温布尔登足球俱乐部(Wimbledon FC)[①]从伦敦迁至米尔顿凯恩斯,其球迷重新组建了温布尔登足球俱乐部(AFC Wimbledon)。曼联事件是

① 温布尔登足球俱乐部是英格兰足球超级联赛创始俱乐部之一,曾获得英格兰足总杯,其球风硬朗乃至粗野,被称为“狂帮”。2002 年,原俱乐部迁址后,球迷成立温布尔登足球俱乐部,后买回原温布尔登足球俱乐部队徽,成为狂帮旗帜的继承者,征战英乙联赛(第四级)。——译者注

一种足球的另类经验。亚当·布朗(Adam Brown)是一名研究足球的学者,也是FCUM的发起人之一。他表示,成立新俱乐部的举动源于一种渴望,即一种"有限的比赛体验",通过足球重新唤起社会自豪感和兴趣(Brown,2007)。

更广泛地说,英国俱乐部被外国投资者收购、作为娱乐场所的足球体育场被私有化,导致社会上的某些群体排斥足球,而他们缺乏从不同层面参与这项运动的经济或文化资本(Crabbe and Brown,2004)。

体育文化的全球化也对老牌球迷产生了影响,他们身上体现出地方和全球的差异。BBC主持人科林·穆雷(Colin Murray)在一篇文章中透露了他在暑期旅行时喜欢上多伦多蓝鸟棒球队的有趣经历。他在北爱尔兰长大,像许多英国同龄人一样热爱足球,十几岁时一次偶然的北美之旅改变了足球在他心中单一的文化角色。穆雷对比了英国和北美的体育观赛体验:

> 棒球球迷和足球球迷没有什么不同。在这里,每个人都在球场里痛快喝酒,随意交流,很少理会坐在旁边的另一支球队的球迷,哪怕他们试图激怒附近的外野手。比赛一结束,他们就安全回家了。警察几乎没有什么存在感,我所看到的唯一麻烦就是两个醉醺醺的球迷被警察赶出了球场,因为他们对红袜队的传奇球星曼尼·拉米雷斯(Manny Ramirez)狂叫"×××烂透了",但事实上,他们说的没错。(Murray,2008)

当然,一些英国观众的观赛体验(包括一些低水平的足球比赛)也有类似特点。

这样的观察揭示了一种新的体育迷形式,它不再根植于地方,而是成为 196
一种新兴的体育旅行的一部分,这种旅行是全球性的,也受到电视和其他媒体宣传的影响(Sandvoss,2003)。朱利安诺蒂(Giulianotti,2002)提出了当代体育迷的分类方法,他认为这个分类包括"支持者、追随者、粉丝和漫游者",后者的定位就像穆雷所描述的那样,结合了后现代的嬉戏和体育文化的特质。后现代的体育迷在本质上就是全球消费者,他们通过体育经验和参与获得(至少在他们看来)地方体育亚文化中缺乏的东西。因此,棒球、冰球、篮球和美式足球等北美主要的运动获得了英国社会的某些群体的青睐,对他们来说,由于各种原因,足球、板球和橄榄球几乎没有吸引力(Crawford,

2004;Falcous and Maguire,2005)。

当然,这些体育观看和消费活动中的流动性各不相同。我们在第五章提到,全球体育明星是重要的国际体育品牌。大卫·贝克汉姆的标志性地位,为英超、曼联和皇马开拓了全球市场,事实上,他的国际知名度已经激发了美国观众对足球的兴趣,这也是2012年伦敦奥运会倒计时宣传活动的一部分。

在欧洲,逐渐占据主导地位的足球俱乐部中的精英团体,以前通过欧洲足球豪门俱乐部G14[①]谋求经济和政治的话语权,但是现在则通过欧洲冠军杯,它们还在球迷群体中创造出新的动力,将体育迷的身份认同从国家层面提升到超国家层面。金(King)对欧洲体育版图中新兴的区域性超级大国的分析表明,某些球迷的身份比前几代人更加欧洲化。一些曼联球迷不愿承认自己是英格兰人,甚至不愿支持英格兰国家队,而是骄傲地支持曼彻斯特在欧洲的城市地位,因为他们跟米兰、马德里、巴塞罗那和慕尼黑的欧洲对手进行着象征性和经济性竞争(King,2003)。

足球俱乐部的成功和影响力使足球中根深蒂固的认同发生了改变。足球运动的新身份也取决于俱乐部能否在电视、互联网或电脑游戏中出现,它
197 们能否推广明星球员以及相关的消费品和服务。在一份关于足球迷“消费热情”的报告中,蒂姆·克拉布(Tim Crabbe)和他的同事们建议,年轻人尤其应该使用“电子游戏技术”,将其与“当代足球支持、消费和对比赛的理解模式”联系起来(Crabbe et al.,2006)。

这种发展经常会被认为是对传统的侵蚀,这类观点在年长男性中尤其普遍。然而,我们同意约翰·威廉姆斯(John Williams,2007)的分析,他认为如果把这些发展等同于解散本地体育迷文化、腐蚀英国(和欧洲)体育价值观,那就言过其实了。英国足球比赛的上座率上升就是有力的反证。传统的体育迷群体并没有陷入瘫痪状态。相反,正如威廉姆斯所指出的那样,我们需要明白的是,随着体育消费和体验的新形式的不断涌现,体育迷的身份

---

① 为了与国际足联及欧足联等足坛权力垄断机构抗衡,争取更多的利益,1998年,14家欧洲豪门俱乐部(AC米兰、皇家马德里、拜仁慕尼黑、多特蒙德、巴塞罗那、国际米兰、尤文图斯、利物浦、曼联、巴黎圣日耳曼、马赛、阿贾克斯、波尔图、埃因霍温)在布鲁塞尔成立名为“G14”的组织。2000年,G14正式注册为“G-14 European Football Clubs Grouping”,即G-14欧洲足球俱乐部集团。——译者注

也在不断变化。

理查德·朱利安诺蒂(Richard Giulianotti,2005b)对苏格兰球迷,尤其是“格子军团”的研究,揭示了当代球迷的复杂性和矛盾性。只要是与苏格兰有关的重大赛事,“格子军团”就会出现在电视屏幕上。跟英格兰同行相比,苏格兰媒体对“格子军团”的报道充满正能量。记者分工细致,专门跟进球迷,报道“苏格兰国内”的最新观点和来自“苏格兰阵营”的非官方意见(详见第八章)。“格子军团”被媒体,还有那些自以为是“格子军团”成员的人,塑造成与英格兰球迷有本质区别的群体。苏格兰人性情温和、幽默风趣,而英格兰人则被视为具有威胁性、沙文主义和潜在暴力倾向。

正如芬恩和朱利安诺蒂(Finn and Giulianotti,1998)观察到的,苏格兰球迷的社交风格消除了英格兰球迷对苏格兰的负面刻板印象,而且得益于苏格兰媒体的自我宣传,其扮演了大使的角色。波尔顿(Poulton,2003)的研究表明,这些区别可能会消失。根据2002年韩日世界杯的报道,最初媒体和警察所担心的英格兰球迷的暴力行为并没有出现。尽管如此,那些冲突损害 198
了英格兰国家队的形象,其造成的刻板印象难以消除。

有时这种狂欢式的态度会渗透到足球俱乐部中,这在欧洲尤其明显。2003年,大约有8万名凯尔特人队的球迷前往塞维利亚观看欧联杯决赛,其中许多人只是为了“在那里”并且融入进军决赛的庆祝气氛。但是,苏格兰球迷的神话、他们与东道主的友好关系,在2006年曼彻斯特的那场决赛后被流浪者队球迷的暴力破坏了(见第六章)。这样的事件提醒我们,了解体育迷需要还原不同体育迷群体的特定社会关系语境,用更细致入微的方式解读体育迷在社会中的动态和文化政治,以及他们的媒介呈现。我们的体育消费可以因时间、空间和文化背景的不同而有所改变。

在体育经验高度媒介化的背景下,我们用加里·霍内尔的一段话来总结研究体育迷的理论方法:

> 与体育消费有关的文化体验可能会被商业化和商品化,但它们总要涵盖其他形式的经验和交流,带有经验分享、大众记忆,感知位置和空间,感知文化传统,感知体育赛事的开放和不可预测性。(Whannel,2007:150)

接下来,我们谈谈文化的重要性,以及体育运动和它的媒介化是如何建构传统的，特别是在格拉斯哥和利物浦这样具有足球传统历史和文化的城市。

足球迷中的传统和历史

最近有关英国（和欧洲）足球未来的争论集中在“传统主义者”和“现代主义者”之间。前者通常是因看重象征意义而为俱乐部自掏腰包的球迷，后者则将足球视为媒介、休闲经济中的企业和商业团体，他们将球迷视为消费
199 者（参见 Boyle and Haynes，2004）。西蒙·库珀（Simon Kuper）对 20 多个国家的足球文化进行了考察，他指出，只有在英国球迷文化中，历史和传统才被认为如此重要：

> 英国球迷是历史学家。当两个英国人踢足球时，他们的历史竞赛也在同时进行，在格拉斯哥尤其如此。（Kuper，1994：216）

他认为，这种对传统的执着反映在英国政治文化中，英国人一直担心会失去英式生活的特定传统（通常受到欧洲的威胁），但在格拉斯哥，这种担忧是由当地特有的种族和宗教问题引起的。本书作者对格拉斯哥和利物浦的球迷所做的研究表明，俱乐部的角色以及他们在种族和城市身份中的定位是不同的，这反映在球迷对俱乐部的关注以及对俱乐部传统的理解上。即使在媒介饱和的文化中，在地方、地区和国家层面，足球依然强调地方竞争，它与城市工人阶级文化紧密相连，并伴随着对领土划分的关注，足球运动成为表达个体和集体身份的有力文化形式。

这种文化形式中浸淫着传统的中心思想，它影响着球迷看待他们的团队、他们自己和其他球队的支持者的方式。如同在国家的“想象共同体”中一样，足球文化欢庆英雄和胜利，通过编织强大的叙事将过去和现在联系在一起，不仅利用俱乐部历史上的传奇，而且还深入宏观社会，与流传于足球之外的更深层次的神话相结合。这一过程涉及许多中介平台，包括媒体、家庭、学校、球迷俱乐部等。许多官方俱乐部的历史（实际上大部分的历史书写都是这样）都试图对过去的赛事进行整理和叙述。这样做也有助于理解（或合法化）现实。约翰·汤普森（John Thompson）如此评论合法化“叙事”的重要因素：

> 这些故事讲述了过去，并把现在视为永恒且宝贵的传统的一部分。的确，传统的出现有时是为了创造一种归属感，这种归属感超越了冲突、差异和分裂的体验。(Thompson，1990：61-62) 200

历史是一个遗忘的过程，也是记忆的过程，回忆过去能够使现在合法化。

这个过程有助于维持球迷和他们支持的俱乐部之间的集体特征。对传统和历史的选择性解读是很重要的，它维系特定的话语，赋予它们永恒的地位：变成"天赋的"和"自然的"。有关国家或文化特征的话语，通过各种形式的叙事被再现为"天赋的"或"固定的"。在19世纪的利物浦和格拉斯哥，许多话语都涉及爱尔兰移民，出于一定的社会和政治考虑，"我们的"传统、"我们的"工作、"我们的"遗产，都受到移民"浪潮"的威胁——21世纪初期也有类似移民人口的地位问题。"传统"的各个方面被动员起来，使当前的思想和政治行动合法化。

此外，人们认为文化传统属于早期的纯真年代。它们成为象征性事件，将我们与过去联系起来，让我们回到一个更安全、更简单的社会。这在一定程度上源于对现代世界的不满，让是古非今的看法变成了怀旧：对更安全的"黄金"时代的渴望。当然，这个"黄金"时代实际上可能从未存在过。正如蔡斯和肖(Chase and Shaw)关于现代人类生活经验的注释：

> 唯一确定的是不确定性，因此，怀旧是试图坚持过去所谓的确定性，无视现在的事实，不管你是否喜欢，在我们的生活中唯一不变的就是改变。(Chase and Shaw，1989：8)

流行文化与足球——即使是媒介化的足球，某种程度上，因为所有球迷在比赛中的体验都是通过各种传播渠道获得的——尤其是城市调查中的，也是一种社会化的过程。这不是简单的历史版本的差别，俱乐部象征着一种历史感、地域感和球迷的归属感，球迷常常认为自己是俱乐部的一部分，也是历史的一部分。

变革时代的归属感 201

对许多球迷来说，与足球俱乐部及其所在城市相关的传统和历史，就是过去和现在之间实实在在的联系。足球队总在变化(球员、经理来来去去),但俱乐部的变化并不大(利物浦和凯尔特人经常强调没有任何一名球员可以凌驾于俱乐部之上)。对球迷来说,俱乐部是一个社区的投影,具有独特的稳定性和连续性。在格拉斯哥,凯尔特人队和流浪者队的比赛代表着苏格兰西部宗教和种族身份的长期竞争,相反,足球在利物浦的城市文化生活中并没有那么强的对抗性,它突出的是利物浦的文化特色。这两个城市的球迷对俱乐部的忠诚都具有象征意义。

英国足球的危机体现了未来社会个体和集体的深层次关系。许多球迷都感觉到了流行文化领域受到的商业压力和利益的影响,这会让人误解足球的象征意义。对于那些将足球与其他身份和经历交织在一起的人来说,这一点尤其正确,并且他们被排除在体育休闲经济的目标人群以外。斯坦·海伊(Stan Hey)认为利物浦足球俱乐部 Kop 看台①的座位就包含了传统的变化和冲突,这一过程与特定的地区、身份和关键的历史节点联系在一起。虽然有些过于怀旧,但这段话言之有理,道出了球迷的强烈感受:

> 随着工厂的消亡,码头变成了购物中心或艺术画廊,航海、音乐制作成了传统工业的一部分,利物浦人,就像这个国家的大多数人一样,失去了共同体的归属感,难免困惑忧伤。我们在发展悖论中失去的比得到的多,发展只是部分人的感受,而不是所有人,如果 Kop 看台真的被拆掉,球迷会走上街头抗议。罗根·泰勒(Rogan Taylor)说过:“人们在那里度过了一生中最重要的时刻。”“那些瞬间会被放进一个大盒子里珍藏一生。Kop 看台就是这一切发生的地方。”(Hey,1993)

尽管电视和体育将体育迷当作消费者,但对于很多人来说,体育——即使在高度媒介化的形势下——仍然带有深刻的象征意义,它连接着很多社会生活的其他领域,例如阶级和社区。对体育迷的了解离不开其所处的广阔的社会环境。

---

① Kop 看台,为了纪念 1900 年的斯皮恩山(Spion Kop)战役而在利物浦安菲尔德球场建立的名为 Kop(King of the Players)的看台。在此看台看球的都是最狂热、最忠实的红军拥趸,所以“Kop”慢慢发展成近代利物浦球迷的代称。Kop 看台曾是全欧洲乃至全球最著名的站立看台,后来由于足球惨案,英足总在 1994 年后推广全座位看台,Kop 看台也被改造了。——译者注

小 结

正如第五章所探讨的,联系日益紧密的媒介和体育,以及这种联系产生的方式带来的另一种影响是观看比赛的人和参加比赛的人之间的财富差距越来越大。这在足球产业中尤为明显,传统的足球球迷虽然仍然重要,但已不再是这项运动的主要资金支持者。尽管不同俱乐部的情况有所差别,球迷也会消费大量俱乐部的官方特许产品,但真正推动球员工资和媒介代言收入大幅增长的,还是电视和流入比赛的资金。

足球这类运动,历史上一直是属于工人阶级的体育项目,新一代的足球运动员仍然来自工人阶级,但他们在非常短的时间内就融入了同金融、社会和媒体相关的不同圈子。这种差距一直是美国体育的特征,但在卫星技术广泛应用和媒体炒作大行其道的新时代,其也正在成为英国足球的常态。大型体育赛事已经全球化,但观众参与赛事的特定场所仍然至关重要。莱昂斯和提谢(Lyons and Ticher,1998)编写了一本关于 1998 年足球世界杯的文集,收录了来自 25 个国家和地区的文章,虽然我们观看着同一场比赛,但对于比赛的理解往往取决于我们所处国家的政治和文化背景。还有一种观点认为,现场观看体育比赛和观看体育电视直播的区别正在消失,"混合观众"出现了(Siegel,2002)。

全座位体育场拥有巨大的屏幕,能够向观众提供食物和饮料,这些场馆已经成为客厅的延伸。正如特雷弗·菲什洛克(Trevor Fishlock)在 20 世纪 203
80 年代的美国旅行中发现的那样,将体育迷视为消费者的营销原则是非常肤浅的。他对一场纽约的棒球比赛如此评论:

> 人们没完没了地大嚼垃圾食品,古怪发胖的脸颊是厌食症患者的噩梦……很快,凌乱的食品袋、啤酒纸杯、冰激凌盒、花生壳和带有番茄酱污渍的餐巾纸就堆到了我们的脚踝旁。那天晚上体育场里有 55,000 人,我估计平均每人吃掉了 3 个热狗,整个体育场都是热腾腾的香肠味。(Fishlock,1986:138)

尽管英国足球场有了重大改进,复制了美国体育场的许多特点,但现场的观赛体验却大不相同。

就算是在全座位体育场举行足球或橄榄球比赛,英国球迷也不满足于只是观看,他们要参与赛事,他们坚信,努力营造团队氛围或是威慑对手,就有可能影响比赛结果。有时,这种威慑甚至不是针对对手的。2008 年 9 月,纽卡斯尔联队的球迷们激怒了俱乐部老板迈克·阿什利(Mike Ashley),球迷对阿什利的强烈敌意迫使阿什利公开承认一旦找到买家他就会卖掉俱乐部。

虽然有相似之处,但在不同体育运动之间、不同国家之间,体育迷参与的方式和水平各不相同。在许多方面,全球体育迷仍然是某种意义上的媒介和营销神话。体育似乎逐渐成为媒介娱乐的附庸,有些体育赛事需要额外付费才能观看。

第十一章　结论:数字化时代的体育

摘要

媒介数字化时代体育的作用。

在社交媒体和新的信息发布系统中,体育的含义以及体育媒介关系的变化。

关键词:社交媒体;数字化媒介;BBC;体育运动

尽管北京为我们留下了令人惊叹的奇观,但我们确信,奥运会 204
将成为未来四年乃至更长时间内英国人生活中最重要的主题之一。[罗杰·莫西(Roger Mosey),BBC 体育主任,BBC 体育编辑博客,2008 年 8 月 25 日]

引言:足球为王?

21 世纪的体育运动从不乏味,它也不可能变得乏味。体育不过是全球媒介化的娱乐产业中的一种产品。新闻、广播和电视不过是体育新闻和娱乐的 3 种输出途径。网站、博客、播客、视频流和各种形式的移动端内容以不断增加的服务吸引体育迷。关于体育的信息和新闻比以往任何时候都更加多样化。在 2008 年 9 月一个非常特殊的星期,英国足球新闻及其报道的覆盖度让人瞠目结舌。首先,阿布扎比王室的监督投资部门接管了曼城足球俱乐部。新老板们很快就表现出了与邻居曼联的竞争意向,以创纪录的 3250 万英镑引进了来自皇家马德里的巴西球星罗比尼奥(Robinho)。绿洲
乐队的诺埃尔·加拉格尔(Noel Gallagher)是曼城的球迷,他在欢庆之余也 205

有些疑惑,连球王贝利都看好的球星罗比尼奥加盟了曼彻斯特蓝月[①]而不是切尔西蓝军[②]。

随后,全天候电视频道天空体育新闻宣布了最新消息:纽卡斯尔联队主教练凯文·基冈(Kevin Keegan)被解雇。这则体育新闻被滚动播出,媒体竭尽全力报道这个突发新闻,却很快发现他实际上并不是被解雇的。2008 年 9 月,西汉姆联队的主教练阿兰·柯比什利(Alan Curbishley)在刚刚打完三轮比赛后,成为 2008/09 赛季中第一位辞职的主教练,原因是球员转会的控制权争议。基冈在有关他的传闻出现 24 小时后,也因为同样的问题辞去了纽卡斯尔联队主教练的职位。同时,纽卡斯尔联队的球员乔伊·巴顿(Joey Barton)因为比赛中的暴力行为被足协禁赛六场,这成为纽卡斯尔联队俱乐部灾难性的一周。所有这些事件都是那一周的头条新闻,主流媒体平台上产生了大量的新闻报道和评论,它们或多或少都谈及体育经济或政治。当时,苏格兰网球明星安迪·穆雷成功打入美国网球公开赛决赛,这一真实的体育故事终于让人们的注意力从英超联赛和英格兰足球的是是非非中移开了。

之前提到,足球是全球体育媒介存在的必要条件。如果没有它,报纸每天将失去至少 25%的新闻内容,英国 BskyB 也不会成为地位“显赫”的付费电视平台。2012 年伦敦奥组委主席塞巴斯蒂安·科爵士(Lord Sebastion Coe)也承认足球在全球体育界占据中心地位,他强调参加奥运会足球比赛的是不列颠队。同时,我们应该注意到,当时他也是切尔西俱乐部的季票持有者。

随着数字时代通信服务的发展,足球获得了极大的关注。从某种意义上说,这也是强强联合。但是,足球在媒体报道中的垄断地位来自我们的看法和流行文化的不断注解(Whannel,2002)。它承载着最宏大的故事,吸引着最多的观众,同时也挤压了有关其他体育项目的深度报道的空间——女子项目尤其明显,包括女子足球——这忽视了体育新闻报道中那些对足球没有兴趣的广大受众。在全天候新闻时代,足球新闻经过严格的斟酌、撰写

① 曼城队英文别名“蓝月”,因为曼城球迷常常唱起《蓝月亮》(*Blue Moon*)这首歌为球队加油。——译者注

② 切尔西足球俱乐部因其从队服到队徽的主色调都是蓝色而得绰号“蓝军”。——译者注

和编辑,发布在网络或专门的体育新闻频道,现在也包括俱乐部网站和频道 206
(Boyle and Haynes,2004)。

然而,正如第九章提到的,记者想接近运动员甚至管理层(如基冈的例子),越来越需要借助其他消息来源,比如网络,但其中充斥着八卦和传闻,而不是可靠的第一手报道。有人认为大部分体育节目,尤其是足球节目,主要是靠"抄袭"(Davies,2008),那些记者很少离开新闻编辑室,依赖新闻简报和发布会通稿进行信息加工,这是媒介再生产的典型写照。在体育新闻的数字经济中,信息的传播速度加快,记者们很少有时间对事件进行深入调查。在复杂的网络化全球媒介环境中,记者们也很难持续进行体育信息的生产。

BBC 体育将走向何方?

在纽卡斯尔联队引发公众骚动的同一周,世界杯赛事转播的收费问题也引发了激烈的争论。因为未能与付费电视广播公司塞坦塔达成二级转播协议,BBC 和 ITV 无法在英格兰转播 2008 年 9 月开始的世界杯预选赛。塞坦塔声称,这两家广播公司都没有支付足够的二级转播费用。这种做法引发了关于全国性重要赛事转播的高昂费用对观众的驱逐的争论。这些快速的变化已经影响到我们在第三章中提到的"体育的三角关系"。英国体育广播的先驱者和其他国家的公共服务广播公司,在适应电视体育市场的范式转变的过程中,面临着越来越大的压力。残酷的体育转播权竞争和必然产生的成本,已经让许多传统体育媒体囊中羞涩。2002 年,足球联赛报道的版权费用暴涨,新的地面数字平台英国独立电视台数字频道(ITV Digital)[①]崩溃(Boyle and Haynes,2004),这给体育转播市场带来了冲击。

2002 年,欧盟委员会竞争理事会 DG4 对英超联赛提起诉讼,对其与 BskyB 达成的电视直播协议的限制进行了细分。焦点从世界杯赛事转播收费问题转向了赛事转播权的集体销售、独家协议及其对广播市场和消费者 207
的负面影响。欧盟委员会认为,集体协议限制了向受众提供的赛事的数量,

① ITV digital,英国数字地面电视广播公司,世界上第一个在网络上推出付费电视服务的数字地面电视广播公司。——译者注

并希望探讨将所有赛事开放给包括互联网在内的多频道广播环境的可能性。正如我们之前所指出的,2004 年的最终裁决让塞坦塔获得了一小部分直播权利。在新媒体时代,体育转播权的经济和监管压力似乎使各类体育项目的转播费用缓慢降低了。然而,在 21 世纪伊始,足球、板球、网球、橄榄球联盟和 F1 的转播都出现了更高的交易金额。这是怎么回事?主要原因仍是数字电视的普及和体育管理机构的变革,高端体育报道的竞争更加激烈,体育赛事转播权从“转播权的篮子”中“解绑”,并在不同媒介平台和传播方式中实现同一场比赛的多次出售(Haynes, 2005; Gratton and Solberg, 2007)。

公共服务广播机构面临更大压力:能够在多大程度上兼顾对全体观众的责任,如何满足受众对体育信息的巨大需求。20 世纪 60 年代,BBC2 台的创建使 BBC 对体育的报道比竞争对手 ITV 占有更多优势。在多渠道时代,伴随着专门的小众节目的出现,BBC 的运作环境要求能为体育和深度报道提供广阔空间,在对抗竞争对手的同时保障业务能力和盈利水平。正如第四章所指出的,专门的电视报道往往意味着数量,而不一定是质量。

像 BBC 这样的老牌广播公司经常会躺在功劳簿上,认为自己比任何人都更擅长报道体育。然而,当体育机构谋划新的电视格局时,这种自大往往显得苍白无力。20 世纪 80 年代初,美国广播公司(ABC)的专业体育媒体——娱乐与体育电视节目网(ESPN)[①]崛起,这让欧洲电视高管和体育管理人员羡慕不已。特德·特纳(Ted Turner)的家庭影院频道(HBO)也打开了按次付费的市场,通过宣传重量级拳击,尤其是拳王泰森,让世界顶级拳手和他们的幕后老板赚得盆满钵满。广播监管的改变更是山雨欲来风满楼,英国电视业效仿了美国的做法。在撒切尔政府的自由市场政策下,1990
208 年的《广播法案》为 BskyB 在英国广播市场站稳脚跟提供了强有力的支持(Horsman, 1997)。

正如我们在第四章提到的,像第五频道这种新的免费电视频道拓宽了电视体育的市场。BBC 和 ITV 的双头垄断在 20 世纪 80 年代被第四频道初步打破,该频道引进了非本土运动项目,如美式足球,1992 年又引进了意大

---

① 娱乐与体育电视节目网(Entertainment and Sports Programming Network, ESPN)是 24 小时专门播放体育节目的美国有线电视联播网,最初也播放娱乐节目,后来全力发展体育节目。——译者注

利足球。1997年，第五频道开播首月就成功推出了英格兰对阵波兰的足球世界杯预选赛，加剧了足球的媒介竞争。2008年，人们能够在第五频道免费收看的只有板球赛事报道，还只是英国国内测试赛的集锦，因为赛事直播权控制在BskyB手中。尽管如此，对体育转播权的市场干预仍然是出于对经济福利的考虑（Gratton and Solberg，2007）。这种干预在各个领域严重制约着转播权的竞争，在数字电视和交互网络的时代，拥有此类赛事转播权的广播公司会利用这些转播权来扩大和加强体育报道。

BBC——奥运传播

BBC已经发现其体育市场份额在逐年缩水，预算资金难以与体育赛事（尤其是足球）飞涨的转播权价格相匹配。2005年7月，伦敦获得2012年奥运会举办权之后，英国体育的经济、政治和文化地位发生了变化。大型体育赛事对于媒介机构来说非常重要，它们可以借此证明自己的价值。对于BBC来说，无论是广告商还是订阅者都看重其作为公共服务广播的地位。1948年，英国处于战后经济困难的"紧缩时代"，BBC为伦敦奥运会花费了25万英镑，展示了电视新技术。在意识形态领域，全情投入地举办奥运会也关系到英国的国家声誉。快进到2008年，BBC在奥林匹克运动中所扮演的角色和以往一样强大。奥运赛事传播方面的技术革新展示出BBC在数字媒介领域的领军地位。2008年的奥运报道首次采用高清电视信号，BBC于
2007年推出的iPlayer也被用于多种直播和视频点播，在受众互动参与方面 209
实现了全覆盖。

奥运会等重大体育赛事报道需要巨大的资源投入，广播公司总是急于发布反映高收视率和观众份额的正面统计数据。2008年奥运会临近结束时，英国广播公司体育总监罗杰·莫西兴高采烈地说：

> 英国队获得的奥运会奖牌数量已经大大超出了预期，观众数量也同样如此。我们预测是3000万，个人期望能有3500万，但是现在，闭幕式还没有举行，就已经达到了4000万，真是太好了。（Conlan，2008）

在独立频道的观众不断减少的时代，这些数字确实令人瞩目。

但是,将奥运报道等同于奥运赛事本身,使得 BBC 在维持声誉方面不堪重负,BBC 的体育报道将会面对更大压力。作为公共服务广播公司,BBC 必须制作多种节目以满足不同的观众,就像奥运会能够吸引多个国家参加比赛一样。之前提到过,BBC 的问题是体育预算有限,所以 BBC 的体育报道既要吸引“全国”观众,又要保持其“体育之家”的传统地位,压力可想而知。在多元化、多渠道的环境中,BBC 吸引观众的难度越来越大,而它在体育报道领域的领先地位,在天空体育崛起后也难以为继。

BBC 奥运报道在奥运会开幕后的第二个周四达到了 700 万观众的峰值,而在最后一个周六中,英国观众的比例更是达到了可观的 42%。当然,反观 20 世纪 70 年代和 80 年代的收视率,这些数据无法与之媲美。但在新媒体时代,主流电视报道只是整体报道的一部分。BBC 开发了新的基于网络的、交互式的、高清晰度(HD)的和个性化的服务,以应对多频道竞争和小众体育频道的挑战,这些业务为单场比赛提供了前所未有的报道深度。BBC 在官网推出了 6 档直播节目,还通过 iPlayer 提供一系列“实时跟进”报道,仅
210 一天之内就有 40 万用户观看了 100 米决赛(Mosey,2008)。不同的传播方式对观看体验的确会产生有趣的影响。

新闻报道在网络中实现了个性化服务,而由演播室里的主播和新闻团队报道赛事的标准体育电视形式则发生了“短路”。在线观看模式下,赛事是独立的,制作者是网络开发商而不是电视制片人。尽管某些赛事会被优先考虑——通常围绕着英国的比赛成绩和获奖运动员——但报道团队并没有对赛事进行框架设计。这几乎是纯粹的实况转播,采用了老式的电视节目捕捉比赛时刻的方式。

BBC 的高清新闻报道具备深度和多样性,令人目眩神迷,但它在 2008 年仍处于实验阶段。虽然 BBC 在专用高清频道上播放了超过 300 小时的奥运会节目,但观看这些节目的家庭数量仍然相对较少。2008 年有超过 40% 的英国家庭拥有准高清电视机,但事实上只有大约 10%的家庭观看了高清电视节目(Beaumont,2008)。这在很大程度上归因于成本问题,大多数情况下,各个电视平台的高清频道都附加了额外的费用。在 21 世纪的体育节目观看模式中,观众的碎片化和分流化越来越明显。即使观众观看同样的体育赛事,他们的观看方式、观看地点和技术使用的体验都可能会发生难以预料的变化。

BBC 的体育电视报道不断创新,它所遭遇的意识形态之战,反映了在一个高度自由化、市场化的媒介环境中关于自身存在的正当性和公共资金的制度问题。BBC 的许多竞争对手,包括电视行业,尤其是在网络世界的竞争对手都指出,BBC 在创新报道方面所承受的商业风险相对较低。它所享受的政府补贴被认为同自由竞争的市场原则相悖并打压了新的媒体。BBC 的品牌具有号召力,确保了它在英国观众和网络用户心目中的重要地位,这种地位也日益全球化。但我们认为,如果体育报道没有创新,高质量的体育节目、新闻和大量服务就会被弱化,某些社会群体也会因为高昂的费用而被剥夺观看电视体育的机会,体育作为一种全国性的共享体验也会受到损害。这种观点并不是固步自封,莫西的这段话说得很清楚:

> 鉴于历史的丰富性——我们也对此感到无比自豪——我们很 211
> 容易陷入思维陷阱,以为 BBC 是市场营销中所谓的“传统品牌”。这是一段美妙的过去——鲜衣怒马,繁华无数。但在我看来,这完全是对 BBC 历史和未来的误解。重点在于,发起这些美妙的新服务的人是先驱者,而不是传统主义者。(Mosey,2007a)

BBC 体育部的开拓精神也许是它最经久不衰的特色之一。

2008 年的奥运报道有时充满了大国沙文主义,这与 BBC 宣称的多元文化社会的说法相悖离,记者西蒙・詹金斯对此进行了严厉批评。新媒体报道形式使传播比赛和塑造人物的方式变得更加新颖。制片人和 BBC 记者的博客成为电视报道的补充。更多的节目和时间被投入到各类体育项目中,展现出更多的趣闻逸事,包括奥运幕后报道和比赛的争议时刻。通过多种形式,BBC 的奥运报道为奥运体验、运动员和国家身份认同开辟了新的前景。

BBC 体育广播

体育的竞争也延伸到了广播领域。广播体育节目的复兴是 BBC 体育的得意之作。但讽刺的是,这也意味着 BBC 电视体育报道的衰退,似乎 BBC 体育实际上只剩下广播了。在某种程度上,多亏了广播第五频道,BBC 才能在体育广播节目中获得优势地位。这其中最重要的就是 BBC 电台的英超实况解说。

自1992年英超联赛开始以来,BBC一直保留着英超联赛的实况转播
212 权。2000年以来,BBC整合了旗下所有平台的体育转播和报道策略,使体育电视和体育广播之间实现了协调和互补。例如,英超联赛从未在BBC电视台直播过,但它已经成为广受欢迎的BBC广播第五频道的当家节目,听众人数逐年增加,2007年超过了600万。2006年,BBC推出数字音频广播(DAB),带动了姊妹频道"第五体育+"的发展。DAB在主节目日程排满的情况下,可以对赛事进行现场号外报道。这种溢出效应也让板球得到了更多报道,听众可以直接收听《板球报道》,不再需要通过BBC广播第四频道的长波信号收听。

广播第五频道的体育直播不仅让更多听众来电参与体育赛事,还扩展了体育新闻的领域。尤其是调查类节目,例如加里·理查森(Garry Richardson)的《体育周报》(*Sports Week*),在提供体育新闻信息方面变得越来越重要,这些新闻节目超越了单纯的体育报道,广泛涉及与体育相关的社会、经济甚至政治问题。通过手机短信、电子邮件和BBC网站讨论区,观众可以跟主持人进行更多互动,这丰富了体育节目的内容。足球电话节目《606》①成为非常成功的体育新闻品牌,它使BBC的听众可以创建自己的关于体育赛事的报道,包括通过电话互动播客创建,由此搭建了一个超越广播频道本身的巨大的信息库。在有关BBC公共使命的宏观语境中,广播第五频道的模式反映了BBC在2006年提出的"创意未来"愿景——"最好的内容应该在每个平台上为受众提供便利"(BBC,2006)。

跟电视领域一样,英国广播市场饱和,竞争日益激烈。商业性电台"畅谈体育"(TalkSport)扩展体育业务,挑战BBC在体育广播报道中的卓越地位。它的方式过于急功近利,受众几乎全是男性甚至可以说是"小伙子",其内容主要是退役职业体育明星的八卦和娱乐信息,缺乏深入分析。正如其负责人莫兹·迪伊(Moz Dee)向新任主持人马丁·凯尔纳(Martin Kelner)解释的那样,"我们不需要什么特别报道——那是BBC要做的——我们要提供

① BBC广播第五频道的周末晚间足球电话节目,涵盖了有关英国足球时事的话题。这个节目的名字来源于周六晚上节目开始的时间为6点6分,正好是在体育新闻报道之后。目前,该节目在周六晚上8点和周日晚上7点30分播出。

的是娱乐和观点，要跟听众进行互动”（Kelner，2008）。“畅谈体育”对体育 213
赛事转播权的争夺有时也会给 BBC 带来麻烦，比如国外的板球测试赛，即使在没有取得转播权的情况下，“畅谈体育”也会派出评论员通过“非管制”渠道发表评论。在广播中，旧的确定性已不复存在，所有新的媒介信息发布系统都试图确保对某些体育项目的报道成为自身的王牌节目，体育转播权捆绑和拆分的复杂性还将持续存在。

2006 年，“畅谈体育”出手不凡，获得了七项赛事的整体转播权，包括英超联赛，从而结束了 BBC 对英国国内顶级足球赛事的垄断。包括广播、在线播放权和播客在内的体育音频广播的整体转播权，为“畅谈体育”增加收入的同时，也为体育迷提供了参与体育的新方式。

权力游戏：数字和付费体育

数字革命对体育的影响又一次改变了媒介体育的权力运作。20 世纪 60 年代以来，所谓的信息时代意味着民主和开放，但这只是表面现象，随着技术的高速发展，传播自由化成为最重要的问题。

事实证明，对新通信技术的监管存在问题，因为变化的速度太快，国家和超国家层面的政策无法跟上，全球化企业的利益和终端用户（公民）的需求又往往存在分歧（Kofler，1998）。作为全球人民都热衷的事物，能够团结不同群体、巩固文化差异的体育再次出现在了发展的最前沿。

正如我们从 BBC 对体育的报道中看到的那样，体育文化的生产和消费必将发生变化，传统媒体和新媒体都将迎来媒介和传播的广泛变革。

免费电视频道在数字电视上投入了大量资金，以弥补体育节目时段的严重不足。BBC 在奥运报道中采用全方位的数字电视互动服务，这一模式
也被运用到了温布尔登网球公开赛、澳大利亚网球公开赛、法国网球公开 214
赛、高尔夫球公开赛和足球世界杯的报道中，F1 的赛事报道也即将采用这种方式。实践证明，当比赛在多个地点同时进行时，这种革命性的方式能够为受众提供更广泛、更有深度的报道。BSkyB 也采用类似形式报道欧冠联赛，订阅了天空体育的用户可以在周三晚上从众多比赛中进行选择，也可以在线观看喜欢的比赛。实际上，在多平台的数字时代，时间紧、节目竞争激烈的多频道限制已经完全消失。

电视体育的付费点播模式已被引入英国体育市场,人们普遍希望它能够被体育迷接受。作为消费群体,体育迷只要支付较低的费用就可以实现赛事的个性化收看。设想一下,在 1999 年 2 月英国牛津联队的庄园球场首次试水按次付费的足球比赛的确不太可能。人们对按次付费观看足球赛事的接受程度参差不齐,许多体育和商业广播公司并没有像预期的那样大赚一笔。相反,按次付费模式在拳击赛事中风生水起,围绕特定拳手和拳击比赛的宣传造势,吸引了观众自掏腰包。可以说,英国第一个在按次付费模式中取得成功的是拳击明星里基·哈顿(Ricky Hatton)。但是,这种方法对推广者来说充满了风险,他们必须估算按次付费的收入,才能给拳击明星们提供他们期望的丰厚奖金,让拳击赛能够进行。2008 年 9 月,这种模式的问题暴露了出来,当时比赛双方是英国的拳击新星阿米尔·可汗与哥伦比亚的布雷迪斯·普雷斯科特(Breidis Prescott),这也是阿米尔·可汗的首次按次付费拳击赛,他在第一轮比赛开始 30 秒后就被对手毫不留情地击倒了。那场比赛在天空票房(Sky Box Office)的单次点播费用是 14.99 英镑,引发了观众的广泛不满。有评论称,这次惨败严重打击了公众对拳击的信心,他们本以为比赛的发起人弗兰克·沃伦(Frank Warren)可以保证阿米尔·可汗获得胜利。

尽管有各种各样的数据证明按次付费的点播市场存在潜在的增长力,但是广播公司和比赛选手实际到手的收入仍然是不确定的。此外,考虑到体育在国家生活中的中心地位,也有人对付费收看持反对意见——在西班牙,巴塞罗那与皇家马德里的比赛在按次付费的点播平台播放就引起了争议,有人认为这种做法损害了免费频道转播“全国性比赛”的权利——即便如此,付费体育节目仍将逐步增加,除电视频道订阅之外,在线赛事打包出售很可能成为新的收入增长点。

215 当然,体育运动依靠竞争而繁荣,在任何体育运动中如果只有少数人获益,那么从长远来看,这项运动就会消亡。在美国已经出现了某种共识,美国国家橄榄球联盟(NFL)拒绝与付费电视签订专有权合同,这使得联盟和个人特许经营权受益。正如汤姆·拉平(Tom Lappin)的评论:

> 确保最优秀的年轻球员加入实力较弱的队伍中并维持着一套制衡体系,这样运动本身才能具有竞争力。美国人不是奉行金融

自由主义吗,他们应该采取这样的限制来维持体育的活力。(《苏格兰人报》,1999 年 2 月 25 日)

2006 年,ESPN 以 11 亿美元的价格获得了 2013 年之前传统的周一晚间橄榄球(Monday Night Football)比赛的转播权,当时有很多人高呼“背叛”。作为已经成立 36 年的美国网络电视机构,ESPN 的举动引发了球迷的强烈批评。而 CBS 和 NBC 的其他橄榄球报道和赛事转播,至少到 2011 年,观众都可以免费收看。

在英国,付费体育电视节目依然有很长的路要走,尤其是在板球领域,免费电视频道本来就没有国际赛事的直播。这些发展提高了电视体育对体育文化重要性的认识。取消体育赛事的免费转播缩小了体育报道的覆盖范围,减少了年轻观众和非体育爱好者接触特定赛事的机会,损害了在特定体育场合国家文化的重要性。随着这一过程的推进,监管问题无疑会增多。

尽管如此,在其他分销平台上打包销售频道和体育赛事的转播权,能够带来丰厚的经济回报,这意味着电视机构能获得更多“优惠”,它们可以高效地进行产品的重复销售,特别是在广告商关注的领域。BBC 也参与到这类竞争中,利用授权开辟新市场,这引发了人们对其资金来源的质疑。1992 年,BBC 首次与 BSkyB 合作,不久,广播制作人迈克尔·格雷德(Michael Grade)就注意到:

> BBC 可能希望与默多克帝国的伙伴关系能够缓解二者之间紧
> 张的竞争关系,并在国际新闻集团旗下的报纸上就 BBC 章程和许 216
> 可证规定的更新问题发表评论,以便在同政府的争论中获益。长远来看,这种追求短期利益的行为无异于自杀。(Haynes,1998:104)

电视服务分销方面的进一步发展,迫使 BBC 将战略定位变为成为高质量广播内容的主要生产商之一,不仅是在英国,在全球亦是如此。

权力游戏:互联网——新的体育高速公路

全球化进程改变了体育组织,也在影响着媒介体育生产、传播和消费的传统方式。信息和通信技术(ICTs)为体育信息传播和新市场的开辟提供了更多可能。有关基于数字通讯互动时代的华丽辞藻表明，一个新的“计算机时代”正被充满公平的“信息社会”孕育。

互联网、视频游戏和其他多媒体应用与日俱增，体育与我们日常生活的其他方面一样，受到了巨大影响，消费者可以挑选大众传播提供的产品和服务，从而掌握了更多的控制权。尽管人们普遍对大型 IT 公司的营销策略持乐观态度，但只有一小部分技术精英意识到了这一点并付诸实践(Loader, 1998)。

在分析体育迷和快速增长的“在线”服务时，我们必须高度警惕过于简化的线性思维。正如我们所认为的那样，体育万维网的互动可能性令人兴奋，但是必须考虑到权力运行的复杂结构，如果要更深入地了解体育媒介技术，就必须关注社会、经济、政治和文化进程。

在有关网络的影响和英国足球报道的数字技术的研究中，我们可以明显看出，体育的数字传播方式开始潜移默化地嵌入我们的生活(Boyle and Haynes, 2004)。20 世纪 90 年代末移动电话技术出现时，没有人能够预见
217 SMS 短信的大规模使用，也没有人能想象，从观众评论互动到获得比赛的结果、图像和视频，发送短信会成为体育电视中的建构性元素，虽然这一点存在争议。

这些考虑前所未有地形塑了体育媒介的策划和生产。数字技术不再只为坐在家中观赛的观众服务，而是通过多种方式、地点和时段，利用一切可能的方式来优化访问体验，为观众提供便利。尽管体育的社会和文化意义会一直延续下去并表现出更强的连续性，但在经验层面，人们与媒介体育的关系已经发生了巨大变化。

举例来说，2007 年是 BBC 的广播板球节目《板球报道》(*Test Match Special*)开播 50 周年(Baxter, 2007)。从约翰·阿洛特(John Arlott)到布赖恩·约翰斯顿(Brian Johnston)，这一节目的主持人语言犀利，风格独特，在英国广播评论员中声名远播。长期以来，该节目一直鼓励听众以书信的形式参与互动，20 世纪 80 年代以来，还鼓励听众向节目组递送新鲜出炉的蛋糕。在新媒体时代，该节目则鼓励听众给评论员发电子邮件和短信。评论员将会在其评论和分析中对听众来信作出回复，从而增强信息的流动性。《板球报道》利用这种非常直接且让人感觉亲近的方式，让听众感受到了节目本身

的完整性。

为了跟主流的网络体育供应商竞争,体育报道中也出现了很多激进的创新。体育迷网站和体育迷杂志一样,都是迷文化的必然产物(Haynes,1995)。这些发展根据网络本身的性质和特点而进化。现在,体育迷有自己的网站、博客、论坛、在线评论区、社交网站、播客,还可以通过 YouTube 发布数字视频。所有这些发展都有助于以新的和创造性的方式展现体育的激情(Sandvoss,2003)。

在苏格兰,球迷参与体育广播的传统由来已久,球迷在网络上谈论体育运动,主要是足球,便是这种传统的延续。苏格兰球迷论坛的主要议题包括球员表现、俱乐部管理和所有权、国家队、转会传闻、对主流媒体报道的评论、票价和政策,以及更广泛的体育监管方面的问题。这些都是苏格兰体育 218
亚文化中常见且由来已久的话题,但新媒体将文化消费转化为生产形式,赋予它们额外的动力和传播效果。跟 BBC 这样的主流网络媒体相比,它们只是针对少数群体的小众化产品,因而对苏格兰足球的影响甚微。然而,正如我们在第 9 章等处提到的,在线社区的粉丝活动会影响主流媒体的信息传播和流动,发布在体育迷网站上的新内幕消息和谣言,也会被主流媒体的体育记者收录和传播(Boyle,2005;Haynes and Boyle,2008)。

同时,网络上兴起的迷文化体现了体育媒体的去中介化(Haynes and Boyle,2008:263)。这一过程意味着多角度的报道将覆盖各项体育运动。足球在主流媒体,尤其是在体育新闻中,占据主导地位,其他体育运动很难通过电视或体育记者的报道获得关注,在线体育媒体却能为它们提供传播空间。在 YouTube 上发布的体育赛事报道出现爆炸式增长,其特别之处在于传播者是体育俱乐部和体育迷,而不是任何体育决策机构。2006 年,美国曲棍球联盟是最早在 YouTube 上推出官方频道的体育管理机构之一,它绕过传统电视媒体,更直接地控制赛事信息发布和分析,并通过广告和订阅开辟了更多收入渠道。2007 年,切尔西足球俱乐部效仿这一做法,推出了 YouTube 官方频道,播出新闻以及运动员和管理层的访谈。

这些"官方"渠道的不足是缺乏批判性评论或调查性新闻报道。当编辑控制变成体制的一部分,这种结果就难以避免。然而,YouTube 也提供了另一种对抗体育官方观点的途径。数码相机和带有视频录制功能的手机正在普及,催生了一种在网络上发布"自制"视频的新现象。易用性、可延展性和全球性素材意味着“去现场”的个人账号都可以通过 YouTube 将其上传到网络。赛场上的画面可能并不能使观赛者洞悉整个赛场的真实情况,但它们的确展示了现场观赛者的社会体验。

219 体育管理机构意识到了这些发展,开始禁止在体育场馆使用移动电话和摄像机拍摄比赛影像。此外,体育媒体的数字版权管理和官方许可的体育报道监管已经成为一桩大生意。像 Net Result 或 Soccer Dataco 这样的数据统计公司跟体育管理机构和体育广播公司如 BSkyB 合作,监控并追踪电视体育图片的网络侵权行为。如果体育迷毫无顾忌地通过网络复制受版权保护的材料(比如赛程表)、传播图片或信息,那么他们很快就会遭遇法律诉讼。但是,跟音乐产业的情况类似,打击大量的盗版侵权行为并不是一件容易的事情。BSkyB 对英超联赛的现场直播就经常被非法地发布到互联网上。

同样,英国酒吧已经选择使用来自欧洲其他地区的卫星通信服务,在星期六下午放映英超足球联赛直播,以逃避天空体育用来限制公开放映的订阅费。为了应对广告商对收视率统计数据的质疑,天空体育引入了一套市场细分方法。从 1992 年天空体育开始转播英超联赛以来,到酒吧观看体育赛事的人数就一直大幅度增长,因此天空体育将酒吧从公共场所中分离出来,以便收取更多的订阅费,这似乎是一个明智的营销策略。一直以来,周六下午 3 点到 5 点之间,英国电视上禁止播放足球比赛;2008 年,英国南海的一名女酒吧店主就周六下午播放足球比赛的禁令和天空体育对酒吧的收费歧视提起诉讼,此案被提交给了欧洲法院。这种手段利用了“灰色经济”和法律漏洞,只有在全球媒介环境中才可能出现。

对体育网络版权的争夺也造成了体育版权所有者与主流媒体之间更正式的商业纠纷。为了防控体育信息和图像侵权带来的经济损失,体育决策机构规定了详细的产品名录和摄影使用权,严格控制音像材料的二次使用。这些信息商品许可证的成本有时会导致谈判陷入僵局,并引发全面抵制。2007 年橄榄球世界杯之前,由于同国际橄榄球理事会的版权争议,《卫报》
220 《泰晤士报》《太阳报》以及法国的体育日报《队报》跟路透社一起,联合抵制该项赛事。争议的焦点就是关于限制报纸在其官网上使用的图片数量的版权规定。

以新闻国际(News International)为首的媒体也威胁要抵制许可证制度,声称这限制了新闻自由。抵制的目的是让世界杯赞助商感到不安。这些赞助商为了让自己的品牌在各类媒体获得高曝光率,不惜付出高昂的代价。随着法国世界杯的到来,国际橄榄球理事会(IRB)最终促成了一份更公平的协议。这一事件再次证明了体育报道权力的复杂性,网络的出现使传统媒体之间的区别更加模糊。

尾　声

体育与媒介的联系虽然由来已久,但这种联系在当代变得错综复杂。足球报道仍然发挥着桥头堡的作用,允许新的数字发布系统建立市场支配模式以从中获利。

任何想要了解体育的人,无论是学者、球迷,还是记者,都要明白经济和政治力量正在塑造和重塑当代体育经验。对于媒体行业来说,体育提供了一种"产品",它可以转化为有实际价值的商业产品,并被传播给读者、观众、广告商、客户和订阅者,而体育在这个过程中心甘情愿地充当"受害者"。

然而,媒介体育的重要性并不仅仅局限于政治经济学领域,它也是一个令人着迷的故事世界,充满着神话、形象和叙事。在文化和文本层面,赛场上的群体形象,还有各类媒介对形象的表现方式,传达出个人和集体的身份认同。很少有文化形式能够像媒介体育这样,以非常公开的方式展现价值观、倾向性、希望、梦想和诉求。这是一个开放的媒介舞台,包罗万象,令人兴奋愉快,也始终充斥着社会权力,贯穿着意识形态。

任何对体育媒介关系的分析都需要注意权力和意识形态问题。从文化
的维度研究体育,必须将体育发展置于不断变化和日益复杂的媒介背景之 221
下。与此同时,人们对体育身份的敏感多半来自媒介之外的社会空间,植根于阶级、性别、种族和国家或民族的深层结构。要在政治、经济和文化的宏观背景下定位媒介体育的生产和消费,这一点至关重要。

对媒介体育的研究应立足于不断发展的文化产业。在英国和欧洲其他地方,媒介发展的特定模式中的市场力量的影响正在逐渐扩大,它和其他公共媒介服务的竞争也会更加激烈。市场处于新的主流经济的中心。此外,媒介服务和文化产业的融合增长也促使职业体育与媒介的联系更加紧密。

跨国企业参与创造了全球化的政治和经济环境,利用发展中的信息技术打破了传统广播媒介的壁垒,政府也开始意识到这一过程的文化意义。

因此,在英国和欧洲其他地方,对媒体市场进行监管或干预的争论已成为政治辩论的中心议题。

各国政府都在不同程度上认识到了体育在文化和政治上的重要性,认为数字产业是经济增长的重要动力,也是增加就业和创造财富的关键。随着体育与媒介越来越紧密地联系在一起,体育不得不在商业与文化之间找到平衡。顶级体育赛事的转播权现在已经是价高者得,对此,威尔·赫顿(Will Hutton)指出:

> 对于观众来说,想要收看比赛就要支付比 BBC 牌照费高出三倍的订阅费……伟大的国家体育赛事……不再由所有人共享……体育和国家生活都被削弱了。(Hutton,1995:222)

只考虑短期的经济利益,会出现长期的危险,体育运动的文化差异性就会被削弱。

222 走向未来

从本书的第一版出版到现在已将近十年,体育与媒介的关系发生了很大的变化,但我们十年前发现的问题如今依然存在。延续性和变化性仍然是媒介体育发展的特征。尽管有各种考验和磨难,但体育与媒介的关系向来是互惠互利的,尤其是广播媒体参与创造了真正的全国性和国际性体育赛事,让数以百万计的人们(消费者和公民)获得体育媒介的使用权。然而矛盾的是,在数字化时代,媒介的使用又出现了排他性而非普遍性。我们所拥有的媒介景观宣称为受众提供更多选择,但我们还是被当成为新旧媒介产品买单的消费者而不是真正的公民。

国家和国际体育管理机构、政府和媒体监管机构需要认识到,如果不改变政治愿景,不去着眼未来而只是盯着眼前利益,这种裂变将会继续发展。

众所周知,预测媒体和体育产业的未来发展是不可能完成的任务。正如本书开头所说,过去十年没有人能够预见体育发生的变化。展望下一个十年,我们还是可以肯定地说,对于球迷、媒体高管和学界人士而言,体育,在政治、经济和文化领域,将继续发挥重要作用。

参考文献[①]

Aamidor, A. (ed.) (2003) *Real Sports Reporting*. Bloomington: Indiana University Press. 223

Abel, S. and Long, A. (1996) 'Event sponsorship: does it work?', *Admap*, December.

Alabarces, P., Tomlinson, A. and Young, C. (2001) 'Argentina versus England at the France 98 World Cup: narratives of nation and the mythologizing of the popular', *Media, Culture and Society*, 23(5), 547-66.

Aldgate, A. (1979) *Cinema and History: British Newsreels and the Spanish Civil War*. London: Scolar Press.

Allan, S. (ed.) (2005) *Journalism: Critical Issues*. Maidenhead: Open University Press.

Anderson, B. (1991) *Imagined Communities: Reflections on the Origin and the Spread of Nationalism* (2nd edn). London: Verso.

Andrews, D. L. and Grainger, A. D. (2007) 'Sport and globalisation', in G. Ritzer (ed.), *The Blackwell Companion to Globalisation*. Oxford: Blackwell.

Andrews, D.L. and Ritzer, G. (2007) 'The grobal in the sporting glocal', *Global Networks*, 7 (2), 113-53.

Andrews, M. (ed.) (2001) *Michael Jordan Inc.: Corporate Sport, Media Culture and Late Modern America*. New York: SUNY Press.

Andrews, P. (2005) *Sports Journalism: A Practical Introduction*. London: Sage.

Aris, S. (1990) *Sportsbiz: Inside the Sports Business*. London: Hutchinson.

Arlott, J. (1968) 'Over now to... The story of cricket on the air', in B. Johnstone (ed.), *Armchair Cricket*. London: BBC.

Arundel, J. and Roche, M. (1998) 'Media sport and local identity: British Rugby League and Sky TV', in M. Roche (ed.), *Sport, Popular Culture and Identity*. Aachen: Meyer & Meyer.

Badenhausen, K. (2007) 'Racing world puts four on Forbes.com's Top 25 earners list'. Online

---

① 本书参考文献部分按原版书照录。

at:http://sports.espn.go.com/rpm/news/story? id=3085058(accessed 2 August 2008).

Baillie,R.(ed.)(1994)*100 Years of Scottish Sport*.Edinburgh:Mainstream.

Bairner,A.(1994)'Football and the idea of Scotland',in G.Jarvie and G.Walker (eds),*Sport in the Making of the Scottish Nation:Ninety-Minute Patriots?* Leicester:Leicester University Press.

Bairner, A. (1999) *Sport, Politics and the Press in Northern Ireland.* Paper presented at Sport, Media and National Identity Conference, Stirling Media Research Institute/ Sports Studies Department, University of Stirling, Scotland,5 February.

224 Baker,A.(1997)'A left/right combination:populism and Depression-era boxing films',in A.Baker and T.Boyd(eds),*Out of Bounds:Sports Media and the Politics of Identity*.Bloomington and Indianapolis:Indiana University Press.

Baker,A.(2008)'Fans play their part in Twenty20 Cup's costume drama',*Daily Telegraph*,28 July. Onlineat: www. telegraph. co. uk/sport/cricket/counties/2463762/Fans-play-their-part-in-Twenty20-Cups-costume-drama.html.

Barnett,S.(1990)*Games and Sets:The Changing Face of Sport on Television*.London:BFI.

Baxter,P.(2007)*Test Match Special—50 Not Out*.London:BBC Books.

BBC(2006)*BBC Reorganises for an On-demand Creative Future*,BBC Press Release,19 July. Online at: www. bbc. co. uk/pressoffice/pressreleases/stories/2006/07_july/19/future.shtml.

BBC Trust (2008) *The BBC Trust Impartiality Report:BBC Network News and Current Affairs Coverage of the Four UK Nations*.London:BBC.

BBCi(2004)'Atkinson quits over racist slur'.Oneline at:http://news.bbc.co.uk/1/hi/entertainment/tv _ and _ radio/3648051. stm (accessed 22 April 2004).

Beattie,G.(1997)*On the Ropes:Boxing as a Way of Life*.London:Indigo.

Beaumont, C. (2008) 'The first high-definition Olympics', *Daily Telegraph*, 1 August.

Beech,J.(2006)*The Marketing of Sport*.London:Prentice Hall.

Bellamy,R.V.Jnr(1998)'The evolving television sports marketplace',in L.A.

Wenner (ed.), *MediaSport*. London: Routledge.

Benaud, R. (2005) *My Spin on Cricket*. London: Hodder.

Bernstein, A. (2002) 'Is it time for a victory lap? Changes in the media coverage of women in sport', *International Review for the Sociology of Sport*, 37 (3-4), 415-28.

Bernstein, A. and Blain, N. (2002) *Sport, Media and Culture: Global and Local Dimensions*. London: Routledge.

Bernstein, A. and Galily, Y. (2008) 'Games and sets: women, media and sport in Israel', *Journal of Jewish Women's Studies and Gender Issues*, Nashim, 15, 175-96.

Billig, M. (1995) *Banal Nationalism*. London: Sage.

Biscomb, K., Flatten, K. and Matheson, H. (1998) 'Read the paper, play the sport: a decade of gender change', in U. Merkel, G. Lines and I. McDonald (eds), *The Production and Consumption of Sports Culture*. Brighton: LSA.

Blain, N. and Boyle, R. (1994) 'Battling along the boundaries: Scottish identity-marking in sports journalism', in G. Jarvie and G. Walker (eds), *Sport in the Making of the Scottish Nation: Ninety-Minute Patriots?* Leicester: Leicester University Press.

Blain, N. and Boyle, R. (1998) 'Sport as real life: media, sport and culture', in A. Briggs and P. Cobley (eds), *The Media: An Introduction*. London: Longman.

Blain, N. and Boyle, R. (2009) 'Sport', in P. Cobley and D. Albertazzi (eds), *The Media: An Introduction* (3rd edn). London: Pearson.

Blain, N. and O'Donnell, H. (1998) 'European sports journalism and its readers during Euro 96', in M. Roche (ed.), *Sport, Popular Culture and Identity*. Aachen: Meyer & Meyer.

Blain, N., Boyle, R. and O'Donnell, H. (1993) *Sport and National Identity in the European Media*. Leicester: Leicester University Press.

Booth, D. (2008) *Talking of Sport: The Story of Radio Commentary*. London: Sports Books.

Bough, F. (1980) *Cue Frank!* London: MacDonald Futura.

Bourdieu, P. (1988) *Distinction: A Social Critique of the Judgement of Taste*. Lon-

225

don:Routledge.

Boyle, J. (2003) 'The second enclosure movement and the construction of the public domain', *Law and Contemporary Problems*, 1(2), 33-75.

Boyle, R. (1992) 'From our Gaelic fields: radio, sport and nation in postpartition Ireland', *Media, Culture and Society*, 14(4), 623-36.

Boyle, R. (1995) *Football and Cultural Identity in Glasgow and Liverpool*. PhD thesis, University of Stirling, Scotland.

Boyle, R. (2006) *Sports Journalism: Context and Issues*. London: Sage.

Boyle, R. and Haynes, R. (1996) '"The grand old game": football, media and identity in Scotland', *Media, Culture and Society*, 18(4), 549-64.

Boyle, R. and Haynes, R. (1998) 'Modernising tradition? The changing face of British football', in G. Lines and I. McDonald (eds), *The Production and Consumption of Sports Cultures*. Brighton: LSA.

Boyle, R. and Haynes, R. (2000) *Power Play: Sport, the Media and Popular Culture* (1st edn). London: Longman.

Boyle, R. and Haynes, R. (2004) *Football in the New Media Age*. London: Routledge.

Boyle, R. and Haynes, R. (2007) 'The football industry and public relations', in J. L'Etang and M. Pieckza (eds), *Critical Perspectives in Public Relations*. London: Lawrence Erlbaum.

Boyle, R. and Monteiro, C. (2005) '"A small country with big ambition": representations of Portugal and England in Euro 2004 British and Portuguese newspaper coverage', *European Journal of Communication*, 20(2), 223-4.

Boyle, R., Morrow, S. and Dinan, W. (2002) '"Doing the business?" The newspaper reporting of the business of football', *Journalism: Theory, Practice and Criticism*, 3(2), 161-81.

Brewer, J. D. (1992) 'Sectarianism and racism, and their parallels and differences', *Ethnic and Racial Studies*, 15(3), 352-64.

Briggs, A. (1961) *The History of Broadcasting in the UK*. Vol. 1: *The Birth of Broadcasting*. Oxford: Oxford University Press.

Brookes, R. (2002) *Representing Sport*. London: Arnold.

Brown, A. (2007) 'Not for sale? The destruction and reformation of football communities in the Glazer takeover of Manchester United', *Soccer and Society*, 8 (4), 614-35.

Brown, A. (ed.) (1998) *Fanatics: Power, Identity and Fandom in Football*. London: Routledge.

Brown, C. (2004) 'Sexism in sport', *FitPro Network*. Online at: www.fitnessvenues.com/uk/sexism-in-sport.

Brown, C.G. (1993) *The People in the Pews: Religion and Society in Scotland since 1780*. Dundee: Economic and Social History of Scotland.

Bryant, J., Zillmann, D. and Raney, A.A. (1998) 'Violence and the enjoyment of media sports', in L.A. Wenner (ed.), *MediaSport*. London: Routledge.

BSkyB (1998) *Annual Report 1998*. London: BSkyB.

Buford, B. (1991) *Among the Thugs*. London: Secker & Warburg.

Burdsey, D. (2004) '"One of the lads"? Dual ethnicity and assimilated ethnicities in the careers of British Asian professional footballers', *Ethnic and Racial Studies*, 27 (5), 757-79.

Burdsey, D. (2007) 'Role with the punches: the construction and representation of 226
Amir Khan as a role model for multiethnic Britain', *Sociological Review*, 55 (3), 611-31.

Burn, G. (1986) *Pocket Money: Bad-Boys, Business-Heads and Boom-Time Snooker*. London: Heinemann.

Burn, G. (2006) *Best and Edwards: Football, Fame and Oblivion*. London: Faber & Faber.

Buscombe, E. (ed.) (1975) *Football on Television*. London: BFI.

Butcher, M. (1999) 'Football in chaos over "New Bosman" ruling', *Observer*, 10 January.

Butcher, P. (2004) *The Perfect Distance-Ovett and Coe: The Record Breaking Rivalry*. London: Weidenfeld & Nicolson.

Butler, B. (1997) '1948: the way it was', in A. Adams (ed.), *50 Years of Sports Report*. London: CollinsWillow.

Campbell, A. (2008) *The 2008 Cudlipp Lecture: Journalism, a Growth in Scale,*

Alas, not in Stature. London College of Communications, 28 January.

Campbell, V. (2004) *Information Age Journalism*. London: Arnold.

Cashmore, E. (1982) *Black Sportsmen*. London: Routledge & Kegan Paul.

Cashmore, E. (1996) *Making Sense of Sports* (2nd edn). London: Routledge.

Cashmore, E. (2004) *Beckham*. Cambridge: Polity.

Cashmore, E. (2005) *Making Sense of Sports* (4th edn). London: Routledge.

Catt, M. (2008) *Landing on My Feet*. London: Hodder & Stoughton.

Chadwick, S. (2007) 'Is sponsorship still sponsorship?', *International Journal of Sports Marketing and Sponsorship*, July, p.287.

Chase, M. and Shaw, C. (1989) 'The dimensions of nostalgia', in C. Shaw and M. Chase (eds), *The Imagined Past: History and Nostalgia*. Manchester: Manchester University Press.

Clapson, M. (1992) *A Bit of a Flutter: Popular Gambling and English Society, c. 1823–1961*. Manchester: Manchester University Press.

Clarke, A. and Clarke, J. (1982) 'Highlights and action replays', in J. Hargreaves (ed.), *Sport, Culture and Society*. London: Routledge & Kegan Paul.

Clarke, J. and Critcher, C. (1985) *The Devil Makes Work: Leisure in Capitalist Britain*. Basingstoke: Macmillan.

CNN/Sports Illustrated (1999) 'Up in the Air'. Online at: http://cnnsi.com/basketball/nba/news/1999/01/07/nba_comebac/index.html.

Coakley, J. (2003) *Sports in Society* (8th edn). Maidenhead: McGraw-Hill Higher Education.

Cohen, P. (1988) 'Tarzan and the jungle bunnie: class, race and sex in popular culture', *New Formations*, 5, 25-30.

Collantine, K. (2008) 'ITV F1 ratings grow slowly', 2 July. Online at: www.f1fanatic.co.uk/2008/07/02/itv-f1-tv-ratings-grow-slowly/.

Conlan, T. (2008) 'Olympics: BBC's Games audience hits 40 million', *Guardian*, 22 August.

Conn, D. (1997) *The Football Business: Fair Game in the '90s?* Edinburgh: Mainstream.

Conn, D. (2005) *The Beautiful Game? Searching for the Soul of Football*. London:

Yellow Jersey Press.

Connell, R. (1987) *Gender and Power: Society, the Person and Sexual Politics*. Cambridge: Polity Press.

Connell, R. (1997) *Masculinities*. Cambridge: Polity Press. 227

Corner, J. (1995) *Television Form and Public Address*. London: Edward Arnold.

Cosgrove, S. (1998) 'The Tartan Army, France 98', *Observer Guide to the World Cup*, 7 June.

Cowgill, B. (2006) *Mr Action Replay*. Stratford-upon-Avon: Sports Masters International.

Crabbe, T. and Brown, A. (2004) '"You're not welcome anymore": the football crowd, class and social exclusion', in S. Wagg (ed.), *British Football and Social Exclusion*. London: Routledge.

Crabbe, T., Brown, A., Mellor, G. and O'Connor, K. (2006) 'Football: an all consuming passion?', EA Sports Research, Substance. Online at: www.substance.coop/files/ea_sports_footbal lconsuming_passion_report.pdf.

Cramer, J.A. (1994) 'Conversations with women sports journalists', in P. Creedon (ed.), *Women, Media and Sport: Challenging the Gender Order*. London: Sage.

Crawford, A. (2004) *Consuming Sport: Fans, Sport and Culture*. London: Routledge.

Craxton, A. (1958) 'Pressing the buttons', in B. Johnston and R. Webber (eds), *Armchair Cricket*. London: BBC.

Creedon, P. (1994) *Women, Media and Sport: Challenging the Order*. London: Sage.

Critcher, C. (1992) 'Is there anything on the box? Leisure studies and media studies', *Leisure Studies*, 11(2), 97-122.

Cronin, M. (1997) 'Which nation, which flag: boxing and national identities in Ireland', *International Review for the Sociology of Sport*, 32(2), 131-46.

Curran, J. (1978) 'Capitalism and control of the press, 1800–1975', in J. Curran, M. Gurevitch and J. Woollacott (eds), *Mass Communication and Society*. London: Edward Arnold, pp. 195-230.

Dallaglio, L. (2008) *It's in the Blood: My Life*. London: Headline.

Davies,B.(2008) *Interesting, Very Interesting: The Autobiography*. London: Headline.

Davies,H.(1990) *The Glory Game* (2nd edn).Edinburgh: Mainstream Publishers (orig.published 1972).

Davies,N.(2008) *Flat Earth News*.London: Chatto & Windus.

Davies,P.(1990) *All Played Out: The Full Story of Italia 90*.London: Heinemann.

Davies,R.O.(2006) *Sports in American Life: A History*.London: Wiley-Blackwell.

Davis,R.D.and Harris,O.(1998) 'Race and ethnicity in the US sports media', in L.A.Wenner(ed.), *MediaSport*.London: Routledge.

Deford,F.(1999) 'A man for his time', *Sports Illustrated: Michael Jordan—A Tribute*, 20 January.

Delgado,F.(2005) 'Golden but not brown: Osca De La Hoya and the complications of culture, manhood and boxing', *International Journal of the History of Sport*, 22(2), 196-211.

Deloitte(2008) *Deloitte Annual Review of Football Finance*.London: Deloitte.

Denney,R.(1989) *The Astonished Muse*.New Brunswick, NJ: Transaction.

Desbordes,M.(ed.)(2006) *Marketing and Football: An International Perspective*. London: Butterworth-Heinemann.

Dobson, S. and Goddard, J. (2007) *The Economics of Football*. Cambridge: Cambridge University Press.

Donegan,L.(1997) *Four-Iron in the Soul*.London: Penguin.

Dowell,B.(2007) 'ITV a winner from rugby final', 22 October. Online at: www.guardian.co.uk/media/2007/oct/22/tvratings.bendowell.

228 Duke,V.and Crolley,L.(1996) *Football, Nationality and the State*. Manchester: Manchester University Press.

Dunning,E.(1989) 'The figurational approach to sport and leisure', in C.Rojek (ed.), *Leisure for Leisure: Critical Essays*.London: Routledge.

Dunning,E.and Rojek,C.(eds)(1992) *Sport and Leisure in the Civilising Process*. London: Macmillan.

Dunning,E.and Sheard,K.(1979) *Gentlemen, Barbarians and Players: A Sociological Study of the Development of Rugby*.Oxford: Oxford University Press.

Dunning, E., Murphy, P. and Williams, J. (1988) *The Roots of Football Hooliganism: An Historical and Sociological Study*. London: Routledge.

Dyson, M.E. (1993) 'Be like Mike? Michael Jordan and the pedagogy of desire', *Cultural Studies*, 7(1), 64-72.

Easton, S. and Mackie, P. (1998) 'When football came home: a case history of the sponsorship activity at Euro' 96', *International Journal of Advertising*, 17, 99-114.

Eco, U. (1986) 'Sports chatter', *Travels in Hyper-Reality*. London: Picador.

Edelman, R., Andrews, A. and Wagg, S. (2006) *East Plays West: Sport and the Cold War*. London: Routledge.

Falcous, M. and Maguire, J. (2005) 'Globetrotters and local heroes? Labour migration, basketball and identities', *Sociology of Sport Journal*, 22, 137-57.

Fielding, R. (1972) *The American Newsreel, 1911—1967*. Norman: University of Oklahoma Press.

Finn, G. and Giulianotti, R. (1998) 'Scottish fans, not English football hooligans! Scots, Scottishness and Scottish football', in A. Brown (ed.), *Fanatics! Power, Identity and Fandom in Football*. London: Routledge.

Fishlock, T. (1986) *The State of America*. London: Faber & Faber.

Fletcher, D. (2007) *Behind the Shades: The Autobiography*. London: Simon & Schuster.

Forgacs, D. (ed.) (1988) *A Gramsci Reader*. London: Lawrence & Wishart.

Fraser, D. (2008) *Nation Speaking Unto Nation: Does the Media Create Cultural Distance between England and Scotland?* London: IPPR.

Frei, M. (1997) *Italy: The Unfinished Revolution*. London: Mandarin.

Frindall, B. (2005) *Bearders: My Life in Cricket*. London: Orion.

Fynn, A. and Guest, L. (1994) *Out of Time*. London: Simon & Schuster.

Gardiner, S. (1998) 'The law and hate speech: "Ooh Aah Cantona" and the demonisation of "the other"', in A. Brown (ed.), *Fanatics! Power, Identity and Fandom in Football*. London: Routledge.

Garland, J. (2004) 'The same old story? Englishness, the tabloid press and the 2002 Football World Cup', *Leisure Studies*, 23(1), 79-92.

Germain, J. (1994) *In Soccer Wonderland*. London: Booth-Clibborn Editions.

Gilroy, P. (1993) *Small Acts: Thoughts on the Politics of Black Cultures*. London: Serpent's Tail.

Giulianotti, R. (1991) 'The Tartan Army in Italy: the case for the carnivalesque', *Sociological Review*, 39(3), 503-27.

Giulianotti, R. (1994) 'The Patriots' tour of duty', *the Herald*, 22 January.

Giulianotti, R. (1999) *Football: A Sociology of the Global Game*. Cambridge: Polity.

Giulianotti, R. (2002) '"Supporters, followers, fans and flaneurs": a taxonomy of spectator identities', *Journal of Sport and Social Issues*, 26(1), 25-46.

229 Giulianotti, R. (2005a) 'The sociability of sport: Scotland football supporters as interpreted through the sociology of Georg Simmel', *International Review for the Sociology of Sport*, 40(3), 289-306.

Giulianotti, R. (2005b) *Sport: A Critical Sociology*. Cambridge: Polity Press.

Giulianotti, R. and Williams, J. (eds) (1994) *Games Across Frontiers: Football, Identity and Modernity*. Aldershot: Arena.

Glanville, B. (1999) *Football Memories*. London: Virgin.

Glendinning, M. (2007) 'VISA evaluates RWC sponsorship', *Sport Business International*, December.

Goldblatt, D. (2007) 'Taking sport seriously', *Prospect*, No. 141, December.

Goldlust, J. (1987) *Playing for Keeps: Sport, the Media and Society*. Melbourne: Longman.

Goodwin, P. (1998) *Television under the Tories: Broadcasting Policy 1979–1997*. London: BFI.

Gratton, C. and Solberg, A. (2007) *The Economics of Sports Broadcasting*. London: Routledge.

Groot, L. (2008) *Economics, Uncertainty and European Football: Trends in Competitive Balance*. London: Edward Elgar.

Guinness Sports Yearbook (1994) London: Guinness.

Guoqi, X. (2008) *Olympic Dreams: China and Sports, 1985–2008*. Cambridge, MA: Harvard University Press.

Guttmann, A. (1994) *Games and Empires: Modern Sports and Cultural Imperialism*.

New York: Columbia University Press.

Hagerty, B. (2005) 'It's cricket, but is it journalism?', *British Journalism Review*, 16(3), 79-84.

Hall, A.E. (1985) 'How should we theorize sport in a capitalist patriarchy?', *International Review for the Sociology of Sport*, 20(1), 109-16.

Hall, W. and Parkinson, M. (1973) *Football Report: An Anthology of Soccer*. London: Sportsmans Bookclub.

Hamilton, I. (1994) 'A victory of sorts', *Weekend Guardian*, 4 June.

Hand, D. and Crolley, L. (2006) *Football and European Identity*. London: Routledge.

Harcup, T. (2004) *Journalism: Principles and Practice*. London: Sage.

Hargreaves, I. (2003) *Journalism: Truth or Dare*? Oxford: Oxford University Press.

Hargreaves, Jen (1994) *Sporting Females*. London: Routledge.

Hargreaves, Jen (1997) 'Women's boxing and related activities: introducing images and meanings', *Body and Society*, 4(1), 77-98.

Hargreaves, John (1986) *Sport, Power and Culture*. London: Polity.

Hattenstone, S. (2008) 'When the blacksmith is worth a dozen Tendulkars', *Guardian.co.uk*, 30 July. Online at: http://blogs.guardian.co.uk/sport/2008/07/30/when_the_blacksmith_is_worth_a_1.html.

Haynes, R. (1995) *The Football Imagination: The Rise of Football Fanzine Culture*. Aldershot: Arena.

Haynes, R. (1998) 'A pageant of sound and vision: football's relationship with television, 1936-60', *International Journal of the History of Sport*, 15(1), 211-26.

Haynes, R. (1999) '"There's many a slip twixt the eye and the lip": an exploratory history of football broadcasts and running commentaries 1927-39', *International Review of the Sociology of Sport*, 34(2), 143-56.

Haynes, R. (2004) 'The fame game: the peculiarities of sports image rights in the UK', *Trends in Communication*, 12(2 & 3), 101-16.

Haynes, R. (2005) *Media Rights and Intellectual Property*. Edinburgh: Edinburgh 230
University Press.

Haynes, R. (2007) 'Footballers image rights in the new media age', *European Sports Management Quarterly*, 7(4), 361-74.

Haynes, R. and Boyle, R. (2008) 'Media sport', in N. Blain and D. Hutchison (eds), *The Media in Scotland*. Edinburgh: Edinburgh University Press.

Hearn, J. (1994) 'Research in men and masculinities: some sociological issues and possibilities', *Australian and New Zealand Journal of Sociology*, 30(1), 47-70.

Helland, K. (2007) 'Changing sports, changing media', *Nordicom Review*, Jubilee Issue, 105-19.

Hey, S. (1993) 'The Kop's last stand', *Observer*, 2 May.

Hill, D. (1989) '*Out of his Skin*': *The John Barnes Phenomenon*. London: Faber & Faber.

Hoberman, J. (1984) *Sport and Political Ideology*. London: Heinemann.

Hoberman, J. (1997) *Darwin's Athletes: How Sport Has Damaged Black America and Preserved the Myth of Race*. New York: Mariner Books.

Holland, B.L. (1997) 'Surviving leisure time racism: the burden of racial harassment on Britain's black footballers', *Leisure Studies*, 16, 261-77.

Holmwood, L. (2008) 'Olympics win US ratings gold for NBC', *Guardian.co.uk*, 20 August. Online at: www.guardian.co.uk/media/2008/aug/20/television.usa.

Holt, M. (2007) 'Global success in sport: the effective marketing and branding of the UEFA Champions League', *International Journal of Sports Marketing and Sponsorship*, October, 51-61.

Holt, R. (1989) *Sport and the British*. Oxford: Oxford University Press.

Hopcraft, A. (1988) *The Football Man* (2nd edn; orig. published 1968). London: Sportspages.

Hornby, N. (1992) *Fever Pitch: A Fan's Life*. London: Victor Gollancz.

Hornby, N. (ed.) (1993) *My Favourite Year*. London: Witherby.

Horne, J. (2006) *Sport in Consumer Culture*. Basingstoke: Palgrave Macmillan.

Horne, J., Jary, D. and Tomlinson, A. (eds) (1987) *Sport, Leisure and Social Relations*. London: Routledge & Kegan Paul.

Horsman, M. (1997) *Sky High: The Inside Story of BSkyB*. London: Orion.

Hoskins, C., McFadyen, S. and Finn, A. (1997) *Global Television and Film*. Oxford: Oxford University Press.

Houlihan, B. (1994) *Sport and International Politics*. Hemel Hempstead: Harvester Wheatsheaf.

Houlihan, B. (1997) 'Sport, national identity and public policy', *Nations and Nationalism*, 3(1), 113-37.

Houlihan, B. (ed.) (2007) *Sport and Society: A Student Introduction*. London: Sage.

Hudson, R. (1968) 'The commentary: radio', in B. Johnston (ed.), *Armchair Cricket 1968*. London: BBC Publications.

Huggins, M. (2007) 'Projecting the visual: British newsreels, soccer and popular culture 1918 – 39', *International Journal of the History of Sport*, 41 (1), 80-102.

Hughes, S. (2005) *Morning Everyone: A Sportswriter's Life*. London: Orion Books.

Humphries, T. (1996) *Green Fields: Gaelic Sport in Ireland*. London: Weidenfeld & Nicolson.

Humphries, T. (2003) *Lap Dancing and the Nanny Goat Mambo: A Sports Writer's Year*. London: Pocket Books.

Humphries, T. (2007) *Dublin v Kerry: The Story of the Epic Rivalry that Changed* 231 *Irish Sport*. London: Penguin Books.

Hutton, W. (1995) *The State We're In*. London: Jonathan Cape.

Inglis, S. (1987) *Soccer in the Dock: A History of British Football Scandals 1900 to 1965*. London: Willow Books.

James, C.L.R. (1963/1983) *Beyond a Boundary*. London: Hutchinson.

Jarvie, G. (2006) *Sport, Culture and Society*. London: Routledge.

Jarvie, G. and Maguire, J. (1994) *Sport and Leisure in Social Thought*. London: Routledge.

Jarvie, G. and Reid, I. (1997) 'Race relations, sociology of sport and the new politics of race and racism', *Leisure Studies*, 16, 211-19.

Jarvie, G. and Walker, G. (eds) (1994) *Sport in the Making of the Scottish Nation: Ninety-Minute Patriots?* Leicester: Leicester University Press.

Jarvie, J. (1991) 'Sport, racism and ethnicity', in G. Jarvie (ed.), *Sport, Race and Ethnicity*. London: Falmer.

Jeanrenaud, C. and Kesenne, S. (2006) *The Economics of Sport and the Media*. Cheltenham: Edward Elgar.

Jefferson, T. (1998) '"Muscle", "hard men" and "Iron" Mike Tyson: reflections on desire, anxiety and the embodiment of masculinity', *Body and Society*, 4 (1), 77-98.

Jenson, J. (1992) 'Fandom as pathology: the consequences of characterization', in L. A. Lewis (ed.), *The Adoring Audience: Fan Culture and Popular Media*. London: Routledge.

Johnston, B. (ed.) (1968) *Armchair Cricket 1968*. London: BBC Publications.

Jones, K. (2000) 'Decline and fall of popular sportwriting', *British Journalism Review*, 11 (1), 39-43.

Jones, S. G. (1992) *Sport, Politics and the Working Class*. Manchester: Manchester University Press.

Jordan, M. (1994) *Rare Air: Michael on Michael*. San Francisco: Collins.

Katz, D. (1994) *Just Do It: The Nike Spirit in the Corporate World*. Holbrook, MA: Adams Media Corporation.

Keane, R. and Dunphy, E. (2003) *Keane: The Autoboigraphy*. London: Penguin.

Kelly, S. F. (ed.) (1993) *A Game of Two Halves*. London: Mandarin.

Kelner, M. (2008) 'Without the Olympics what does a sports station do?', *Guardian*, 18 August.

Kimmage, P. (2007) *Rough Ride* (new edn). London: Yellow Jersey Press.

King, A. (1998) *End of the Terraces: The Transformation of English Football in the 1990s*. Leicester: Leicester University Press.

King, A. (2003) *The European Ritual*. Aldershot: Ashgate.

King, C. (2007) 'Media portrayals of male and female athletes: a text and picture analysis of British national newspaper coverage of the Olympic Games since 1948', *International Review for the Sociology of Sport*, 42 (2), 187-99.

Kofler, A. (1998) 'Digital Europe 1998: policies, technological development and implementation of the emerging information society', *Innovations*, 11 (1),

53-71.

Kolah, A. (1999) *Maximising the Value of Sports Sponsorship*. London: Financial Times Media.

Koppett, L. (1994) *Sports Illusion, Sports Reality: A Reporter's View of Sports, Journalism and Society*. Urbana and Chicago: University of Illinois Press.

Koppett, L. (2003) *The Rise and Fall of the Press Box*. Toronto: Sport Media Pub- 232
lishing.

Kraucauer, A. (1926) 'The cult of distraction', reprinted in *New German Critique* (1987), 40, 91-6.

Kuper, S. (1994) *Football Against the Enemy*. London: Orion.

Kuper, S. (ed.) (1998) *Perfect Pitch: Foreign Field*. London: Headline.

Laine, T. (2006) 'Shame on us: shame, national identity and the Finnish doping scandal', *International Journal of the History of Sport*, 23(1), 67-81.

Larson, J.L. and Park, H.S. (1993) *Global Television and the Politics of the Seoul Olympics*. Boulder, CO: Westview Press.

Leigh, D. and Vulliamy, E. (1997) *Sleaze: The Corruption of Parliament*. London: Fourth Estate.

Lewis, J. (2008) *Cultural Studies: The Basics* (2nd edn). London: Sage.

Lines, G. (2001) 'Villains, fools or heroes? Sports stars as role models for young people', *Leisure Studies*, 20(4), 285-303.

Livingstone, S. (1996) 'On the continuing problems of media effects research', in J. Curran and M. Gurevitch (eds), *Mass Media and Society* (2nd edn). London: Edward Arnold.

Loader, B.D. (ed.) (1998) *Cyberspace Divide: Equality, Agency and Policy in the Information Society*. London: Routledge.

Lowerson, J. (1989) 'Golf', in T. Mason (ed.), *Sport in Britain: A Social History*. Cambridge: Cambridge University Press, pp. 187-214.

Lowerson, J. (1993) *Sport and the English Middle Class, 1870–1914*. Manchester: Manchester University Press.

Lowes, M.D. (1997) 'Sports page: a case study in the manufacture of sports news for the daily press', *Sociology of Sport Journal*, 14, 145-59.

Lyons, A. and Ticher, M. (1998) *When Saturday Comes: The First Eleven*. London: WSC.

McChesney, R.W. (1998) 'Media convergence and globalisation', in D.K. Thussu (ed.), *Electronic Empires: Global Media and Local Resistance*. London: Arnold.

MacClancy, J. (ed.) (1996) *Sport, Identity and Ethnicity*. Oxford: Berg.

McCormack, M. (1967) *Arnold Palmer: The Man and the Legend*. London: Cassell.

McIlvanney, H. (1995) *McIlvanney on Football*. Edinburgh: Mainstream.

MacKay, A. (1997) 'How it all began', in A. Adams (ed.), *50 years of Sports Report*. London: CollinsWillow.

MacNeill, M. (1998) 'Sports journalism, ethics and Olympic athletes' rights', in L.A. Wenner (ed.), *MediaSport*. London: Sage.

MacPherson, A. (1991) *Action Replays*. London: Chapman.

MacRae, D. (1997) *Dark Trade: Lost in Boxing*. Edinburgh: Mainstream Publishers.

Maguire, J. and Tuck, J. (1997) 'Global sports and patriot games: rugby union and national identity in a United Sporting Kingdom', in M. Cronin and D. Mayall (eds), *Sporting Nationalisms: Identity, Ethnicity, Immigration and Assimilation*. London: Frank Cass.

Malac, M.A. (1995) *The Social Roles of Sport in Caribbean Societies*. Luxembourg: Gordon & Breach.

Malik, S. (1998) 'Race and ethnicity', in A. Briggs and P. Cobley (eds), *The Media: An Introduction*. London: Longman.

Mangan, J.A. (1981) *Athleticism in the Victorian and Edwardian Public School*.
233 London: Cambridge University Press.

Mangan, J.A. (ed.) (1996) *Tribal Identities: Nationalism, Sport, Europe*. London: Frank Cass.

Mangan, J.A. and Park, R.J. (1986) *From 'Fair Sex' to Feminism*. London: Frank Cass.

Mann, M. (1992) 'The emergence of modern European nationalism', in J.A. Hall and I. C. Jarvie (eds), *Transition to Modernity*. Cambridge: Cambridge

University Press.

Mantle, J. (1999) 'Luciano's magical drive', *EuroBusiness*, April.

Marqusee, M. (2001) 'In search of the Unequivocal Englishman: the conundrum of race and nation in English Cricket', in B. Carrington and I. McDonald (eds), '*Race*', *Sport and British Society*. London: Routledge.

Martineau, G.D. (1957) *They Made Cricket*. London: Sportsman's Bookclub.

Martin-Jenkins, C. (1990) *Ball By Ball: The story of Cricket Broadcasting*. London: Grafton Books.

Maskell, D. (1988) *Oh I Say*! London: Collins.

Mason, T. (1988) *Sport in Britain*. London: Faber & Faber.

Melechi, A. and Hearn, J. (1992) 'The transatlantic gaze: youth, masculinities and the American imaginary', in S. Craig (ed.), *Men, Masculinities and Social Theory*. London: Unwin Hyman.

Mellor, A. (1991) 'Enterprise and heritage in the Dock', in J. Corner and S. Harvey (eds), *Enterprise and Heritage: Crosscurrents of National Culture*. London: Routledge.

Messner, M.A. (1990) 'When bodies are weapons: masculinity and violence in sport', *International Review for the Sociology of Sport*, 25(3), 203-20.

Messner, M.A. (1992) *Power at Play: Sports and the Problem of Masculinity*. Boston: Beacon Press.

Messner, M.A. (2007) *Out of Play: Critical Essays on Gender and Sport*. Albany, NY: State University of New York Press.

Messner, M.A. and Sabo, D. (eds) (1990) *Sport, Men and the Gender Order: Critical Feminist Perspectives*. Champaign, IL: Human Kinetics Publishers.

Miller, T., Lawrence, G., McKay, J. and Rowe, D. (2001) *Globalization and Sport: Playing the World*. London: Sage.

Mitchell, K. (2001a) 'Fighting for life', *Observer Sports Magazine*, 4 November.

Mitchell, K. (2001b) *War, Baby: The Glamour of Violence*. London: Yellow Jersey Press.

Modlenski, T. (1983) *Loving with a Vengeance: Mass-Produced Fantasies for Women*. Hamden, CT: Shoe String Press.

Modood, T. (1992) *Not Easy Being British: Colour, Culture and Citizenship*. London: Trentham Books.

Moorhouse, H. F. (1991) 'On the periphery: Scotland, Scottish football and the new Europe', in J. Williams and S. Wagg (eds), *British Football and Social Change: Getting into Europe*. Leicester: Leicester University Press.

Moorhouse, H.F. (1994) 'From zines like these? Fanzines, tradition and identity in Scottish football', in G. Jarvie and G. Walker (eds), *Scottish Sport in the Making of the Nation: Ninety-Minute Patriots?* Leicester: Leicester University Press.

Morse, M. (1983) 'Sport on television: replay and display', in E.A. Kaplan (ed.), *Regarding Television*. Los Angeles: AFI.

Morse, M. (1992) *Power at Play: Sports and the Problem of Masculinity*. Boston: Beacon Books.

234 Mosey, R. (2007a) Speech given to Broadcast Sports Forum, Hilton Waldorf Hotel, London, 29 November. Online at: www. bbc. co. uk/pressoffice/speeches/stories/mosey_broadcast.shtml.

Mosey, R. (2007b) 'Our challenge to cricket in a digital age', 3 May. Online at: www.bbc.co.uk/blogs/sporteditors/2007/05/roger_mosey_may_2.html.

Mosey, R. (2008) 'Olympic figures continue to impress', BBC Sport Editors Blog, 18 August. Online at: www.bbc.co.uk/blogs/sporteditors/2008/08/i_said_in_my_last.html.

Murray, C. (2008) 'The DJ and the Blue Jays', *Observer Sports Magazine*, 31 August.

Newman, P. (2007) '"Back the bid": the 2012 Summer Olympics and the governance of London', *Journal of Urban Affairs*, 29(3), 255-67.

Nicolson, M. (2007) *Sport and the Media: Managing the Nexus*. London: Butterworth-Heinemann.

Nixon, S. (1996) *Hard Looks: Masculinity, Spectatorship and Contemporary Consumption*. London: UCL Press.

Noble, R. (1955) *Shoot First! Assignments of a Newsreel Cameraman*. London: Pan Books.

O'Conner, B. and Boyle, R. (1993) 'Dallas with balls? Televised sport, soap opera and male and female pleasures', *Leisure Studies*, 12, 107-19.

O'Donnell, H. (1994) 'Mapping the mythical: a geopolitics of national sporting stereotypes', *Discourse and Society*, 5(3), 345-80.

O'Donnell, H. (1999) 'France'98: Discourses of Identity'. Unpublished paper for the Sport, Media and National Identity: One Day Seminar, University of Stirling.

O'Neill, J. (2008) *Netherlands*. London: Fourth Estate.

Oates, J.C. (1994) *On Boxing*. London: Doubleday.

Panagiotopoulou, R. (2007) *The Image of Athens and Greece in the International and Greek Press during the Preparation and Staging of the Olympic Games Athens 2004*, International Olympic Academy, 11th International Seminar for Sports Journalists, Greece.

Paxman, J. (1998) *The English: A Portrait of a People*. London: Penguin.

Peace, D. (2006) *The Damned Utd*. London: Faber & Faber

Phelops, W.L. (2008) 'Understanding the impact of new technologies on sports sponsorship contracts', *Journal of Sponsorship*, 1(1), 15-19.

Polley, M. (1998) *Moving the Goalposts: A History of Sport and Society since 1945*. London: Routledge.

Polley, M. (2006) *Sports History: A Practical Guide*. Basingstoke: Macmillan.

Poulton, E. (2003) 'New fans, new flag, new England? Changing news values in the English press coverage of World Cup 2002', *Football Studies*, 6(1), 19-36.

Poulton, E. (2007) '"Fantasy football hooliganism" in popular media', *Media, Culture and Society*, 29(1), 151-64.

Puijk, R. (ed.) (1997) *Global Spotlights on Lillehammer: How the World Viewed Norway during the 1994 Winter Olympics*. Luton: John Libbey.

Puttnam, D. (1997) *The Undeclared War: The Struggle for Control of the World's Film Industry*. London: HarperCollins.

Rader, B. (1984) *In Its Own Image: How TV has Transformed Sports*. New York: Free Press.

Radway, J. (1984) *Women Read the Romance*. Chapel Hill: University of North Carolina Press.

235 Real, R. M. (1998) 'MediaSport: technology and the commodification of postmodern sport', in L.A.Wenner(ed.), *MediaSport*. London: Routledge.

Redhead, R. (2004) 'Hit and tell: a review essay on the soccer hooligan memoir', *Soccer and Society*, 5(3), 392-403.

Redhead, S. (1987) *Sing When You're Winning: The Last Football Book*. London: Pluto.

Redhead, S. (1991) *Football with Attitude*. Manchester: Wordsmith.

Redhead, S. (1997) *Post-Fandom and the Millenial Blues: The Transformation of Soccer Culture*. London: Routledge.

Regester, C. (2003) 'From gridiron and the boxing-ring to cinema screen: the African American athlete in pre-1950s cinema', *Sport in Society*, 6(2-3), 269-92.

Rines, S. (2007) *Driving Business Through Sport* (2nd edn). London: International Marketing Reports.

Riordan, J. and Kruger, A. (1999) *International Politics of Sport in the 20th Century*, London: Spon Press.

Robinson, J.S.R. (2008) 'Tackling the anxieties of the English: searching for the nation through football', *Soccer and Society*, 9(2), 215-30.

Roche, M. (2006) 'Mega-events and modernity revisited: globalization and the case of the Olympics', *Sociological Review*, 54(2), 25-40.

Rojek, C. (1985) *Capitalism and Leisure Theory*. London: Routledge.

Rojek, C. (1992) 'The field of play in sport and leisure studies', in E. Dunning and C. Rojek (eds), *Sport and Leisure in the Civilizing Process*. London: Macmillan.

Rose, A. and Friedman, J. (1994) 'Television sport as a mas(s)culine cult of distraction', *Screen*, 35(1), 22-35.

Rose, D. and Wood, N. (eds) (1996) 'Introduction. Sport, globalization and the media', Special Edition of *Media, Culture and Society*, 18, 4.

Rose, T. (1994) *Black Noise: Rap Music and Black Culture in Contemporary Ame-*

rica.Hanover,NH:Wesleyan University Press.

Rosie,M.,MacInnes,J.,Petersoo,P.,Condor,S.and Kennedy,J.(2004)'Nation speaking unto nation? Newspapers and national identity in the devolved UK',*Sociological Review*,437-58.

Rowe,D.(1992)'Modes of sports writing',in P.Dahlgren and C.Sparks(eds), *Journalism and Popular Culture*.London:Sage.

Rowe,D.(1995)*Popular Cultures:Rock Music,Sport and the Politics of Pleasure*. London:Sage.

Rowe,D.(1996)'The global love match:sport and television',*Media Culture and Society*,18(4),565-82.

Rowe,D.(1997)'Apollo undone:the sports scandal',in J.Lull and S.Hinerman (eds),*Media Scandals:Morality and Desire in the Popular Culture Marketplace*.Cambridge:Polity Press.

Rowe,D.(2003a)'Sport and the repudiation of the global',*International Review for the Sociology of Sport*,38(3),281-94.

Rowe,D.(2003b)*Sport,Culture and the Media:The Unruly Trinity*(2nd edn). Maidenhead:Open University Press.

Rowe, D. (ed.) (2004) *Critical Readings: Sport, Culture and the Media*. Maidenhead:Open University Press.

Rowe,D.(2005)'Fourth estate or fan club? Sports journalism engages the popular', in S. Allan (ed.), *Journalism: Critical Issues*. Maidenhead: Open University Press.

Rowe,D.,McKay,J.and Miller,T.(1998)'Come together:sport,nationalism and 236
the media image',in L.A.Wenner(ed.),*MediaSport*.London:Routledge.

Rowe,D.,Lawrence,G.,Miller,T.and McKay,J.(1994)'Global sport? Core concern and peripheral vision',*Media,Culture and Society*,16,661-75.

Russell,A.(2007)'Time for a new game?',*New Statesman*,29 October,p.16.

Rutherford,J. (1996) 'Who's that man?', in R. Chapman and R. Rutherford (eds),*Male Order:Unwrapping Masculinity*.London:Lawrence & Wishart.

Sabo,D. and Curry Jansen, S. (1998) 'Prometheus unbound: constructions of masculinity in sports media', in L. A. Wenner (ed.), *MediaSport*. London:

Routledge.

Samuel, M. (2007) 'Le Saux: Beckham called me a poof', *The Times*, 8 September.

Sandvoss, C. (2003) *A Game of Two Halves: Football, Television and Globalisation*. London: Routledge.

Scannell, P. and Cardiff, D. (1991) *A Social History of British Broadcasting*. Oxford: Basil Blackwell.

Schlesinger, P. (1991) *Media, State and Nation*. London: Sage.

Schlesinger, P., Dobash, R.E., Dobash, R. and Weaver, K. (1992) *Women Viewing Violence*. London: BFI.

Schlesinger, P., Haynes, R., Boyle, R., McNair, B., Dobash, R.E. and Dobash, R. (1998) *Men Viewing Violence*. London: Broadcasting Standards Commission.

Scott, M. (2008) 'Olympics: TV holds key to midnight 100m in London', *Guardian*, 19 August.

Scully, G.W. (1995) *The Market Structure of Sports*. Chicago: University of Chicago Press.

Siegel, G. (2002) 'Double vision large-screen video display and live sports spectacle', *Television and New Media*, 3(1), 49-73.

Silverstone, R. (1994) *Television and Everyday Life*. London: Routledge.

Simmons, K. (2007) *Women's Football: Tapping the Potential of the Fastest Growing Sport*. Paper presented at Raising the Game: The Future for Women's Sport, 15 November, London.

Singer, J. (2008) 'Playing regulatory games', *SportBusiness International*, No. 131, January.

Sloop, J.M. (1997) 'Mike Tyson and the perils of discursive constraints: boxing, race and the assumption of guilt', in T. Boyd and A. Baker (eds), *Out of Bounds: Sports, Media and the Politics of Identity*. Bloomington: Indiana University Press, pp. 102-22.

Smit, B. (2007) *Pitch Invasion: 'Adidas', 'Puma' and the Making of Modern Sport*. London: Penguin Books.

Smith, A. and Porter, D. (eds) (2004) *Sport and National Identity in the Post-war*

World.London: Routledge.

Smith, S. J. (1995) 'Women, Sport and the British Press: The Under-representation of Sporting Females'.Unpublished BA(Hons) Film and Media Studies dissertation, Stirling, University of Stirling.

Steen, R. (2008) *Sports Journalism: A Multimedia Primer*. London: Routledge.

Steenveld, L. and Strelitz, L. (1998) 'The 1995 Rugby World Cup and the politics of nation building in South Africa', *Media, Culture and Society*, 20(4), 609-29.

Strutt, J. (1841) *The Sports and Pastimes of the People of England* (orig. published 1801). London: Thomas Tegg.

Sugden, J. (1996) *Boxing and Society*. Leicester: Leicester University Press.

Sugden, J. and Bairner, A. (1993) *Sport, Sectarianism and Society in a Divided Ireland*. Leicester: Leicester University Press. 237

Sugden, J. and Tomlinson, A. (eds) (1994) *Hosts and Champions: Soccer Cultures, National Identities and the USA World Cup*. Aldershot: Arena.

Sugden, J. and Tomlinson, A. (1998) *FIFA and the Contest for World Football*. Cambridge: Polity Press.

Sugden, J. and Tomlinson, A. (2007) 'Stories from Planet Football and Sportsworld: source relations and collusion in sport journalism', *Journalism Practice*, 1(1), 44-61.

Taylor, R. (1992) *Football and Its Fans*. Leicester: Leicester University Press.

Thompson, J.B. (1990) *Ideology and Modern Culture*. Cambridge: Polity Press.

Tomlinson, A. (1986) 'Going global: the FIFA story', in A. Tomlinson and G. Whannel (eds), *Off the Ball: The Football World Cup*. London: Pluto.

Tomlinson, A. (1994) 'FIFA and the World Cup: the expanding football family', in J. Sugden and A. Tomlinson (eds), *Hosts and Champions: Soccer Cultures, National Identities and the USA World Cup*. Aldershot: Arena.

Tomlinson, A. (ed.) (2006) *The Sports Studies Reader*. London: Routledge.

Tomlinson, A. and Young, C. (eds) (2005) *National Identity and Global Sports Events*. New York: State University of New York Press.

Toulmin, V. (2006) '"Vivid and realistic": Edwardian sport on film', *Sport in*

History,26(1),124-49.

Tuck,J.(2003)'The men in white:reflections on rugby union,the media and Englishness',*International Review or the Sociology of Sport*,38(2),177-99.

Tuggle,C.A.,Huffman,S.and Rosengrad,D.(2007)'A descriptive analysis of NBC's coverage of the 2004 Summer Olympics',*Journal of Sports Media*,2(1),54-75.

Tunstall,J.(1996)*Newspaper Power:The New National Press in Britain*.Oxford:Oxford University Press.

Turner,B.(2004)*The Pits:The Real World of Formula 1*.London:Atlantic Books.

Vamplew,W.(1988)*Pay-up and Play the Game:Professional Sport in Britain,1875–1914*.Cambridge:Cambridge University Press.

Vamplew,W.(2007)'Playing with the rules:influences on the development of regulation in sport',*International Journal on the History of Sport*,24(7),843-71.

Vande-Berg,L.E.(1998)'The sports hero meets mediated celebrityhood',in L.A.Wenner(ed.),*MediaSport*.London:Routledge.

Vialli,G.and Marcotti,G.(2007)*The Italian Job:A Journey to the Heart of Two Great Footballing Cultures*.London:Bantam.

Vincent,J.,Pedersen,P.M.,Whisenant,W.A.and Massey,D.(2007)'Analysing the print media coverage of professional tennis players:British newspaper narratives about female competitors in the Wimbledon Championships',*International Journal of Sport Management and Marketing*,2(3),281-300.

Wacquant,L.(1995)'Pugs at work:bodily capital and bodily labour among professional boxers',*Body and Society*,1(1),65-93.

Waddell,S.(1979)*The Book of World Darts*.London:BBC Publications.

Waddell,S.(2007)*Bellies and Bullseyes:The Outrageous True Story of Darts*.London:Ebury Press.

Wagg,S.(ed.)(1995)*Giving the Game Away:Football,Politics and Culture on Five Continents*.Leicester:Leicester University Press.

Wakelam,H.T.B.(1938)*Half Time 'The Mike and Me'*.London:Nelson.

238 Walsh,D.(2007)*From Lance to Landis:Inside the American Doping Controversy*

at the Tour de France. London: Ballantine Books.

Watts, J. (2008) 'The pressure from 1.3 bn people hurt him', *Guardian*, 18 August.

Weaver, P. (2008) 'The Twenty20 revolution that turned innocent sideshow into hunt for millions', *Guardian*, 26 July.

Webb, T. (2008) 'How a European sport had changed in the way that it sells its sponsorship packages', *Journal of Sponsorship*, 1(1), 20-7.

Weeks, A. (2004) *Under Auntie's Skirts: The Life and Times of a BBC Sports Producer*. Lewes: Book Guild.

Weight, R. (1999) 'Raise St George's standard high', *New Statesman*, 8 January.

Wenner, L.A. (1998) 'Playing the MediaSport game', in L.A. Wenner (ed.), *MediaSport*. London: Routledge.

Wensing, E.H. and Bruce, T. (2003) 'Bending the rules: media representations of gender during an international sporting event', *International Review for the Sociology of Sport*, 38(4), 387-96.

Westerbeek, H. and Smith, A. (2003) *Sports Business in the Global Marketplace*. Basingstoke: Macmillan.

Whannel, G. (1991) 'Grandstand, the sports fan and the family audience', in J. Corner (ed.), *Popular Television*. London: BFI.

Whannel, G. (1992) *Fields in Vision: Television Sport and Cultural Transformation*. London: Routledge.

Whannel, G. (1998) 'Reading the sports media audience', in L. A. Wenner (ed.), *MediaSport*. London: Routledge.

Whannel, G. (2000) 'Stars in whose eyes?', *Index on Censorship*, 29(4), 48-54.

Whannel, G. (2001) *Media Sports Stars: Masculinities and Moralities*. London: Routledge.

Whannel, G. (2007) *Culture, Politics and Sport: Blowing the Whistle Revisited*. London: Routledge.

Whannel, G. (2008) *Culture, Politics and Sport*. London: Routledge.

Wheatcroft, G. (2005) *Le Tour: A History of the Tour de France, 1903–2003*. London: Simon & Schuster.

White, J. (1994) 'They thought it was all over', *Radio Times*, 28 May-3 June.

White, J. (1999) 'One for the ghetto', *Guardian Weekend*, 23 January.

White, J. (2008) 'We're just spectators in a global soap opera', *Daily Telegraph*, 3 September.

Whitson, D. (1998) 'Circuits of promotion: media, marketing and the globalization of sport', in L. A. Wenner (ed.), *MediaSport*. London: Routledge.

Whittle, J. (2008) *Bad Blood: The Secret Life of the Tour de France*. London: Yellow Jersey Press.

Wignall, T. (1936) 'Introduction', in Hodder T. Knowles (ed.), *Daily Express Book of Popular Sports*. London: Daily Express Publications.

Williams, C. L., Lawrence, G. and Rowe, D. (1985) 'Women and sport: a lost ideal', *Women's Studies International Forum*, 8(6), 639-45.

Williams, J. (1991) 'Having an away day: English football supporters and the hooligan debate', in J. Williams and S. Wagg (eds), *British Football and Social Change*. Leicester: Leicester University Press.

Williams, J. (1994) 'The local and the global in English soccer and the rise of satellite television', *Sociology of Sport Journal*, 11(4), 376-9.

239 Williams, J. (2006) 'Protect me from what I want: football fandom, celebrity cultures and "new" football in England', *Soccer and Society*, 7(1), 96-114.

Williams, J. (2007) 'Rethinking sports fandom: the case of European soccer', *Leisure Studies*, 26(2), 127-46.

Williams, J., Long, C. and Hopkins, S. (eds) (2001) *Passing Rhythms: Liverpool FC and the Transformations of Football*. London: Berg.

Williams, R. (1974) *Television, Technology and Cultural Form*. London: Collins.

Williams, R. (1998) *Racers*. London: Penguin.

Williams, R. (2008) 'Spanish fans' racist jibes require firm action, not mere lip service', *Guardian*, 5 February.

Willis, P. (1982) 'Women in sport in ideology', in Jen Hargreaves (ed.), *Sport, Culture and Ideology*. London: Routledge & Kegan Paul.

Wilson, B. (1997) '"Good blacks" and "bad blacks": media constructions of African-American athletes in Canadian basketball', *International Review for the Sociology of Sport*, 32(2), 177-89.

Wilson, B. and Sparks, R. (1996) '"It's gotta be the shoes": youth, race and sneaker commercials', *Sociology of Sport Journal*, 13, 398-427.

Wolstenholme, K. (1956) *Sports Special*. London: Stanley Paul.

Women's Sport and Fitness Foundation (2008) *Women in Sport Audit: Backing a Winner: Unlocking the Potential in Women's Sport*. WSFF: London.

Woodward, K. (2004) 'Rumbles in the jungle: boxing, racialization and the performance of masculinity', *Leisure Studies*, 23(1), 5-17.

Wooldridge, I. (2007) *Searching for Heroes: Fifty Years of Sporting Encounters*. London: Hodder & Stoughton.

Wynne-Jones, G. V. (1951) *Sports Commentary*. London: Hutchinson's Library of Sports and Pastimes.

索　引①

① 参见文中标明的英文版页码。

译后记

谨以此译后记纪念一段寻找心之安放的学术之旅。

2000年,雷蒙德和理查德合著了《权力游戏》(*Power Play: Sport, the Media and Popular Culture*)的第一版。2009年第二版修订时几经增删,改写了近40%的内容。如今,第二版成书也已十多年,这十多年间媒介技术飞速变革,体育新闻与传播业态也同样让人应接不暇,但是无论书中内容还是文化研究的学术思想,对于我们的启迪丝毫没有减弱——世界变化太快,总要抓住一些不变的东西。我想这既是原书作者的出发点,也是我们译者的一片初心。

人和书的缘分,也是人和人的缘分。

2008年8月初,北京奥运会开幕之前,格拉斯哥对于我来说,只是一个陌生的城市名称。当年参加在广州举办的奥林匹克科学大会,我才知道2012年伦敦奥运会的奥林匹克科学大会将在苏格兰的格拉斯哥举行。在那之前,苏格兰给我的印象几乎全部来自电影《勇敢的心》。

北京奥运会刚刚结束,我告别家人,暂居武汉大学樱园四舍,开始在武汉大学新闻与传播学院攻读博士学位。每天行走在樱花大道上,徜徉在凌波门与樱顶之间,珞珈山青,东湖水碧,与同学师长快意江湖的同时,巨大的压力挥之不去。在恩师刘九洲先生的建议下,我决心将文化批判与体育传播结合起来。

当时国内关于北京奥运会的研究非常火热,但我并不了解在全球化、信息化和数字化背景下,国外学者如何看待体育与社会生活的关系,只是直觉地认为,英国的文化研究领域中一定会有将文化传播同体育运动相结合的文献。读博期间,畅游书海却又找不到有效文献的惶恐,让我一度怀疑自己的选题。感谢武汉大学和华中师范大学图书馆的丰富馆藏,第一版的《权力游戏》是我当时能够找到的第一本恰合心意的原版书,如获至宝。这本书对我的博士毕业论文帮助非常大,也打开了我对英国文化研究与体育传播的兴趣,未曾想到缘分如此之深。

2011 年博士毕业之后,我一直有个心愿——将《权力游戏》译介到国内。

2012 年,幸得天津师范大学孟昭毅先生提点,我得以延续博士期间的研究兴趣,在博士后期间系统整理了英国学者关于体育文化与传播的研究成果。当时抱着试一试的心态,我在格拉斯哥大学的官网上找到了雷蒙德的邮箱地址,给他发了一封邮件,说明想法并附上简历,没想到只隔了几小时就收到了热情洋溢的回复。那一年成都体育学院郭晴教授邀我加入国家社科基金项目"我国体育传播研究框架构建",团队成员中就有本译丛的主编魏伟教授。多年合作积累的不仅是研究成果,更是江湖相望的深厚情谊。

2013 年,我获批天津市外国专家局出国培训项目,初访格拉斯哥大学文化政策研究中心(CCPR),当时的关注点是 2012 年伦敦奥运会和 2014 年英联邦运动会,在雷蒙德的帮助下,我抓紧时间访谈了英国体育传播和体育社会学研究领域的多位学者,也体验了不列颠体育文化的魅力。书上的一个个人名变成咖啡馆里 P2P 的畅谈对象,日常生活中的细致感受变成学术研究最澎湃的驱动力,那种真切的感受妙不可言。回国后,这些收获支撑了我的博士后出站报告。

2015 年 6 月刚刚完成学业,我就接到天津市高校与新闻单位从业人员互聘"千人计划"的选派通知,兼任天津电视台国际频道总监助理。在李家森总监、方颖副总监和诸多领导同事的关照之下,我参与了国际频道的日常运作、大型纪录片《赶大营》的拍摄和 2016 年达沃斯论坛的组织协调工作。频繁的出差拍摄途中,我一直随身带着第二版《权力游戏》。

经过一年多的新闻业界磨炼,我惜别天津电视台国际频道,再次回到校园,开始兼任天津体育学院体育文化研究中心负责人。2017 年,在杨茜萍教授指导下,我参与完成了天津全运会的体育文化精品工程项目

“天津体育亲历者口述”。半年的访谈和文献整理工作让我对体育文化与传播的感知落实到了日常生活层面，也沉淀出新的规划，中外体育文化与传播研究的沟通就是最适合我的研究方向——《权力游戏》，翻看了近十年的一本书，哪怕译介外文文献是吃力不讨好的苦差事，我也愿意一试，“苟于心之所善兮，虽九死其犹未悔”。

2018年，在家人、领导、同事和学生们的支持下，我成功申报了国家留学基金委的访问学者项目。9月1日，我再次踏上苏格兰的土地，回到CCPR那古色古香的办公室。理查德专门在台风天气下从斯特灵驱车赶来，参加我们的讨论；雷蒙德和理查德慷慨地为中文版写了新的序言。能够在原书作者身边完成翻译，及时进行沟通与交流，真是幸运的经历。

仔细整理修订译稿，最难的不是对字句的理解，而是中英文化背景的差异，以及对大量人名和事件的注释。感谢中国传媒大学出版社编辑专业细致的审读，让译稿避免了很多错漏，感谢她们为本书联系版权并促成付梓。

还有我的研究生们，感谢他们为我提供的无私协助。感谢国内外体育文化与传播研究同仁的关怀。

即将完工之际，心绪难平。去国万里，思念远在8800多公里之外的初一新生和博一老生，还有年近古稀的父母，他们给了我一片天空，放纵我自私的追寻。

好文章总在孤灯下。

收起锋芒，忘却名利，摊开柔软的内心，聆听灵魂深处的声音。

相信一切，自有安排。

杨　珍

2018年孟冬

初成于格拉斯哥G3 8AQ

2021年秋

定稿于天津团泊沐阳居

图书在版编目(CIP)数据

权力游戏：体育、媒介与大众文化：第二版 /(英) 雷蒙德·博伊尔，(英) 理查德·海恩斯著；杨珍译. -- 北京：中国传媒大学出版社，2022.9

ISBN 978-7-5657-3155-6

Ⅰ.①权… Ⅱ.①雷… ②理… ③杨… Ⅲ.①体育文化—文化传播—研究 Ⅳ.①G80-054

中国版本图书馆 CIP 数据核字(2022)第 011188 号

First edition published by Pearson Education Limited, 2000
Edinburgh University Press Ltd
22 George Square, Edinburgh
Reprinted 2010, 2012

著作权合同登记号:图字 01-2021-3216 号

权力游戏：体育、媒介与大众文化（第二版）

QUANLI YOUXI：TIYU、MEIJIE YU DAZHONG WENHUA（DI-ER BAN）

著　　者	[英]雷蒙德·博伊尔　[英]理查德·海恩斯
译　　者	杨　珍
策划编辑	陈　默
责任编辑	陈　默
特约编辑	沈　悦
封面设计	郭　琳
责任印制	李志鹏

出版发行	中国传媒大学出版社		
社　　址	北京市朝阳区定福庄东街 1 号	**邮　　编**	100024
电　　话	86-10-65450528　65450532	**传　　真**	65779405
网　　址	http://cucp.cuc.edu.cn		
经　　销	全国新华书店		

印　　刷	唐山玺诚印务有限公司
开　　本	710mm×1000mm　1/16
印　　张	17.75
字　　数	296 千字
版　　次	2022 年 9 月第 1 版
印　　次	2022 年 9 月第 1 次印刷

书　　号	ISBN 978-7-5657-3155-6/G·3155	**定　　价**	89.00 元

本社法律顾问：北京嘉润律师事务所　郭建平